领导力就是语言

说什么与不说什么隐藏的力量

[美] L. 大卫 · 马凯特 L. David Marquet　著

LEADERSHIP IS LANGUAGE

THE HIDDEN POWER OF WHAT YOU SAY—AND WHAT YOU DON'T

中国青年出版社 CHINA YOUTH PRESS
中青文传媒

图书在版编目（CIP）数据

领导力就是语言：说什么与不说什么隐藏的力量 /（美）L. 大卫 · 马凯特著；张玉然译.
—北京：中国青年出版社，2021.8
书名原文：Leadership Is Language: The Hidden Power of What You Say--and What You Don' t
ISBN 978-7-5153-6435-3
Ⅰ. ①领… Ⅱ. ①L… ②张… Ⅲ. ①企业领导学 Ⅳ. ①F272.91
中国版本图书馆CIP数据核字（2021）第124539号

领导力就是语言：说什么与不说什么隐藏的力量

作　　者：〔美〕L. 大卫 · 马凯特
译　　者：张玉然
责任编辑：肖　佳
美术编辑：杜雨萃
出　　版：中国青年出版社
发　　行：北京中青文文化传媒有限公司
电　　话：010-65511270 / 65516873
公司网址：www.cyb.com.cn
购书网址：zqwts.tmall.com
印　　刷：大厂回族自治县益利印刷有限公司
版　　次：2021年8月第1版
印　　次：2021年8月第1次印刷
开　　本：787 × 1092　1/16
字　　数：233千字
印　　张：18
京权图字：01-2020-0566
书　　号：ISBN 978-7-5153-6435-3
定　　价：59.00元

谨以此书敬献给埃尔法罗号上的全体船员。相信他们的故事能够唤起我们对自身语言的反思。希望他们能帮助我们成为更好的领导者。

赞誉之辞

尽管我们使用语言表达自我，但语言也会利用我们，创造出思维和行动的模式。大卫·马凯特在本书中援引了来自不同组织的广泛而多样的案例，令人难忘，引人入胜。这本书不仅发人深省，而且还为我们提供了简单易行的方法，从而帮助我们避开语言的陷阱。

——斯蒂芬·邦吉，
《行动的艺术》（*The Art of Action*）作者

对于在变革时代想要成为真正领导者的人来说，这是一本权威的指南。大卫不仅向我们展示了商业和领导力领域翻天覆地的变化，以及旧有的结构对商业活动能力的阻碍，还指导我们如何重塑领导风格，以满足新的市场环境中不断变化的需求。

——塔玛拉·甘杜尔，
创新商优势测试的创建者，《创新是每个人的事》
（*Innovation is Everybody's Business*）作者

可以毫不夸张地说，这是一本异常精彩的书。

——约翰·康拉德，
《地平线上的火》（*Fire on the Horizon*）作者，
海事专业人士社群gCaptain创始人兼首席执行官

有太多的领导者认为领导力只聚焦在结果上，但大卫·马凯特鼓励我们将领导力视为一种基于语言和对话的关系。他向我们证明了语言与对话有助于提高协作与敬业度。他以精彩的文笔阐释了领导者需要明白的一个道理：领导力的核心是语言。我曾目睹过大卫在现实行动中利用语言真实地实现了激励与赋能。这本书是每位领导者的必读书！

——乔治·科尔里瑟，
《谈判桌上的艺术》（*Hostage at the Table*）和
《从关爱到挑战：领导力提升新路径》（*Care to Dare*）作者，
瑞士洛桑国际管理学院广受赞誉的“高效领导力”课程的负责人

这是马凯特另外一部杰出的著作。关于领导力，本书提供了真正独特的观点，立足于重新设计我们的语言。基于团队实际对话的方式，马凯特展示了领导者如何抛弃工业时代的语言，使用一种不同的，更加蓝色的模式，带领团队前进。

——威恩·哈尼什，
企业家组织创始人，《增长》作者

你如何激励团队与个人做到最好，成为最好的自己？马凯特最新的著作展示了沟通与领导力之间强大的交集，用简单的步骤转变你的思维、你的影响力以及你所关心的人。

——鲍勃·查普曼，
《每一个人都重要》作者

LEADERSHIP
IS
LANGUAGE

目 录

CONTENTS

序言

FOREWORD

让我来为你节省些时间，省去令你心碎的烦恼：去听听大卫怎么说。我真希望自己能早一些聆听到他的指教，那样会省去我许多的麻烦和数百万美元。

和你认识的许多人（甚至也包括你）一样，我一生都在试图让自己看上去知道所有答案。我需要每一个人都认为我是个精明人。不管是出于何种原因，反正我从小就认为，领导者之所以是领导者，关键在于他们是正确的，并且能够解决一切问题。这种观念一直持续到我上一次创业，直到那时我才意识到它有些不对劲。

在筹集了3000多万美元的资金，招募到我所共事过的最优秀的人才，并且有机会在硅谷一家最热门的初创企业主导产品的打造之后，我陷入一种倍感煎熬、莫名奇妙的恐惧之中而不能自拔。我们有充足的资本，有称职的人员，然而所有人还是感到很苦闷。

我花了很长一段时间才发现并且承认了一个事实——原来我就是问题的所在。每当我不知道该如何解决问题时，我就会产生一种不安全感，同时我不希望别人看出我的不安。于是我采用一种很强势的方式来应对内心的不安。我吸引人们加入团队，然后就是要么按照我说的做，要么走人。我一直坚信这种做法的正确性，因为我知道所有答案。

最终，大家散伙了。公司进行了资本重组，而且所有的投资者都赔了钱，没有一个人赚到一分钱。我沮丧至极。

在这些事情发生的几年前，我曾经观看过大卫·马凯特的演讲。他当时所讲到的每一点都与我在那次失败的创业经历中所采取的做法截然相反。在那段日子里，每当头脑清醒的时候，我都会想起大卫的话，并且希望自己能够找到一种将其应用到工作中的途径。

失败之后，痛定思痛的我再次下定决心要提高自己的领导能力。在创建我接下来的公司Assist①的过程中，我以大卫的指导为基础，从零开始重新构建自己的方法。在与我的联合创始人罗伯特·斯蒂芬斯（Geek Squad公司②创始人）的合作下，Assist成长为AI领域的领军企业，为Google Assistant（谷歌智能助理）、Alexa③，及各种即时通讯应用程序等新平台上的品牌提供支持服务。毫无疑问，我们最后的成功在极大程度上应该归功于大卫的洞见和指导。

从我创办这家公司开始，其间的每一件事都是沿用了这本书里的观点。好奇心是我们的核心价值。我们庆祝我们所不知道的，而不欢迎自以为无所不知的人。对我们来说，如何运用语言就是如何尊重他人以及如何有效地工作。我们彼此之间练习使用能够促使对方做出自主决定的语言。我们会提醒员工说“我不知道”没什么大不了。我招聘员工，向他们请教。我们帮助员工从说“我认为我们应该……”转变为说“我已经完成了……”。他们无需征求许可。

当下，我的第一要务是与员工合力建立起一种有助于扩大授权范围的企业文化，从而让更多的人拥有造福于最大利益所需的技能和条件。相反，需要获得批准的方面越多，员工用于思考和领导的权力就越少，工作环境也会越糟糕。这并不容易，许多人并不相信自己能够或者应该以这种方式工作。

最终，我看到自己作为首席执行官的工作进入了一个新的境界，此时我的

① 一款聊天程序。——编者注
② 通过与电脑极客合作，为客户提供上门维修和IT技术支持服务。——编者注
③ 亚马逊公司的一家子公司。——编者注

目标是尽可能少做决策。这与之前的那个不得不躲在“全知全能”面具下的家伙已经是天壤之别了。

本书所提到的每一点都与我在领导Assist的过程中力求采取的方式完全吻合。2019年，Assist以数百万美元的价格被收购。看着自己的同事们前往一些知名企业担任要职，想到自己过往能够与一些最优秀的领导者们一起学习和成长，我感到无比的幸运。

大卫指给我们的并不是一条更简单、更便捷的路。根据我的经验，这是一条能够让每个人感到心理健康、有更多的自主权，并且迫不及待地想要在第二天再次投入到工作中去的道路。这条路对我来说行得通。

肖恩·麦克·纳什维尔
2019年6月
欢迎随时访问我的推特：@shanemac

前言

INTRODUCTION

我曾一度自以为很特别。

我的这种想法萌生于中学时代。那时侯，我的学习成绩在周围所有人当中几乎总是名列前茅。就读于美国海军学院后，我依然保持着这种优势。而真实的情况是，我只不过是个谙熟考试技巧的人罢了，但是当我毕业后晋升至海军潜艇部队上尉军衔的时候，我却错误地以为，我之所以晋升得如此之快，是因为我比周围的人都更善于观察、更有纪律性、更投入、考虑更周到、更愿意为他人着想。尽管我现在不愿意承认，但是当时我相当自信地认为，在成事方面，我比一起共事的人更优秀。

安然自得于自己的优越感，我成了第一个发现问题的人，也是第一个找到问题解决方案的人。我会告诉手下的人该去做什么，并且利用级别、权威，甚至仅凭言辞的威力，迫使他们遵守我的指令。在我急于把事情做成的过程中，根本不给他人留有贡献自己力量的机会。我领导的部门就好比是一条流水线，一条生产“行动”而不是汽车或割草机的流水线，而我则是这座“行动工厂”的工头，因为我认为自己比所有人懂得都要多。

许多迹象表明——如果我真的愿意去看这些迹象的话——我的想法是失真的。员工们有时会提出好的想法，虽然有点迟疑。偶尔，他们在没有我指示的情况下采取了明智而果断的行动。有时，我会犯错误，在领导团队时采取的不是最佳的方式，甚至是完全错误的方式。不管我如何教诲下属发现问题时要大胆说出来，但当上述这些情况发生时，他们还是会按照糟糕的指令行事。事后，当情况变得一团糟时，他们会耸耸肩，说自己不过是奉命行事。因此，我会加倍地让自己下达的指令更加清晰、简洁、正确。

我人生中有28年的时间都是在被评价、评级中度过的。海军部队中的竞争相当激烈，头号的位置非常稀缺。在这种持续评判与评估的环境中，我感受到了需要不断证明自己的压力。每一次考试，每一份月度报告，每一次审查，每一次会议，每一天，都是一次新的考验，一个用来证明和表现自我的新机会。只要有一个糟糕的结果出现，就可能会影响升职、加薪、社会地位，甚至是自我的价值感。

由于我对自己的成就充满了自豪感，所以一旦感觉到别人对自己的贡献没有给予足够的认可，就会心烦气躁。我戴上了一种封闭的、坚不可摧的人格面具，牢固地根植于注重绩效的思维模式中。如果生活是一场疯狂的竞赛，那么你可以赌我一定会赢得这场竞赛，无论我需要为此付出多大努力去驱使我的员工。

这种领导方式——遵循领导者的角色要求，与他人保持情感上的距离，不惜一切代价避免显得脆弱——是孤独的，是不能使人满足的。尽管我会为自己的晋升和获奖感到骄傲，但还是感觉缺失了某种极为重要的东西。

颠覆性的转变

我的事业之旅意外地转了个弯。圣塔菲号核潜艇的舰长忽然辞职，而我突然被要求走马上任。圣塔菲号曾经是海军界的笑料。当时，我曾开玩笑地说它只有两个方面的问题：海军部队里最差的士气，以及最差的成绩。海军部队每个月都会公布所有的大约50艘潜艇在12个月内的延长服役期率和继续服役率，而圣塔菲号没有一次不是排在最后。我说的是最后，不是靠后，而且是被远远地甩在最后：圣塔菲号上的船员在服役结束后，其中90%的人都离开了海军部队。

这属于我需要解决的士气问题。另一个问题是糟糕的成绩。从食品服务到鱼雷发射，从导航到核动力装置，圣塔菲号所有运营项目的考核分数都很差，而且它的安全事故率也高于平均水平。

正常来讲，如果我之前了解这艘潜艇的话，我的“证明和表现自我”的领导方式会是一剂对症的良药。然而结果却是，我花了12个月的时间在为接管一艘完全不同的潜艇做准备。我的眼前一片迷茫。

登上这艘对我来说完全陌生的潜艇后，我便开始问问题。我以前也经常会问问题，但是那些问题更像是考试题，我已经知道答案，看他们能否答对。而此刻，我之所以要提问是因为我需要了解这艘船的运作方式。这就意味着，我不得不向船员们承认，我在很多细节问题上并不知道答案。这太可怕了。

我们在海上的第一天，我和船员们仔细地观察彼此。我本能地开启了一贯的领导风格，按照舰长的角色行事：我下达命令，他们执行命令。于是，在最开始，我对圣塔菲号下达了一个命令：在一个只有单个齿轮的发动机上再安装另一个齿轮。我不知道这一命令在技术上是不可能实现的。这一命令很快被一名军官鹦鹉学舌似地传达下去，尽管他知道这根本就是行不通的。奉命执行这一任务的海员只是无奈地耸了耸肩，而我的错误就这样赤裸裸地暴露在所有人面前。

这件事对我来说是颠覆性的。以前，我总是对工作中99%的部分了如指掌。如果我的决策中偶尔有些欠缺，我只需下定决心今后“提高下达命令的水平”。而在圣塔菲号这里，对于我需要了解的情况，我感觉自己只掌握了1%。如果我的军官不能指出类似上面这样明显的错误，我们最终有可能会伤及无辜，甚至包括我们自己。必须要做出一些改变了。

在此之前，我所受到的所有关于领导力的训练无外乎做出决策然后敦促团队执行决策。在登上圣塔菲号的那一刻之前，我从来没有质疑过这种范式。但现在，我无法快速完善我的决策。我需要一个完全不同的解决方案。我意识到，关键问题不在于我下达了错误的命令，而在于我在第一时间就下达了命令。由于我代替团队成员做出战术和运行决策，因而免除了他们对结果应尽的责任。而且，我允许他们不用思考。如果我们打算活下去的话，我就必须改变这种方式。

和许多组织一样，圣塔菲号也有其引以为傲的勇于行动（can—do）的文化。不过，勇于行动是种脆弱的东西。如果我们勇于行动的东西是正确的，那么一切都还好，但是如果是带着不顾一切的热情，我们就很容易让错误在整个组织内蔓延开来。我们需要给“勇于行动”的激情配上“乐于思考”（can—think）的热忱。

那一天，我和圣塔菲号的军官们达成了一项协议。我同意绝不会再下达命令，而是要提出意图，即我们力求实现的目标。他们则同意绝不再坐等命令，而是要向我陈述他们的打算，即他们计划如何实现我的意图。这种改变体现在语言上，就是以前是说“请求做……的许可”，现在是“我打算做……”。

我们就此握手定约，然后重新投入工作。

在接下来的12个月里，圣塔菲号创下了一个纪录：舰上33名有资格将服役期延长至下一年的船员都决定签约继续留在海军部队。全舰还出色完成了海军部队要求其执行的每项任务。圣塔菲号在潜艇操作审核中取得了前所未有的高分。全舰无一人被解雇。无论是成绩还是士气，圣塔菲号都已从最差跃升至最佳的位置。

这些成绩的取得不是因为我更强硬地领导军官和船员们，而是因为我后退一步，邀请他们向前一步。结果，我们的团队从一名领导者加上134名跟随者变成了135位偏重于行动和思考的领导者。

在接下来的10年中发生的事情更是不可思议。圣塔菲号船员们的成绩在我离开后继续超越同行。在那期间，这艘舰艇有10名军官被选为潜艇指挥官，有5名当上了中队指挥官或同等级别的指挥官，有2名（目前为止）已升任海军上将。毫不夸张地说，这一业绩在海军中是不同寻常的。

领导力就是语言

这一切的发生没有一件事是因为我们的技术更娴熟，知识更渊博，或是对工作更投入。我们完善了一些海军军规，但是只能做些细微的改动。这是一个我们几乎没有任何控制权的体系。我们无法更改时间表、主要任务、晋升、技术要求、法律义务、大多数程序和政策，甚至都无法左右对舰艇人员的分配。

我们所能够控制的是我们互相之间交谈的方式，也就是我们使用的语言。一切从我做起。毕竟，领导力不是语言，还能是什么呢？当我改变了自己与船上其他人员的沟通方式之后，他们与我以及他们彼此之间的沟通方式也随之发生了改变。沟通方式的改变随即带来了文化上的改变，而文化上的改变又彻底改变了我们的成绩。

改变我们的语言就改变了我们的世界。

我们对语言的改变具体体现在以下三个方面：

- 用表达意图和承诺行动的主动性的语言，代替说服、强制、服从和遵守的被动性的语言。
- 用体现“改进和学习”的语言，代替“证明和绩效”的语言。
- 用表现出脆弱性和好奇心的语言，代替表现出坚不可摧和确定无疑的语言。

当然，我们所使用的还是英语，但是在许多方面我们确实感觉好像是学习了一门全新的语言。

语言是发生在圣塔菲号上所有其他积极变化的起始点。语言的作用是双向的——我们的语言展现我们的思想，同时又改变了我们的思想。我们可以通过语言来评估授权及协作的情况，也可以用语言对其做出改进。

作为这艘舰艇上的舰长，我说话的方式意义重大。语言是我的杠杆。一切从我开始。我之前一直认为，我不能保持沉默，因为我如果沉默了，人们就不愿意发言。然而我最终意识到，人们不愿意发言正是因为我不能保持沉默。

我还明白了另外一个道理：等待员工去证明自己从而赢得我的信任，这种做法是落后的。我应该授予员工权力和自主性，以便他们能有机会证明自己。

当我登上圣塔菲号时，我头脑里想的是我将会提高船员们的成绩。当他们的成绩提高了，士气就会跟着提高。但最后并不是我想的那样。实际情况是，一旦员工在工作中获得了自主权，能够心系重要的目标，并且有一种团队归属感，他们就会变得更愉快，士气更高涨，成绩也随之提高了。

在一周之内就能看见改变。

语言的强大力量

如果你想了解圣塔菲号上所发生的彻底转变的完整细节，可以阅读我的第一本书《授权：如何激发全员领导力》(*Turn the Ship Around!*)。那是一次令我谦卑下来的经历。我从中领悟到，自己并非我自以为的那样特别。我仍对这段经历充满感激之情。我从中学习到，只要我能多沉默几秒钟的时间，提出一些能够鼓励人们分享自己想法的问题，并且切实地留意别人讲话的内容，那么他们所提出的想法、观点以及所建议的行动往往会和我自己的想法一样好——甚至会更好!

我急于让员工去做我想要让他们做的事情，而在此过程中我始终在压制他们的积极性、开放的思维和创造力。尽管把事情办成能给我带来短暂的精神上的提振，但是这种行为却抑制了我周围的人有可能做出的贡献。与此同时，随着我所领导的组织规模的扩大，相对于我周围每个人的潜在贡献来说，我依靠自己去了解和管理每件事的能力就相对减弱了。我始终是我自己最大的敌人。

自退役以来，我一直在努力利用自己的经验来帮助他人成为更好的领导者。我指导他们如何为员工创造理想的环境，充分释放他们的热情、才智和主动性。通过讨论与他人的沟通方式，我们以语言为手段来实现这些目标。这一方法很有效。

在我担任其他领导者的教练和导师这一新角色期间，我越来越相信，我在圣塔菲号上学到的经验教训对所有组织都是有效的。

- 一个呼叫中心每季度的员工流失人数从8降至0。
- 一家科技公司的收入和规模翻了一番。
- 一个研究中心开始生产获奖产品。
- 一个核电站实现了顶级绩效。
- 一家公司被评选为“最佳工作场所”。
- 一个妈妈表示孩子们的就寝不再是件头疼事。
- 一个警务区的犯罪率减少了3%。
- 一个运营经理体重减了50磅，因她的生活压力大幅降低。

所有这一切的实现都是通过语言，通过改变我们与他人交流与协作时使用的语言。①

多年来，我一直在努力改变自己与人交谈的方式，但至今我依然是在路上。这一过程需要持续不断的自我意识和重新调整，才能避免采取在社会中占主流地位的强制性沟通方式。如今，在做出回应或反应之前，我会尽力暂停片刻，以便让自己有充分的时间来更有效地表达自己的观点。我看到了正确的语言在取得成果方面的强大力量。

① 我们称这种方法为“基于意图的领导”，因为领导者会向团队成员陈述他们的意图，而不是指示。然后，团队成员讲述他们打算如何实现这一意图，而不是请求批准。

一本新的领导力战术手册

在围绕领导力语言构思的过程中，我罗列出领导者们在不同工作场景中做出的回应。我开始思考我们所做出的这些预先计划好和设计好的回应——即针对某些事件或场景采取的，同时也是由此触发的行动模式（就我们的话题而言是语言）。就好比是体育比赛中的打法，你需要在认真研究赛场的基础上选择自己的打法，然后针对如何行动做出深思熟虑的决策。然而我对于这个比喻不是很确定，与此同时我还在苦苦思索着这本书的整体结构。

就在这段时间里，我乘坐从旧金山飞往坦帕的1139夜间航班回家。我刚系好安全带，一名男士就在我旁边坐下，将一个大旅行包推到他前面的座位底下。然后，他抽出一个3英寸大小的三环活页本。我能看到行李袋里还有几本这样的活页本。那是一本橄榄球战术手册！那个人是乔恩·格鲁登，但是我当时没有认出来他。他刚刚签约（再次）成为奥克兰突袭者队的总教练。他曾于1998年至2001年担任该队的总教练。这些活页本是奥克兰突袭者队的战术手册。

我问他关于这些战术手册的事。他很愿意告诉我，并且打开活页本，翻到前面的部分。最开始的几种"战术"与橄榄球毫不相干，讲的都是关于球员、教练和工作人员在场外、更衣室里、团队活动中和训练时应该如何行动的事。只有在第二册和第三册中才描绘了传统的传球和带球的技法。

当我们开始讨论这些活页本的结构安排时，从他的嘴里讲出的第一句话是："嗯，这全靠语言。"我将这句话视作来自天堂的预示，并且决定使用战术手册这个比喻。

当我提及"战术"时，浮现在我脑海中的常常是橄榄球，因为在这项运动中，每个行动之间都有一个间歇。球场重置，进攻组可以有时间审慎地决定下一步的行动：奔跑、传球等。防守组也是如此。而且双方都在揣摩彼此，从而来决定各自的计划。

这种执行战术或者预先计划的回应模式在人类行为、企业领导和语言中早已存在。问题是我们大多数人都在使用着一本已经过时了的“战术手册”：一些在我们头脑中已经根深蒂固的战术，源于一种比较陈旧的领导范式——工业革命。在本书的前几章里，我将会解释我们是如何继承了工业时代的领导语言，以及为什么这种领导语言与当今时代的工作环境格格不入。

最为重要的是，本书不仅要为读者呈现适用于当今时代所面临挑战的新战术，而且还将揭示它们的深层结构，其背后的逻辑，以及如何将其应用到团队中。一旦你理解了应该说什么以及这样说的原因和方法，那么你就能够找到适合任何情况的正确语言。这将有助于创建更有效的工作环境，产生更好的总体结果，并能为组织中的每个人提供更有成就感、更有意义的工作体验。

在这本书中，我将逐步向你介绍六种新的领导力战术，并且将它们分别与旧的战术进行对比。我还将展示这些新的战术如何能够协同发挥作用，同时揭示出一种在行动与反思、行动与决策之间切换的基本方法。这些新的战术依次是：

1. 控制时钟而不是遵守时钟。
2. 协作而不是强制。
3. 承诺而不是服从。
4. 完成既定目标，而不是无限期地持续工作。
5. 改进结果而不是证明能力。
6. 要与员工建立强有力的关系，而不是按照自己的角色要求行事。

这些战术均有赖于对语言的具体运用，我将在以后的章节中详细解释如何实施这些战术。

寻找思考与行动之间的平衡

弗雷德在一家制造公司工作，是一位勤劳肯干的管理人员。每天他都面临着一系列需要解决的问题，从改善机器的运行性能到雇用新的工人，从提高总体产量到处理贸易关税。他时刻感受着来自时间无休止的压力，而在急于完成工作的过程中，他常常会粗暴地对待别人。弗雷德整天强制团队成员去做他认为最应该做的事情，然后带着一身的疲惫回到家里，却感觉不到取得了任何进展。他与员工保持着一种“职业的”距离，使他们对自己敬而远之，以使自己的行为符合领导的角色要求。

弗雷德不开心，弗雷德的团队成员也不开心。他们觉得弗雷德不信任他们。他告诉他们要持续不断地做哪些事，并且连他们工作的细枝末节都要管。他们感觉自己不得不把创造力、同理心和使命感搁置一旁。他们同样也极少能感觉到进步。每一天都感觉和上一天相似。每个人都在奉命行事，然而行动中却很少有激情。他们只是敷衍了事，并且尽可能节省力气。

· · ·

苏在一家科技公司工作，是一位勤劳肯干的管理人员。她习惯于深思默想，甚至有抑郁的倾向，做决定对她来说是件十分困难的事。每一件事似乎都是一项重大的任务。这让她感到难以承受。苏非常清楚自己希望每个项目在结束时应该是什么样子，但常常在弄清楚应该从哪里开始的问题上变得手足无措。虽然公司创始人激励她“快速失败”，“勇于突破”，但她还是不清楚那些话究竟是什么意思。当她终于做出决定时，她感觉自己受到了大量事后的批评。

苏感到很沮丧，苏的团队成员也感到沮丧。他们看到需要完成的项目以及改进现有产品的方法，但是他们却无法让苏做出有意义的改变。当他们提出建议时，她会对他们提出一个又一个的问题，直到他们无法回答为止——这时候，苏就让他们去进行更多的调研。他们几乎没有任何进步感。进步感和成就感的缺乏削弱了士气。人员调整率升高，员工不断离职。

> 弗雷德和苏的问题或许看起来截然相反。实际上他们的问题是相同的：在行动与思考之间节奏的不平衡。

行动和思考是所有人类活动的基本组成部分。这两项活动的适当平衡有助于我们实现目标。不幸的是，许多组织难以保持二者之间健康的平衡，它们或者像弗雷德所在的制造公司那样偏向于行动，又或者像苏所在的技术公司那样过于沉溺于思考。大多数组织在思考—行动之间的节奏都是由每天做出的许多小的决定偶然形成的，而不是经过精心设计的。

行动和思考之间的适当平衡能让组织保持适应性、敏捷性、创新性和进取精神。它能给组织中的人员带来目标感和进步感，从而有助于推动持续的改进。简而言之，行动和思考之间的正确平衡能够推动学习。它能使公司有好的发展，让员工感到开心，让客户感到满意。

我所说的“行动”是指人与世间万物之间的真实互动，无论是驾驶叉车还是面向投资者做宣讲。做事情并不意味着你没有思考，只是你的大脑更多是在一种无意识状态下工作。对于熟悉的行为，比如像穿衣服或者开车回家这样根深蒂固的习惯，我们的大脑几乎可以进入完全自动的模式。此时，即使我们在用剃刀刮胡须或者以时速70英里在高速公路上行驶，也可以自由地遐想。因此，行动不会像思考时那样费脑筋。行动是我们的默认模式，因为它更快，更高效。我们的大脑是极其高效的。

我所说的“思考”是指为了理解周围的世界而对信息、信念、故事和假定进行认真、好奇和开放的探索。在我们的模型中，思考发生在做事情的前后。在采取行动之前，思考的结果就是决策和假设：我们将要做些什么，我们将从中学到什么？行动完成之后，思考的结果就是对我们所学东西的反思。与行动形成鲜明对比的是，思考的过程会耗费精力，并导致精神疲劳。

行动与思考之间的区别可以通过以下几种方式来解释：

我们与世界的互动行为是行动。

完善我们与世界的互动行为是思考。

证明和表现是行动。

增长与改进是思考。

专注的、排他的、积极进取和证明自我的心态最有利于行动。

开放、好奇、探寻、改进的心态最有利于思考。

行动的自我完全处在当下，与世界互动，并对外界刺激做出动态反应。

思考的自我以一种超脱的、冷静的视角对正在行动的自我进行观察和反思。

后面我们还会提到弗雷德和苏，因为我们所有人的身上都有这两个人的一些影子。有时候我们会像弗雷德，整日忙碌得像个陀螺，极少停下来思考。有时候我们会像苏，对摆在面前的艰巨任务感到不知所措，常常举棋不定。

本书简介

要想理解我们现有的战术以及需要做出什么改变，关键在于理解工业时代的组织。那时的组织将员工分为领导者和跟随者，决策者和执行者。从各种头衔和工作制服上就可以看到这种划分方式遗留的痕迹。

由于决策者和执行者是两个不同的群体，领导者需要说服跟随者执行后者未曾参与构想的、不完全相信、接受的工作。这样的领导层必然是强制型的。一切都是关于让人们遵守外在指示。

在执行者眼里，可变性被视为敌人。工厂的工作需要尽可能持续不变，从而取得持续不变的结果。因此，在语言模式的发展过程中顺理成章地降低了可变性。

最后，由于我们一直试图要在单位时间内挤压进更多的工作，因此总会有一种“遵守时钟”的意识，从而产生了一种注重绩效的思维模式。

现在，这一切全都发生了改变。为了组织的生存，执行者也必须是决策者。过去他们将可变性单纯地视为敌人，现在他们需要将其视为盟友。过去他们单纯地持有绩效的思维模式，现在需要持有改进的思维模式。

以下是本书的内容简介。

首先，我将阐述这些变化背后的原因，讲解应该如何思考学习，并阐明思考与行动之间的正确互动。

本书的主要部分包括已经在我们头脑中根深蒂固的六个领导力战术，以及我们希望用来取而代之的六个新的领导力战术。

然后，我将举出一些例子，来说明如何将这些新的战术应用于生活和工作中。我还将解释在战术、行动和战略层面上基于这种方法的运行节奏是什么样子的。

我们将从发生在一个真实团队中的扣人心弦的故事开始。这个团队试图排除万难完成某项任务，而最终却以失败告终。我们的目标是充分理解今天的团队，即便是在高风险、生死攸关的场景中是如何说话，如何决策的。我们即将看到的不是我们如何教他们说话，不是我们希望他们如何说话，不是我们如何让他们说话，而是他们事实上是如何说话的。

这个案例是2015年的一起事件。当时一艘装有现代无线电设备和导航设备的集装箱货船驶入飓风后沉船。船上的33人全部丧生。要了解这种情况是如何发生的，我们无需依赖某个人对某个特定对话的不可靠的记忆。我们很幸运能够获得发生在那艘船上长达25个小时的完整的对话记录。

那艘船的名字叫埃尔法罗。在本书的最后将呈现一个假想的场景。在这一场景中，船员们因遵循不同的领导力战术手册而有可能得救。但是首先，我们必须要了解埃尔法罗号在其最后一次旅程中究竟发生了什么……

CHAPTER

1

第一章

沉没的埃尔法罗号

星期二

距风暴中心1000英里

2015年9月29日，星期二。集装箱货船埃尔法罗号上的33名船员度过了忙碌的一天。他们完成了出海前的最后准备工作。这艘船刚刚完成一次出海，并于前一天抵达港口。与大多数船只一样，在港停泊的这段时间应该是相当忙碌的。船上的货物需要卸下来，新的集装箱和货物需要装上船并且捆扎好。他们赶着时间，好在通常起航的时间（晚上7:00）启航。和圣塔菲号上的船员一样，埃尔法罗号的船员也是一群"勇于行动"的人。

时值飓风季的高峰期，然而佛罗里达州杰克逊维尔市的海面却很平静。现在，这艘长度超过两个足球场的轮船将直接从佛罗里达州的东北角穿越熟悉的1300英里路段抵达波多黎各岛上的圣胡安。实际上，当年近40岁的埃尔法罗号首次下水，开始了它在美国东海岸和美属岛屿领地之间的航行生涯时，它的名字就叫波多黎各。

晚上8:06，埃尔法罗号启航。此刻就在位于巴哈马群岛大西洋一侧的航线上，热带风暴华金的风力正在加强。第二天早上，当埃尔法罗号正在朝东南方向行驶时，气象学家将华金升级为一级飓风，并且针对巴哈马中部地区发布了飓风预警。在这天结束的时候，华金的级别将上升为三级，其破坏力将是毁灭性的，风速将达到每小时129英里以上。即将到来的华金飓风将成为自1866年以来巴哈马群岛遭遇过的最强飓风。

在轮船出海之前，埃尔法罗号上一位歇班的船员给船长发了条短信，一是为了确保他知晓这次风暴，二是为了询问他想走哪条航线。船长回答说，他打算沿正常的直行航线前往波多黎各。由于是最直接的航线，埃尔法罗号所选择的航线是最快的，但同时也是最容易受到飓风影响的航线。另一条可选的航线是旧巴哈马海峡，比直行航线长160英里，并且需要多花8个小时。但是，如果走这条航线，巴哈马群岛就可以位于轮船与风暴之间，从而为轮船提供一道抵御风暴的屏障。

即便没有海上航行的经验，你也能理解埃尔法罗号船长和船员们所面临的选择。当你离开杰克逊维尔市南下前往波多黎各时，你只有两次抵达有保护屏障的旧巴哈马海峡的机会。一个是在巴哈马的最北端，从这里向右转，然后沿着佛罗里达海岸线行驶。另一个是在巴哈马大西洋一侧航线的中间点，一个名叫朗姆礁的岛附近。在此处，有一条横穿巴哈马的宽阔航道。一旦你错过了位于朗姆礁岛的第二个转向点后，你就只能沿着直行航线一直走下去，将自己完全暴露在从东侧袭来的一切打击之下。然而在起航之前，船长似乎已经独自一人做出了这项决定，并没有与他的团队商量。

按照目前的速度，埃尔法罗号将在周三上午7:00到达第一个转向点，而在周四凌晨1:00到达第二个决策点。

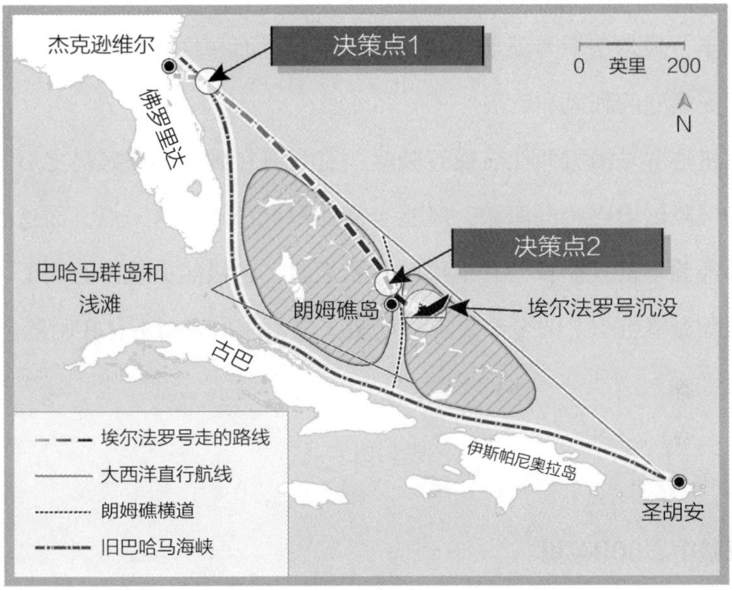

本章的重点是要讨论在我们的头脑中已经根深蒂固的、根植于工业时代战术手册的语言的力量。尽管本章中所举的例子是一艘遭遇飓风的远洋轮船，但其中的道理可以适用于从事任何大型项目的任何团队。埃尔法罗号之所以具有讨论价值，是因为我们得到了船长和船员们真实的对话和行动记录。这些材料为我们提供了一次绝无仅有的机会，通过它们我们能够大致了解团队在面对生死攸关的决策时真实表达的语言。

这条航线对于埃尔法罗号船长和船员们来说再熟悉不过了。他们在这条路上定期往返航行，对它已是了如指掌。换句话说，在船上的每个人看来，从杰克逊维尔航行到圣胡安是一项没有新意的、枯燥乏味的任务。在这种情形下，每个船员都确切地知道该做什么以及何时去做。

然后，情况发生了变化。

在埃尔法罗号离开港口的同时，华金被定性为热带风暴。风暴正从大西洋中部袭击过来，预计将会向右转，即到达巴哈马附近。届时埃尔法罗号所走的大西洋航线将会与风暴的背面（较温和的一侧）相遇。但是，如果华金右转的时间推迟了，埃尔法罗号就要穿越风暴的正面，而在这种情况下飓风的前向运动会掀起更猛烈的狂风和巨浪。

当埃尔法罗号沿大西洋航线行驶后，它只有在到达朗姆礁岛之后才能横插入有保护屏障的旧巴哈马海峡。经验丰富的海员都知道这一点，而这艘船上的海员全都经验丰富。船长已有十年的掌船经验，各级船员也都达到了“海岸警卫队和国际海事组织”的全部要求和规定。技术能力方面不存在问题。

星期三

距风暴中心600英里

星期三早上7:02，当轮船靠近巴哈马北部时，船长决定走大西洋航线，这样这艘船就必须沿着巴哈马靠近风暴一侧的航线前行。

这个决定是如何做出的呢？

如果说这不是一个经过深思熟虑的决定并不为过。在埃尔法罗号上，船长和大副之间有过一次讨论。其他任何人都没有参加这次讨论，甚至连通知都没有收到。在某种程度上，船长在离港之前就已经决定了要选择常规的大西洋航线。二人的这次讨论刚开始不久，船长对大副说：“看来我们只能硬挺过去了。”决定已定。

唯一要做的事就是按这个计划执行。这两人对话的其余内容都是关于为尽可能确保轮船适航而应该采取的措施。他们讨论的话题不是关于是否应该走大西洋航线，而是关于如何走大西洋航线。这是工业时代的“持续”战术。所谓“持续”是指我们不做思考，忙个不停，但没什么成效。

从录音的文稿来看，显然是没有针对支持该项决策的假设进行讨论，也没有制订计划，去收集支持这些假设的证据。后来，当他们明显看出这是一个糟糕的决策时，船长便陷入了承诺升级的陷阱——死守错误的行动路线，仅仅因为决定已经做出。

他们为什么决定选择那条没有保护屏障的航线？因为这条航线更快。集装箱货船不是靠在大海上烧油赚钱的——它们必须在到达目的地然后卸下货物后才能赚到钱。因此，所有商业海员都倾向于“遵守时钟”。这就是我们所说的工业时代“遵守时钟”的战术。在“遵守时钟”的要求下，我们会感受到时间的压力，并且会受到在指定时间内完成工作的驱使。

从积极面看，“遵守时钟”能够让人精力集中。它会让我们进入一种注重绩效的思维模式。它有助于我们把事情做成。只要完成的事情是我们需要完成的，一切就都没有问题。但是，作为一种压力源，它产生了任何压力源所能产生的影响：我们会进入一种自我保护模式，从而导致认知活动减少，视野变窄。

坚不可摧的语言

当天晚些时候，当轮船驶向巴哈马群岛面临风暴的一侧时，船长对各级船员说了这样一些话：

“我们很好。”

“应该不会有事的。我们一定不会有事的——不是应该不会——是一定不会有事。”

他嘲笑那些遇到“每一种天气状况”都要改变航向的新手海员。

“哦。不不不。我们不会掉头——我们不会掉头。”

他的语言是不惜一切代价“把事做成”的语言，是坚不可摧和不可战胜的语言，是阻止表达任何担忧的语言。它传递的核心思想是，这些决定不容质疑，我们的路线已定，不要反对我，也不要让我再解释一遍。

船长说这些话的动机是什么？任何一个领导者的动机是什么？鼓励信心？

让员工专注于任务？让他们服从？这是我们反反复复看到的语言，是工业时代强制战术的一部分。我们出于礼貌而不愿意用“强制”这个词，所以我们称其为“激励”。但根本的问题是，船长需要让没有参与决策的人员服从走没有保护屏障的大西洋航线的决定。他只需要他们跟着走。

我们很容易责怪船长，但是让我们来仔细看看他工作中的情况。他的公司正计划用两艘新船替换埃尔法罗号及其两艘姊妹船。三艘船很快就会变成两艘船。一名船长已经选定，只剩下一个空位给其余的两名船长。埃尔法罗号的船长需要证明自己。

随着时间的推进，埃尔法罗号的船长给他的运营主管发送了一封电子邮件。他开始对天气有些担忧，所以他写信询问有关回程的问题。他暗示有可能在返回时选择旧巴哈马海峡。只谈到可能性，他补充说，他将等待上级的批准。

上级在回复中授权他在必要时选择较长的航线。这一交流清楚地表明，这位船长是在一种基于批准的环境中工作。按理来说，船长有权在海上对其船只做出操作方面的决策，但是埃尔法罗号的船长显然不是这么认为的。相反，他是按照一个唯命是从的官僚的角色要求行事的。按角色要求行事是工业时代的另一种战术，而这种战术通常会适得其反。

由于他们尚未到达南向航段中的朗姆礁横道，而且飓风依旧在他们的前方，为什么此时不提议选择朗姆礁横道？原因在于船长认为选择走大西洋航线的决定是一项单一的、完整的承诺，是一项在到达波多黎各之前的整个航程中都不容更改的一次性决定。既然他取笑了那些遇到“每一种天气状况”都要改变航向的海员，现在又怎么能因天气状况而改变航向呢？他自己的话迫使他继续执行这一注定失败的行动方案。

在他看来，回程是另一个决策，要求的是另一项承诺。他只能对于回程提出另一条航线。

从周三晚上到周四早晨，船上的讨论内容显示，有几名船员对将船带入有风暴的航线感到不安。从录音文稿中判断，毫无疑问，他们很清楚埃尔法罗号正在直奔飓风的风眼前进。

与此同时，华金继续缓慢地向西南移动，似乎是拒绝如预期的那样向右转。前面提到，在改变方向之前走得越远，埃尔法罗号遭遇危险风暴的正面的机会就越大。午夜过后不久，二副抱怨道：“……赢不了。我们越往南前进，暴风雨就会始终尾随我们。”

· · ·

距风暴中心200英里

三副来接替值晚班，时间是从晚上8:00到午夜。他刚刚开始值班，船长就离开了舰桥，并且8个小时内都没有返回。他在晚上8:00之前对三副说的最后一句话是：“你值班的大部门时间我都是醒着的。如果你看到任何你不喜欢看到的，需要改变航线的话别犹豫，同时告诉我。”

局势一步步恶化，但是埃尔法罗号在18小时前就已经进入没有保护屏障的巴哈马的大西洋一侧。星期四凌晨1:00，只剩下一个机会可以让它躲避到巴哈马的另一侧。这一刻很快就到了。在到达这一关键点的大约两个小时之前，正在值班的三副打电话给船长，报告了风暴的位置，并且提出建议：向南转。以下是晚上11:05这位三副通过内部电话说给船长的话：

> 嗯，根据当前的预测，每小时最大风速是100英里——中心风速——嗯，如果我判断正确的话——嗯——它正在以……2—3—0……嗯，以5节的速度移动。我认为它会保持同样的速度——在接下来的5个小时内保持相同的方向。嗯，它正朝着我们的航线这边前进——嗯——我们与它的距离很近了。嗯，您知道——我可以说得更具体点——我可以——把它画出来。但是真的很近了。而且，嗯——不知道。呃，我可以给您一个更好的数据，然后给您回电。我们预计会

在凌晨4:00与之相遇。（您知道。）

这段话说完之后不久，他说：“好的。”船长告诉他要继续按原路行驶。当船长下达命令按原计划继续行驶时，电话里有一个短暂的停顿，然后是服从。

三副的语言是犹豫的、自我贬低的、毕恭毕敬和紧张的。这很容易让船长拒绝他不想要的信息。船长先前的评论抑制了讨论，但没有任何办法能抑制疑惑，也无法改变风浪的强度。

船长4个小时前给出的“需要改变航线的话别犹豫”或者“告诉我”的建议结果又怎么样了呢？理解这个建议为什么没有效果的原因，对于理解领导力有着至关重要的意义。我们倾向于把注意力放在别人应该做什么上——例如，我们会鼓励他们大胆发表意见，即便我们已经表现出不愿听取意见。我们没有努力地投入时间改变自己的行为，而是将行动这件事推给别人，因为那样做会更容易、更不费脑筋。在一个自上而下的决策环境中，鼓励员工表达意见，甚至用诸如“需要改变航线的话别犹豫”之类的话语来“授权”给他们，根本行不通。

领导者们说这些话是为了能让自己问心无愧。当出了问题时，他们可以责怪别人没有发表意见，而领导者之前已鼓励他们发表意见了。但是，领导工作是为了让他人的生活更轻松，而不是责备他人。领导工作是一项为我们的行为和语言对他人造成的影响负责的辛苦工作。

星期四

午夜时分，值班船员从三副换成了二副。他们开诚布公地讨论了当前的处境。三副指出，按照他们目前的计划，他们会在4个小时内置于距离飓风中心25英里以内的地方。接着他们笑了。他们谈到走朗姆礁横道，向南横穿过去，进入有保护屏障的旧巴哈马海峡。二副说：“他（船长）不会愿意这么做的。”

与此同时，海员们也在讨论这件事。他们开玩笑说要准备一个一旦碰到海水就能激活的遇险信标。他们玩起了黑色幽默。“我们是这里唯一的傻瓜。”那位离岗的海员说。

从录音文稿中无法判断三副离开舰桥后去了哪里，我猜他上床睡觉去了。在圣塔菲号上，离岗的船员会亲自向船长报告。通过这些报告，船员可以更细致地描述情况，并且表达出任何迫在眉睫的危险。我怀疑在埃尔法罗号上这种情况并没有发生，因为没有相关的证据。

星期四凌晨1:00，暴风雨猛烈击打着这艘790英尺长的集装箱货船。狂风怒扫着甲板，人出去之前必须要把自己系牢。海浪上下左右剧烈摇晃着船身。船员们知道风暴就在前方，但尚不清楚它确切的样子。风暴中心位于轮船以东大约100英里处，缓慢地向西移动，而与此同时埃尔法罗号正全速朝它迎面驶来。

在舰桥上，二副与舵手讨论着从朗姆礁岛向南转的方案：“……我们或许可以甩掉它。向南走把它甩掉，然后由此进入旧巴哈马海峡。我们还有一个转向点，一个噢一个，然后——咻——直接进入旧巴哈马海峡。直接开往圣胡安（波多黎各）。”

她知道有一条出路。脱险的可能性让她的声音听上去有一点点的如释重负。但是请注意她的语言：“我们或许可以……”不是我们将要或者我们应该，而是我们或许可以。就好像她在谈论与他们毫不相干的一组船员。他们有选择的余地，而她所在的这组船员却没有。

关键的问题是，她并没有发出向南转的命令，是组织结构阻碍了二副这么做。在这种组织结构下，她需要获得船长的批准，一位并不想偏离计划的船长。她遵从了这种文化。

二副和舵手知道他们的处境及其危险性。他们开玩笑说要准备好救生衣。他们紧张不安地闲聊着咖啡杯的尺寸。他们笑着说现在其他船只都“离开这里”

了，只有埃尔法罗号还留在大海的这个位置上。他们谈到风暴升至三级飓风，风速高达每小时129英里。

舵手问："……你确定我们凌晨2:00会改变航向？"

二副犹豫了一下，然后说："我不知道。天哪！如果他还不到（舰桥上），我或许应该叫他马上过来。"她一次又一次地谈论改变航向进入安全地带的事，想要给自己打气。20分钟后，她打电话给船长。她知道她必须克服一个极大的障碍才能让船长改变主意。

舰桥上对话的录音文稿仅提供了她报告的内容（星号表示录音中听不清的地方）：

> （啊）我只是想（从）（岛的）的南侧* * *（旧巴哈马/天气）海峡* * * 我们会遇到风暴。嗯，《福克斯新闻》刚刚报道，风暴升至* * *级。是的——是的（这是我了解到的）* * *。现在看起来情况不妙。——现在，我的，嗯——轨迹线是0—200——改变航向一直向南走，然后（我们将）*经过所有这些*浅水区。嗯（下一个）航向改变（将/会）是（穿过巴哈马群岛），然后（就会）转向* * *。

和三副打电话的方式一样，语言是犹犹豫豫、毕恭毕敬的，里面夹杂着很多"啊"和"嗯"。逃避式的表达更是弱化了语言："这是我了解到的……"而不是"就是这样"。这种沟通方式可以让人在心理上逃避现实。"现在看起来情况不妙"，这种表达显得含糊其词，并没有直截了当地说："我们正驶入危险区。"

电话录音并没有录下在电话另一端的船长的话，但他一定是告诉二副按原计划进行。不容讨论，没有丝毫的好奇，绝无对航线的修正，只是继续前进的承诺升级。作为回应，二副没有试图说服船长。每个人都按照自己的角色要求行事。在她的那段话讲完4秒钟后，我们所听到的就只有"好的"，然后她将航向上的微小调整报告给船长，接着又告诉舵手说，船长想要继续按原计划航行。

我相信值守人员已经意识到他们正处在一个至关重要的、严重影响其未来的决策点上，但他们却没有表达出来。他们被束缚在一套旧的战术之中——“持续”和按角色要求行事。要遵循计划，不允许质疑计划。

国家运输安全委员会的报告公布后，81项研究结果中的第81项是：“如果船副们能够依据有效的舰桥资源管理原则更加自信地表达他们的顾虑，船长对形势的认识有可能会提高。”这种说法虽然正确，但它只是谈及了疾病的症状，而不是疾病本身。建立一种有助于船副们自信地表达自己的顾虑的组织结构，不要营造一种质疑计划就如打一场硬仗的文化，这项责任在于船长和公司领导层。

在30分钟之内，随着轮船在海浪里颠簸，舰桥上的人员说他们看到了闪电，听到了猛烈的撞击声。海浪的击打使他们偏离了航向。能将一艘790英尺长的船撞出航道的一定是一个无比巨大的海浪。当然，至此一切都为时已晚。他们已经经过了第二个转向点，现在他们的南侧只有浅水。他们再也无法摆脱风暴。黑色幽默接踵而来。

他们谈到多么难以站稳。有一次，二副在发出一顿咒骂之后说：“大事不妙。”到凌晨3:30时，舰桥上的船员在讨论风向的变化。现在，它正从正面和右侧袭击埃尔法罗号。没有人大声说出来，但是他们知道这意味着什么，他们正处在暴风雨危险的一侧。风暴的运动正在加大风速。几分钟后，大副，也就是“二把手”，来到舰桥上接替值班。此时二副有机会告诉他关于自己被船长拒绝的建议，但是她没有。何必呢？至此这些都无济于事。或许还可以节省点儿能量。

距风暴中心100英里

船长终于在凌晨4:10回到了舰桥上。他离开舰桥已经有8小时10分钟了。由于值班时间是4个小时，所以除了三副值班期间的17分钟和二副的整个值班时间，他全都错过了。

船长回到舰桥上时发表了几句评论，包括："这次颠簸没什么大不了"，"睡得像婴儿一样"和"阿拉斯加典型的冬日"。

无论他是想让船员放心还是用这些话来证明他的决定，都没有改变结果。这条船将在3个半小时内沉没，所有人员都将丧生。届时，埃尔法罗号很可能是在飓风眼的30英里范围内。

新情况旧思维的危险性

沉船之前不久，埃尔法罗号发出了一次警报。搜索队在他们估计能找到大型船只的地方只找到了一些残骸。在排查水域时，人们觉得即使考虑到这次暴风雨的强度，也很难想象这么大的现代船只竟然会沉没。但是它确实沉没了。现代技术在过时的思维面前也只能是小巫见大巫。

幸运的是，国家运输安全委员会找到了船沉没的位置，并取回了语音录音器，这就是为什么我们能够得到舰桥上全部对话的原因。这是这场悲剧留下的财富。

在511页的录音文稿中，船长在25小时内说了1203句话，提出了165个问题。然而，他的许多问题根本不能称为问题。

- "你们知道我在说什么吧？"（二元的肯定）
- "你们希望如何称呼这个转向点？阿尔法怎么样？"（回答自己的问题）
- "很好，现在是140航线？"（回答自己的问题，肯定）
- "它将介于两者之间，对吧？"（二元的肯定）
- "那样合理吗？"（二元的肯定）
- "按照这个RPM（速度）前进的话，一切正常吧？"（乞求正确答案，二元肯定）

这些话语是错误的安慰，目的是让人们继续执行任务，按照他们的角色要求行事，继续沿着既定的航向前进。

在做出选择大西洋航线的灾难性决定的那个早晨，船长对各级船员说了以下几句话：

- “我们只能硬挺过去。”
- “我们打算挺进风暴区。我不会选其他航线的。”
- “（一切都）会好转的。”

这是船长在向自己和他人证明决策的正确性。当他离开舰桥后，工作人员互相拿船长的话打趣：

> 他向下面的每个人说——“哦，这不是一次厉害的风暴。没那么糟糕。* * 它甚至都没那么大的风* * 见过更糟的。”

船长的态度对这些船员们造成了影响。你可以从他们后来使用的犹豫不决、模棱两可和毫无效果的语言中看出来这一点。最开始，仅仅是一个人思想中的承诺升级，现在已经蔓延至整个组织。

事情不一定非要按照这种方式发展。正如我们将在后面的章节中看到的，我们完全可以创建一个允许每位团队成员表达观点、欢迎不同意见、协同决策的安全的环境，从而形成对执行的积极投入，以及将整个任务划分成较小的项目的思维模式；这个过程可以防止我们让承诺不断升级。这些船员们的烦恼在很大程度上和弗雷德的烦恼很相似，而且他们也和他一样酷爱行动——“勇于行动”的态度超越了一切。但是他们身上也有一些苏的特质，陷在讨论之中，无法将船转至安全的航线。

在埃尔法罗号的舰桥上，如果船长的语言稍作改变，或许就可以拯救这艘船。

- “我们或许能够挺过去，但是，伙计们，我不了解这些情况。成功的概率并不大。”
- “应该没事，但让我们对情况保持警觉——我们可能需要改变方向。”
- “其他人对此有何感想？希望大家畅所欲言。”
- “对于按原计划行进我们有多大把握？”

如果船长表现得不那么坚不可摧，其他船员就有足够的安全感表达自己的看法。情感对于决策来说非常必要。认为工作场所是没有情感的地方的想法反映了程序性工作占据了主导地位，以及我们深陷于绩效思维模式。在这种模式下，工作中不需要决策。只有当我们在工作中引入思考与决策，我们才需要关心员工的情感健康。但是，在已经根植在我们头脑中“工业时代”的按角色要求行事战术的作用下，我们避开了让情感参与到决策中。

话语份额

舰桥上的“话语份额”也是值得注意的一点。话语份额是指谈话中每个人的话语所占的比例，它也是反映组织内部权力梯度的有效指标。如果在4个人当中每个人所说的话正好各占25%，那么他们的话语份额就达到了完美的平衡。如果领导者的发言占了100%，而其他人全都一言不发，那么这里的话语份额就是完全倾斜的。在我们为一个组织提供咨询服务时，我们会认真研究他们的话语份额，观察它的平衡程度或者倾斜程度。

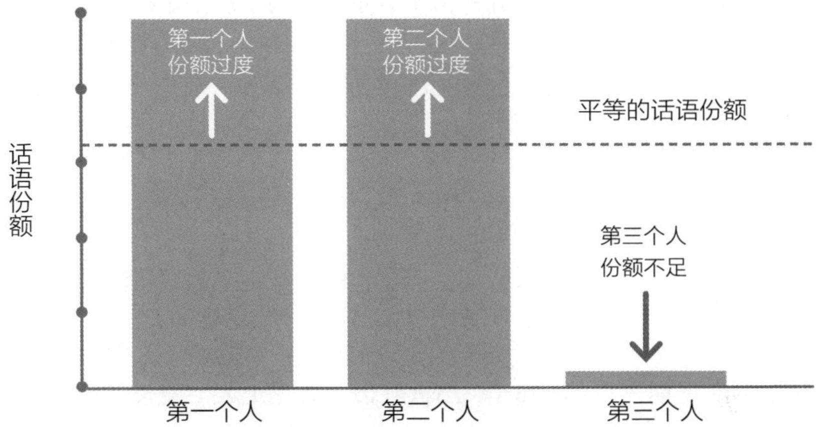

团队语言系数（TLC）是一个介于0到1之间的数字，用于表示对话中人员之间话语的不平等程度。在一个三人团队中，如果两个人的发言各占一半份额，而第三人保持沉默，则其 TLC为0.5。

我们使用一种可以将不同的话语份额转换成一个单一数字的研究方法。这一方法的灵感来自各国计算收入不平等程度的方式。[①] 该数字可以用来衡量相对于完全平衡的话语份额的偏差。我们将此称为团队语言系数（TLC）。完全平衡的话语份额的TLC为0.0，因为它与完全平衡状态之间不存在偏差。如果只有一个人发言而其他人全部保持沉默，那么这种情况就是完全的不平衡，其TLC为1.0。在一个三人团队中，如果两个人的发言各占一半份额，而第三人保持沉默，则其TLC为0.5。

基于到目前为止我们所看到的情况，你可能会猜想，如果话语份额比较平衡，团队语言系数较低，团队就会更多地思考，并且会做出更好的决策。这一点不仅在实践中是正确的，而且是可观察和可测量的。

麻省理工学院的托马斯·马隆教授在他的《超级思维》（*Superminds*）一书中探讨了能让群体比个体更聪明的因素。他发现其中的一个因素是话语在参与者之间平均分配的程度。

① 收入不平等的计算方法叫作“基尼系数”，是以发明该方法的一位意大利统计学家的名字命名的。

马隆教授将群体智慧的更胜一筹归因于另外两个因素：群体成员的社会智力和女性在群体中的比例。

一旦你逐渐理解了导致决策不力的因素，就会不由自主地在那些最不健全的组织中发现这些因素。

在埃尔法罗号上，话语份额严重偏向于高层人员。当舰桥上有三个人时，基本上只有级别高的两个人在说话，而第三个人几乎一句话也没说。当级别最高的人离开时，剩下的两个人才开始交谈。

比如，在星期三早上5:36至7:25，舰桥上有三个人：船长、船副和一名海员。在一个小时的时间内，说话的只有船长和船副。然后，早上6:40的时候，那位海员说了句："1—4—2。"他是在回答船长提出的关于航线的问题。仅此而已。然后在接下来的52分钟里他没有说一句话。当船长离开舰桥之后，他才开始说话。当时舰桥上只剩下两个人：船副和海员。

这种话语份额的倾斜程度是可以测量的。下表中展示的是船长与三名不同值班船副在舰桥上时的话语百分比和 TLC 。

话语百分比	船长	船副	海员	TLC
第一组	57%	39%	3%	0.55
第二组	50%	45%	5%	0.45
第三组	54%	43%	2%	0.53

你可以这样思考。假设你只知道船长每次在舰桥上时每个人（船长、船副和海员）所说的话的字数。只知道这一点——至于他们都说了什么，是对谁说的或者怎么说的你都一无所知——那么你可以100%准确地预测每个人在层级制度中的位置。

另外需要注意的是：在所有这三个场景中，人们对待级别最低人员的态度就好像他根本不存在一样。想象一下这种感受。然后，我们会告诉这些级别低的人“你的意见很重要”“你有发言的权力”等诸如此类的话。

话说得越多，听的机会就越少。这是一个极其浅显的道理。如果你想要从团队成员那里听取更多的意见，你就应该少说话。这里的顺序是你先少说话，然后他们多说话——而不是“如果他们多说话，我就少说话”。就这么简单。团队语言系数是软技能背后的硬数据。

因为有埃尔法罗号的录音文稿，我们才有可能从船员们的工作方式中汲取经验教训，同时也有机会研读和评论每一句话。这会引导人们禁不住想要去挑错——人的错误。

当我一次又一次地翻阅这份文稿时，我听到船员们以及专业人士的声音，他们竭尽全力做好本职工作，试图拯救这艘船并完成任务。我能听到我以前的许多船长的声音：那些采用和埃尔法罗号船长一样战术的领导者。我也能听见我自己的声音。

我非常痛心地看到，这些人遭遇不幸的原因，不是因为他们是糟糕的船员或是坏人。他们惨遭厄运的原因是因为他们遵照的是错误的战术手册。我反反复复看到这样一种模式：按照自己认为正确的方式做事的好人，却遭遇不幸的结果。遵守时钟，强制服从，按角色要求行事，埋头做事，以及绩效思维模式。有时其结果是糟糕的产品、滞销、时间的浪费或者感觉毫无用处。有的时候，错误的战术会致人于死地，而这是显而易见的。

我们需要时刻铭记在心：组织的设计产生我们看到的行为，人的行为也是组织设计的结果。

作为个体，我们应该积极承担起按照组织的设计应尽的责任。但是作为领导者，我们的责任是有效地规划组织，从而让个体能够成为最优秀的自己。

我们不需要完善这些旧的战术。我们需要一部新的战术手册。如果埃尔法罗号上的船员们换一本战术手册，有可能他们今天还活着。在本书的最后一章中，我们会做一次假设：如果他们采取新的战术，结果会是怎样。

CHAPTER

2

第二章

全新的领导力战术手册

一家跨国公司的管理者们正围桌举行一次领导力研讨会。室内有11张5人的桌子。该公司以开明的领导而享誉业内，连年被评为“最佳工作场所之一”，并且在过去的十年里创造了可观的利润。

我向与会者讲解了一种被称为“过分夸大功劳”的心理现象：参与合作任务的人往往倾向于夸大自己在工作成果中的功劳。针对“过分夸大功劳”所做的研究可以追溯到20世纪70年代。在这些研究中，丈夫和妻子被单独要求评估自己所做家务的占比。当两项相加时，其总和无一不超过100%。

“过分夸大功劳”这种现象之所以发生，是因为我们更容易看到自己的工作。我知道我自己付出了多少努力——熬夜的时间，放弃的周末，等等——但是对于其他人在这段时间里所做的事，我只是略微注意到一些。“过分夸大功劳”解释了为什么我总是觉得自己的贡献比同事多而获得的赞赏却比他们少。

我请研讨会上的高管们估计一下前面提到的夫妻实验中得出的“过分夸大功劳”总和的平均值。每个小组需要在90秒内给出一个猜测结果。竞争的气氛弥漫开来，他们感觉到了遵守时钟的压力。而我还有一个深藏不露的议题：我想要看看每组领导者是如何在压力下做出决定的。

不出所料，他们所遵循的是工业时代的战术。在房间里的每张桌子旁——以及我组织此项练习的几乎所有地方的桌子旁——事情发生的顺序基本上是相同的。某一个人（通常是职务级别高的参与者）几乎会毫不犹豫地抛出第一个猜测。紧接着其他人会你一句我一句地给出略高于或略低于这一猜测的估值。如果小组里有一个很安静的人，那么这个人有可能不发表任何意见，尤其是当他本人的估值与前面迅速达成的共识相去甚远的时候。

这是一个工业时代的战术，因为这种决策方法的结构（讨论，然后表决）会导致决策做出之前可变性的降低。

我们可以将这种决策风格的结果称为“声高者的智慧”。不管第一个数字距离真实数据有多远，有权威的领导者的第一个数字成为整个小组的标杆，结果最终敲定了一个偏离真实数据的估值。（如果你感到好奇，那么我告诉你正确的答案是130%。）从不同角度思考的小组成员会婉言拒绝提出自己的想法，从而使小组无法获得有可能重要的信息和分析。这种定标杆、公开讨论然后快速投票表示同意的过程是趋同的。它的目的就在于快速减少可变性。

读到这里，你应该会很明显地看出，这不是团队决策的最佳方法。但这正是大多数“集体”决策的方式。它与埃尔法罗号上的决策方式如出一辙——船长做出决定，然后通知下属。

若想获得更好的结果，首先要鼓励不同的意见：让每个成员在受到团队影响之前（最重要的是，在受到领导影响之前）先做出自己的猜测。应该公正地看待每个人的想法，以确保最大限度的思想多样性。为此，一种简单的方法是要求每个人在进行任何讨论之前先写下自己的猜测。然后汇集结果：在不注明预测者的情况下，对不同的预测结果进行集体评估，然后共同确定一个可能的结果。

这样的结果是群体的智慧。在适当的条件下，群体的智慧总会超过团队中的任何个体。这是詹姆斯·索罗维基在他富有启发性的著作《群体的智慧》（*The*

Wisdom of Crowds）中首创的一个词语。

我对围坐在数百张桌子的众多高管开展过这项练习。在所有这些练习当中，我只见到过一张桌子周围的团队采用了发散性思维。一次次的研讨会上，桌子旁边的人最终都会趋同于高层领导最先猜测的结果。

为什么团队都会以这种方式回答问题？因为一方面，仔细琢磨复杂的变量是件苦差事。另一方面，围绕着权威的声音达成明确的共识是一件十分令人满足的事。抑制人性中尽快减少不确定性的本能倾向要求人们采取一种缜密的、系统化的方法。

还有另一个原因。我们之所以会如此决策，是因为这种做法在我们的头脑中已经根深蒂固，就像埃尔法罗号上的船长和船员们一样。

固守一本过时的战术手册

埃尔法罗号的船长和船员们之所以遭遇不幸，是因为他们也同样习惯性地采取某种战术，按照某种方式行事，以及使用某种语言。他们被困在一本过时的战术手册里，无法看到不同的行事方式。即使他们能够想象出其他的方法，也很难摆脱其整个职业生涯都在遵循的模式。我们能够看到，在试图（但没有成功）打破这些根深蒂固的模式时，船员们的语言里所表现出的焦虑。

下面列出埃尔法罗号船员思想中根深蒂固的六种战术，以及有可能会挽救他们的六种战术。

- 他们在本应该控制时钟的时候遵守时钟。
- 船长在本应该与船员们通力协作承担责任的时候强制他们服从。
- 受到强制的船员在本应该做出自己的承诺的时候却服从了命令。
- 他们持续遵循一个不容分割的计划，使得他们一直走大西洋航线。他们本应该一次完成一个航段——到达巴哈马北部是第一个决策点，到达朗姆礁是第二个决策点。

- 他们在本应该采取改进模式的情况下采取了证明的模式。导致这种结果的是他们在本应该处于“乐于思考”的模式时却处于“勇于行动”的模式。
- 在整个过程中，他们在本应该建立强有力的关系的时候却按照自己的角色要求行事。

行动很重要，但行动和思考必须并重。我在前言中谈到过的弗雷德和苏就是典型的例子——不假思索的过度行动会导致徒劳无功或者错误的行动以及糟糕的决策，而没有行动的过多思考又会造成无所作为和挫败感。

就企业和个人而言，学习和成长的关键是正确地平衡这两项活动。只是思考某件事情，甚至做出决策，但不采取行动来检验你的想法，你就学不到什么东西。服从他人的指令，不假思索地采取行动，其结果也是一样的。

平衡是必要的，然而长期以来，我们一直偏重于行动，甚至包括我们使用的语言和规划组织的方式。我们需要采用这样一种战术：它能够在各个层级（而不只是顶层）通过增加思考来平衡行动。这就是这本书想要传达的讯息。

接纳可变性VS.减少可变性

这两者之间的主要区别在于：接纳可变性有益于思考，减少可变性有益于行动。

就思考和决策而言，可变性是盟友。在可能采取的行动中，可变性越大，就意味着创新性和创造力越大，选择也越多。就创意而言，我们应该广撒网，欢迎众多的不同意见。为了与时俱进，我们需要改变观念，抛弃旧观念，接纳新观念。为了改善我们的工作方式，我们需要放宽视野，欢迎不同的观点。可变性是多样性的一个益处。

接纳可变性有益于思考。

- 在头脑风暴中，我希望听到尽可能多的不同想法。
- 在决策过程中，我希望有多种选择。
- 在判断真相时，我想听听不同的观点。

接纳可变性的语言是开放的、好奇的、概率性的和聚焦于改进的。比如“我们怎么知道”或者“安全程度如何”。这是一种体现好奇心和脆弱性的语言。

当每个人都在思考同一件事时，可变性就很小。有时我们称其为“共识”。当人们有不同的想法，尤其是对立的想法时，就是有高度的可变性，表现为团队内部的争论。但这也意味着缺乏共识。

“共识”一词通常被用作褒义词。共识意味着可变性的减少，这对于思考来说是不利的。通常，寻求共识的领导者在本应该接纳可变性的时候却减少了可变性，而最终与共识背道而驰。之后他们会纳闷，为什么自己听不到团队成员的新想法。问题的症结在于他们采取了错误的战术。他们将一本减少可变性的战术手册带入了需要接纳可变性的比赛中。

为什么我们偏重于减少可变性？增加可变性所产生的选项会带来认知负担的提高——你需要对这些选项加以思考和权衡。这是件辛苦的差事。我们的大脑天生希望尽可能少地花费力气，所以它会抗拒这种辛苦的工作。购物者在面对过多选项时，干脆一件东西都不买。

但更重要的是，可变性是行动——我们常常通过设计组织来处理的事情——的敌人。

- 在制造过程中，零件应该尽可能相似。差异在制造过程中属于错误。
- 在操作潜艇时，操作人员应该严格遵守程序。改变了某个步骤中的固定顺序是违反程序的。步骤1：关闭舱口盖。步骤2：潜入水中。反向执行这两个步骤，就是一个错误。
- 在快餐店中，每个汉堡包都应该是相同的，除非客户要求提供不同的汉堡包。质量和数量的变化会让客户感到困惑，而且会给其购买计划和成本预算造成麻烦。标准化是王道。

减少可变性的语言是专注的和目标驱动的。它意味着严格服从规则，严格遵守流程。这类语言表达类似于“按照这样做”或“这是安全的”。它是控制和服从的语言。

红色工作和蓝色工作

因为这两种不同的工作——决策（思考）和执行（行动）——采用两种截然不同的方法处理可变性，因此它们需要两种不同的思维过程和两种不同的语言。给这两种不同的模式命名是很有意义的，因为它有助于你清楚地分辨出自己所处的模式。让我们将思考、决策、接纳可变性的工作称为“蓝色工作”，而将行动、执行、减少可变性的工作称为“红色工作”。

我将偏向于行动的工作称为“红色工作”，因为红色象征着能量和决心。而蓝色则象征着沉稳和创造力。

在前言中，弗雷德被困在红色工作中，永远在不假思索地行动，而苏则被困在蓝色工作中，永远在不停地思考，却不采取任何行动。红色工作和蓝色工作任何一方都是不够的，我们需要二者之间的适量平衡。

要找到这种平衡并有效地完成这两种工作，就需要团队刻意地从一种工作转向另一种工作。

在潜艇上，我们会举行一次注重思考、接纳可变性的会议，称为“由团队认证”。在认证期间，可变性得到了鼓励。船员们有哪些想法？我们的准备程度如何？你有哪些不同的看法？这是我们的蓝色工作阶段。

一旦某位军官或者负责人对团队的准备感到满意，我们便会从思考模式切换为行动模式。一旦投入行动，可变性就会被避免，准确性得到重视。一切行动按照步骤进行。这是我们的红色工作阶段。

在此期间，我们希望尽可能地坚持已经决定的行动，比如说鱼雷装填程序。每个鱼雷的装填方式与前一个完全相同。装填鱼雷很需要体力，但是与决定将哪种鱼雷装填到哪个管子中以及何时装填相比，这项工作所需的脑力劳动要少得多。因为执行装填鱼雷这样的任务会增加我们的确定性和成就感，所以我们会欣然投入其中。人类很容易受到“做成事”所触发的良好情绪的诱惑。只是随着时间的流逝，如果不能将它与思考建立起适当的平衡，“做成事”所触发的良好情绪就会开始变得空虚。

两种工作模式本质上都没有错。为了取得成效，我们需要在思考与行动之间往来穿梭。问题在于我们所使用的语言只是行动的语言，而不是思考的语言，这自然就减少了可变性。结果，我们不经常从红色工作转向蓝色工作，而且当我们真的转变为思考模式时，减少可变性的语言会损害我们的努力。

若想将在需要做出决策时就从红色工作转换为蓝色工作这种模式固定下来，就需要你抵制感觉自然的东西，因为我们习惯于使用确定的、二元选择性和没有挑战性的语言进行交谈。例如，说“你有把握吗”，你会感觉更自然。而“你有多大把握”就不那么自然。第一个问题不太费脑筋。它将可能的回应减少至两个：是或不是。“你有多大把握”会让人感觉不自然，让人费脑筋，而且可能得到各种不同的回应，它可能会让事情变得混乱。而“你有把握吗”就不会。

你觉得下面这两个问题哪一个听起来更自然：“那样合理吗？”“我有什么遗漏的地方”第一种问法将话题从讨论转向了结论。它满足了我们希望让事情持续进展、遵守时钟的本能愿望。我总是能听到这样的问题。而“我有什么遗漏的地方”会导致延迟，让人感觉是在浪费时间。它需要我们控制一下时钟。

红色工作的语言听上去是这样的：

- “把它搞定！”
- “去实现它。”

- “让我们完成这件事。”
- “我们是否步入正轨？”

蓝色工作得益于关注点的拓宽、安静的思考、对他人所见所想的好奇心，以及其他可能方案的形成。

蓝色工作是制定决策的认知性工作。它发生在人的大脑中。它是无形的，因此很难监控。蓝色工作可能不需要动一根手指，但需要动脑筋。长期从事蓝色工作会让人感到筋疲力尽。

蓝色工作的语言听上去是这样的：

- “你怎么看？”
- “我们准备得怎么样了？”
- “我们能做出哪些改进？”
- “我们学到了什么？”

现在让我们思考一下每种情况在话语份额方面的体现。由于红色工作中的话语只需要用“好的”或者“是/不是”这种简单的回应，所以话语份额自然是有倾斜性的。一名或多名参与者（下属人员）几乎一言不发。他们不必多说话。其偏离平衡的话语份额的程度较高，TLC 也较高——可能是0.4或者0.5，甚至更高。由于TLC衡量的是相对于平衡的话语份额的偏差，因此数字越高（接近1.0），表示在话语分配上的不平等性越大。从理论上讲，话语份额完全平衡的团队的TLC为0.0，但是实现这种完全的平衡既不现实，也没有必要。该系数是一种衡量团队话语份额不平衡程度的工具。

蓝色工作的提问要求团队成员的回应包含更多内容。因此，话语份额的分配会更均匀，相对于平衡的话语份额的偏差会较小。TLC 值也较低——可能是0.2或0.1。通常的规律是：团队越擅于蓝色工作，话语份额的分配就越均匀，TLC（表示相对于完全平衡的话语份额的偏离程度）越接近0.0。

有两种常见的情况会导致相对于平衡的话语份额的偏离程度高以及 TLC 偏

高。第一种情况是在领导者“一言堂”并且产生回声室效应的时候。第二种情况是团队中有一个人几乎一言不发，他的观点、想法和创意被团队的声音淹没。无论哪种情况，团队决策的有效性都受到了削弱。

蓝色工作者和红色工作者的终结

一些读者可能会指出，根据这些称谓的定义，红色工作中的生产性和体力劳动传统上是由蓝领工人完成的——这个错配是我有意的。通过将“会思考的”白领所做的工作称为蓝色工作，而将“不思考的”蓝领工人所做的工作称为红色工作，我希望加快这些起反作用的称谓的终结。

虽然蓝色工作和红色工作始终存在，但是工厂的兴起导致了一种特别有害的管理方法——一种按阶层将蓝色工作和红色工作区分开的方法。我们不仅有蓝色工作和红色工作，而且还有蓝色工作者和红色工作者。一群人——蓝色工作者——制定决策，而另一群人——红色工作者——执行决策。一群人负责思考，另一群人负责行动。一群人接纳可变性，另一群人努力减少可变性。一群人领导，另一群人跟随。将不同模式的工作分配给不同的工作群体可以简化管理任务，同时适应时代要求。它推动了工业时代的组织设计，也影响了管理实践，甚至影响了工作场所的主流语言。

弗雷德里克·温斯洛·泰勒在1911年出版的《科学管理原理》（*The Principles of Scientific Management*）一书为这种管理方法提供了例证。美国内战后，泰勒当上了机械工学徒，当时美国正处在迅速工业化时期。大多数作坊规模都还比较小，经营者都是个体工匠。他们根据需要形成了自己的工作方式。随着行业规模的扩大和复杂性的提高，泰勒发现这种方法效率低下，因此决定为此做点什么。

泰勒研究了钢铁厂工人的活动，确定了执行每项任务最有效的方法。例如，泰勒发现，一名普通工人一次铲起21磅的原料（不是20磅，也不是22磅，而是21磅）时效率最高。他所要做的就是减少可变性。他甚至针对不同原料的密度设计了各种不同尺寸的铲子，这样铲起恰好分量的原料就不需要什么技能了。工人们负责干活，但不会参与决策——甚至不能决定铲取原料的分量——而管理层负责思考。在此模型中，一线人员无需做出任何决策，而工人们被雇来单纯是为了从事体力劳动，因此主动性和思考变成了不必要的干扰。

泰勒迅速成名，他的服务很有市场。他是第一位管理大师，负责为许多行业减少可变性，降低浪费，提高质量和效率。他与亨利·福特的伙伴关系尤其具有影响力。

下面是泰勒对管理职能的描述：

> 只有通过强制实施方法的标准化，强制采用最佳的工具和工作条件，以及强制性的合作，才能确保提高工作速度。而强制采用标准和强制合作的责任完全在于管理层。

首先请注意，减少可变性的核心——“标准化”。还应注意的是，整个世界被分为两群人：管理人员和工人。由于一群人制定决策，而另一群人执行决策，因此强制是这种方法不可或缺的组成部分。泰勒并不回避管理层强制执行标准和工作方法的必要性。

此外，在一个将思考工作分配给蓝色工作者去完成的社会中，根本不需要红色工作者去思考。泰勒对此有明确的阐述：

> 在我们的体系中，不要求手下的人有主动性。我们不希望他们有任何主动性。我们对他们的唯一要求就是服从我们给他们下达的命令，按照我们说的去做，并且快点做。

泰勒告诉工人们，他们被雇来只是为了从事体力劳动，并且“我们有其他人从事思考工作”。

泰勒的方法旨在防止工人选择自己的工作方式。允许他们做出选择就意味着会出现不同的方法和更大的可变性。泰勒试图通过让所有工人以单一的最佳方式完成每项任务来减少可变性。而这种最佳方式是由他人决定的。

通过实施泰勒的想法，工厂主们受益匪浅。他们以较低的工资雇用了未受过教育的工人，然后教会他们从事某一个庞大的制造过程中特定的一小部分工作。无需向他们解释这项任务对全局的意义，甚至都无需说明他们正在做什么。在工厂的封闭系统中，整个流程几乎没有变化，对生产工作的聚焦也没有停止过。

尽管当今每个组织中都存在蓝色工作和红色工作，但不一定要有蓝色工作者和红色工作者。但是，遗存至今的工业革命时代的人造概念，让我们有了用来标示一个人所在群体的文化标签和制服：领导者或跟随者，月薪工作者或计时工作者，戴白色安全帽或蓝色安全帽的，穿实验室外套或工作服的。我们还是想标示清楚一个人属于哪一类人。

虽然恰逢其时，但泰勒为现代组织提供的方法还是存在一些问题。首先，该系统是脆弱的、没有适应性的。尽管效率很高，但是这一系统无法自适应，因为工人们只能在很有限的几种场景中工作。无论是在全球范围内还是在生产线上，情况都在变化，但是我们并没有注意到，因为我们太过专注于完成任务，以及工作压力太大。

这一系统的脆弱性也体现在埃尔法罗号的船员无法根据天气变化调整计划的事实上。

其次，该系统导致员工付出的努力只满足工作最低要求。如果员工的工作量超过了最低要求，则会提升员工的工作量。既然你已经证明自己能做一次，那么为什么不每天都做呢？自主决定的努力降至零点。

再次，该系统会对系统中的人员造成伤害。持续不断的红色工作是枯燥乏味的，令人精神麻木，而枯燥乏味就容易走神，注意力不集中。在工厂的恶劣环境中，精神不集中是致命的。一项针对工作场所事故的早期研究以宾夕法尼亚州的阿勒格尼县为样本。该县的所在地是主要的钢铁厂重镇匹兹堡。此项研究结束于1907年，而在此前的12个月里，仅此一个县城就有526名工人死于工业事故。

最后，这种环境下的生活会让人身心疲惫。在高度工业化的环境中工作的人倾向于表现出较低水平的责任心、自我控制和生活上的满足感，而且预期寿命较短。煤矿之类的重工业或许已经改头换面，但这些旧日的疤痕却依旧长时间存在，而且生活在那些曾经是这类重工业重地的县城里的人们，在数代之后还保留着同样的心理特征。

马丁·奥布松卡在《哈佛商业评论》上发表的一篇文章阐述了工作环境对工作者价值观的影响，而且这种价值观之后从父母传给了孩子：

> 例如，高度重复性的、令人疲惫不堪而且自主性低的工作（例如，红色工作）之所以会影响工作者的价值观，其原因在于这些工作对理智品德和批判性思维的重视程度较低，而这些价值观常常也会传播给这些工作者的孩子。

如果我们让所有人都参与思考，就会构成双赢的局面。公司可以从中受益，因为它变得适应性更强，更加敏捷，更具灵活性和盈利能力。公司的员工可以从中受益，因为他们的工作变得更有成就感，生活变得更丰富、更充实、更健康，他们的寿命也会更长——而他们的孩子也同样是受益者！

组织在21世纪所面临的挑战是：我们如何创建一个红色工作和蓝色工作同时存在但不存在这两类工作者的环境？我们如何将以前被归类为追随者或执行

者的红色工作者融入到蓝色工作的决策事务中来?

可不可以让工人也思考

在泰勒的世界里，蓝色工作者手持一块带夹子的写字板，观察红色工作者的工作，决定他们应该做什么，然后下达指令。第二次世界大战后，这种严格的做法开始发生变化。这种变化首先出现在日本的汽车制造业中。在统计学家爱德华兹·戴明的倡导下，领导者们开始从单纯地观察工作者转向询问他们的想法。

当时，美国汽车制造商在市场上几乎没有竞争对手，他们的产品炙手可热，而日本和德国都处在重建其生产能力的时期。国际竞争的突然缺失助长了美国人在质量上的自满情绪，而这种自满情绪很快反映在了美国的汽车上。

“二战”结束后，戴明被派驻日本，协助该国的重建工作。在此后30年间，他一直致力于向日本企业传授产品质量管理方面的知识。作为一名统计学家，戴明认识到，如果制造过程中的可变性越大就意味着成本越高，产品也会感觉越廉价，那么反过来也一定成立：减少制造过程中的可变性应该会降低成本，生产出更高质量的产品。换句话说，戴明的首个重要观点是：质量不花钱，质量省钱。这种方法被称为“全面质量管理”或“全面质量领导”。

戴明的第二个观点讨论的是如何提高质量。当时的传统方法是通过对生产的零件进行检查然后淘汰不合格的零件来确保质量。这种方法在两个方面增加了成本：第一，公司必须支付钱给质检人员；第二，劣质产品的报废或打折出售会产生浪费。

与之相反，戴明建议将质量整合到制造过程中，并且完全撤销检查员岗位。以车身喷漆为例。汽车进入一个小隔间接受从基础层到保护层的数层喷涂。质量取决于喷涂的覆盖面和均匀性，或者整个表面上涂料厚度的统一性。这种统一性取决于多种因素，包括油漆配方、喷涂用的喷嘴、移动速度、与金属的距离、烘烤温度以及下次喷涂前的暂停时间。

在传统模型中，会首先进行汽车喷漆然后检查结果。而在戴明的新模型中，管理人员需要不断试用不同的涂料配方、喷嘴、喷涂技术以及烘烤温度和时间。这种持续的蓝色工作是缓慢、困难和成本高昂的，但它能够提高红色工作的统一性，减少错误并且不再需要检查员。节省下来的成本可以转送给客户。正是由于这种不断的微调，使今天的普通汽车的质量比20年前的质量要高出很多。

戴明的第三个观点是以前被归类为红色工作者的人（本例子中的装配线工人）应该参与到蓝色工作中来。这种方法显然与泰勒的方法大相径庭。泰勒的方法提倡一种有效性更低但效率更高的劳动分工形式：决不要询问工人的想法，以免延误生产。

通过让红色工作者参与蓝色工作，戴明教育他们如何在减少可变性和接纳可变性之间转换。这些红色工作者比其他任何人都更了解生产区的流程、流程中的缺陷，以及如何加以改进。在将他们纳入蓝色工作的过程中，戴明推动了红色工作者和蓝色工作者的学习，同时减少了错误并提高了工作满意度。

随着日本人磨炼出这种在红色工作和蓝色工作之间转换的新方法，他们培养出了越来越高的精确度。当20世纪70年代的石油价格震荡袭来时，美国的汽车制造商在生产体积更小、更省油的汽车的过程中困难重重［稍后我们会聊一聊福特平托（pinto）的不幸故事］。日本优质、可靠、高效的汽车开始占据主导地位。

质量的定义实际上是制造商以尽可能接近零的可变性重复某一个工序的能力：对于汽车来说，涂料和螺栓对准的可变性越大，容易生锈的薄斑就越多。对于家具来说，孔洞和栓钉对准的可变性越大，部件的不稳定程度就越高，磨损和断裂的速度也越快。

因此，尽管制造过程的重点是减少可变性的红色工作，但是借助接纳可变性、鼓励提出想法和异议的蓝色工作可以让这一过程获得改善。

随着日本进口份额的增加，以及美国汽车制造商推出了福特平托这类毫无创意的车型，戴明的哲学通过1980年的纪录片《如果日本可以，为什么我们不能？》（*If Japan Can, Why Can't We?*）受到了美国企业的关注。以丰田生产系统为代表的制造过程部分是由于戴明的影响而得到了广泛传播。

1981年，日本的汽车年产量首次超过美国。事实证明，红色工作和蓝色工作的结合更胜一筹。

尽管戴明提出了极为重要的观点，但他仍然没有消除红色工作者和蓝色工作者之间的差异。他充其量是让管理层（蓝色工作者）将红色工作者纳入到蓝色工作中去。这对于泰勒来说是一次进步（在泰勒看来，蓝色工作者可以像观察实验室的老鼠一样观察红色工作者），但是其根本结构并没有改变。将思考、决策和改进的责任移交给红色工作者，这在当时会有些不可思议。然而，这正是我们今天所需要的。

红色—蓝色方法

新的红色—蓝色方法，比如由戴明首创的全面质量领导，通过应用统计方法以及让工人参与到制定解决制造问题的方案中来，显著提高了制造水平。全面质量领导以及后来的丰田生产系统都是以较少的可变性实现了高质量的产品。

机组资源管理是另一种现代管理方法。它所要解决的是同样的根本性问题，即打破红色工作者—蓝色工作者的层级制度，并且让下属人员参与到从事思考和决策的蓝色工作中来。机组资源管理是一种应用于团队运作的方法，尤其适用于团队驾驶飞机。这种方法特别值得一提。

机组资源管理解决的是驾驶舱内成员之间如何相互交流的问题。它强调副机长或副船长应该以不断升级的方式表达意见，道出自己的担忧。而与此同时，机长应该创造一种有利于这种不断升级的环境。这种管理方法会训练机长在下属表达担忧和意见时去倾听。大型航空公司几乎普遍采用机组资源管理方法，并且因此挽救了数千人的生命。例如，2009年1月，当两个发动机都因飞鸟撞击而失去动力后，切斯利·萨伦伯格（“萨利”）机长将飞机降落在哈德逊河上，从而挽救了美国航空1549航班。在此过程中，他和副机长使用的语言就曾受到过机组资源管理的深刻影响。

显然，许多领导者都希望创造一个员工发现问题时能够敢于发表意见的环境，同时希望他们能够充分发挥自己的创造力，做出自主的贡献，比如提出新的想法和解决方案。除了机组资源管理之外，还有许多其他现代管理方法，其各自的总体目标都是围绕着某个观念，诸如授权、敬业度、主人翁意识、让员工思考、允许员工发表意见、营造心理安全感、指导而不是命令，或者提出正确的问题。“基于意图的领导”是在圣塔菲号上得到发展并通过其他组织的应用和分析得以完善的管理风格，是一种致力于整合所有这些特质的管理方法。

我认为所有这些方案主要是为了解决一个根本性问题：工业革命时代遗留下来的红色工作者—蓝色工作者层级结构。

但是，我们依旧面临着诸多问题：高度分化的劳动力，将员工边缘化的工作场所，工作中员工承受着压力和疲惫感。为什么会这样？这些方案的局限性在于它们试图用一种本质上残缺的结构或战术手册来对问题修修补补。实质上，这些方案鼓励我们去更好、更有效地运用旧的战术，仅仅在某些情况下用新的战术代替旧的战术，但是领导力和语言方面的整体战术依旧是老样子。其结果是，领导者们采用源自工业革命的机械性的、根深蒂固的语言模式，无意识地人为毁掉了自己创造更好工作环境的努力，进而将红色—蓝色方法扼杀在萌芽状态。他们对自己的行为毫无察觉，也看不到自己习惯依赖的领导战术与工作中的行为之间的联系。

红色工作—蓝色工作的节奏

在个人生活中，我们经常会在蓝色工作和红色工作之间循环往复，尽管我们对此并没有太多意识。

比方说，你每天开车上下班。下班时，你面临下列选择：回家、去健身房或者去酒吧。你可能会毫不费力地做出决定，但是在选择其中一项之前，你会事先考虑一下这三个选项各自的吸引力。最终你选择回家。那么，你就完成了一项日常任务的蓝色工作部分——做出决定。

既然决定已经做出，而且你正朝着自己的车走去，你便不会再考虑后续的任务了。此刻你已进入红色工作模式。除非这是你的一份新工作，而且是在一个陌生的城市里，否则你很可能极为熟悉回家的路。这些知识将你的大脑从耗神的计划工作中解放出来。你在开车时甚至还可能会胡思乱想一会儿。回到家后，你可能不会再去回想开车回家过程中的细节。你已完成了这项任务的红色工作部分。

再举一个运动方面的例子。在开放水域游泳时，游泳场地通常是用大的橙色浮标指示的。如果头部朝下臀部向上地游，效率会更高，因此游泳者大部分时间都保持这个姿势。这样他们会游得更快，但是却看不到前进的方向。有时，他们觉得有必要抬起头，找到浮标并且调整方向，来检查自己的位置。这个过程便产生了一种节奏：（1）找到浮标（蓝色工作）；（2）朝那个方向游一段时间（红色工作）；（3）抬头查看进度。埋头游的时间越长，意味着总体上游得更快，但是最终可能会更严重地偏离方向，完全抵消了速度带来的领先优势。

我喜欢这个例子，因为它与我在企业中所看到的情况完全相似，他们制定决策然后埋头苦干。企业自然而然会倾向于避免中断生产工作去停下来思考。与游泳者一样，它们前进的速度比较快，但是方向可能是错的。同样，太过频繁地停止生产以进行蓝色工作会导致不必要的干扰和业绩的下降。

任何企业都有一个最佳的平衡点，但是找到这个平衡点需要技巧和经验。随着游泳者在开放水域游泳的熟练程度的提高，他们将学会如何更笔直地向前游更长的距离，从而延长了抬头查看（蓝色工作）的时间间隔。他们利用左右两侧，有时甚至是其他游泳者作为线索，从而减少和延迟抬头动作。经过一段时间之后，他们会找到红色工作和蓝色工作之间的平衡点，用以实现效率的最大化。

埃尔法罗号上的决策工作（蓝色工作）包括不顾暴风雨坚持出海，选择没有保护屏障的大西洋航线，以及驶过朗姆礁横道继续沿原路线航行。埃尔法罗号上的执行工作（红色工作）包括在波涛汹涌的海面上操作动力装置的润滑油系统，将货物固定在货舱中，以及对进水的船做出反应。船员们有可能是在执行方面犯了错误，这一点我们永远无法确切知道。不管怎么说，最初的决定已经让这只船在劫难逃。最终的结果取决于埃尔法罗号是否会沿危险系数高的大西洋航线行驶，而不取决于它沿这条航线行驶的技巧有多么高超。

在埃尔法罗号上，船长和船员并没有将这些视为在结构上可拆分的决定。船长说，他会选择没有保护屏障的大西洋航线（意思是说他会一直沿这条航线行驶到波多黎各）。这就好比是那位先看了一眼浮标后只顾埋头继续游再也不看一眼浮标的游泳的人。

在这个案例中，若想在蓝色工作和红色工作之间更好地建立平衡，就应该从一开始就发现另外的决策点：我们将决定是否出海；我们将决定是否开始走大西洋航线；然后在到达朗姆礁后，我们将决定选择大西洋航线还是旧巴哈马海峡。在这些决策点之间，团队可以专心致志于红色工作。

在所有组织中，尤其是极度偏重流程的组织，例如电厂、医院和制造企业，都倾向于将注意力集中在红色工作中所犯的错误，而对蓝色工作中的错误，尤其是在建立红色工作—蓝色工作平衡方面的错误却认识不足。

其原因在于，执行工作中的错误能够即刻显示出来：机长将自动驾驶仪调错了位置；医生给患者服用了错误的药物；电厂操作员打开了错误的断路器。执行性错误表现为违反政策和程序，或者技术错误。检查和评估人员喜欢这些类型的错误，因为它们是无可辩驳、没有歧义的：你是否洗过手？你是否在启动柴油发动机之前启动了润滑油泵？你是否检查过飞机襟翼？简单明了。

而我们因此也就成为流程的奴隶。比方说我们需要提高安全飞行这样的结果，于是便去收集操作人员反馈的有关提高飞行安全性的想法。我们注意到没有检查地面襟翼与在空中遇到的问题之间存在关联。然后，我们制定出一个具体指导地面襟翼检测的操作步骤。检查人员依照该操作步骤进行检查。

决策中的错误就比较难以发现和衡量。埃尔法罗号的船员直到马上就要沉船的那一刻才断定，沿着没有安全屏障的大西洋航线行驶——这个48小时前做出的决定——是一项糟糕的决定。在商业行为中亦是如此。买张彩票会不会是个不错的决定？上大学、结婚或者在一家有股票期权的初创公司工作怎么样？我们会认真思考每一个问题，但是在一段时间内却无法知晓其结果。

在一家货运公司里，卡车的装载量、时间和地点是由管理层（蓝色工作者）决定的。在卡车的维修计划方面也是如此。司机（红色工作者）的级别很低，只负责从预定的位置沿着预定的路线开车运送预定的荷载。这是将蓝色工作分配给蓝色工作者而将红色工作分配给红色工作者的经典案例。

卡车在路上抛锚会怎样？司机会挨批评。这是一次操作性失误，但是其根本原因极有可能是车辆的工作负荷以及维护流程。

下次在公司遇到问题时，你可以思考一下：这是单纯的执行问题，还是由于过去（也可能是很遥远的过去）的某个决策导致了我们沿着一个更容易发生这种操作性问题的方向前进？这一问题的根源是否在于以往错误的蓝色工作？

在某些情况下，导致问题的原因在于对蓝色工作缺乏参与。这些情况更难辨识。因为没有参与决策，就不清楚是否有人做出了某个决策，所以也就谈不上对这个决策进行评估。人们只是持续不断地做着自己正在做的事。我们将此称为工业时代的“持续”战术。

会思考的动物

在灵长类动物的大脑不断进化的过程中，大自然单纯地按照其“适应变异”的原则运行着：创造出多种多样的物种，然后根据其到达生育年龄和延续物种的能力来判断哪些是有益的、哪些是有害的。

大自然是极其讲求实效的。人脑每天消耗的热量竟然占到了我们每日卡路里消耗总量的20%至25%。这一事实证明了这种决策能力的价值。大多数动物的大脑都与其身体大小大致成比例，但人脑却不是如此。人脑比其本应该有的尺寸大三倍。

人类决策能力的增强是有实际用处的，因为早期人类需要猎取食物。人类缺乏其他食肉动物的大型牙齿和爪子，只能依靠自己的能力以智取胜。人类的大脑使其能够互相交流和合作，来打败比他们大得多的动物。较大的脑容量也使诸如语言之类的创新成为可能。语言的创造是受团队合作和狩猎的需求驱动的，并且反过来又对这些活动起到了促进作用。

人类的这种大容量的大脑具有思考、想象和反思的能力。这使得蓝色工作成为人类特有的活动。这就是为什么如果将蓝色工作从人类活动中排除掉，情况就会不尽人意的原因。

尽管大脑具有神奇的力量和复杂性，但它就像自然界中的其他事物一样，是讲求实效的——换句话说，是懒惰的。它总想尽可能地少劳动。

在进行思考的过程中，人的大脑会力求让这一过程尽快完成。为此，它会不断地寻找有规律可循的模式。哪怕它发现的只是某个模式的蛛丝马迹，它也会创建一个相关的启发式——经验法则——来最大限度地减少进一步的思考。[①]这种认知捷径有助于绕开针对这一问题的进一步的思考。如果吃了某种红色浆果后得了病，那么将来只要避免再吃这些红色浆果就好了。问题就此解决。

尽管我们的大脑擅于开发这类捷径，并且我们会相信它们，但是由经验而来的规则有可能会变成没有益处的偏差，扰乱我们的思想，妨碍我们看到事情的真相。

诺贝尔奖获得者、经济学家丹尼尔·卡尼曼在《思考，快与慢》（*Thinking, Fast and Slow*）一书中以一种戏谑的口吻同时又真实可信地列出了许多这样的偏差。其中之一就是锚定偏差（anchoring bias），表现为人们在决策过程中过度信赖最先出现的信息。例如，如果你让一群人说出一个估计的数字，这些结果都会集中在第一个估值附近，无论它正确与否。我们这么做完全是出于本能，即使意识到锚定偏差的存在。我们必须小心谨慎，才能避免落入这一陷阱。锚定偏差只是众多此类偏差中的一种。

我在本章开篇所提到的各小组就关于“过分夸大功劳”的问题做出回答的例子就是锚定偏差的例子。在猜测夫妻双方各自认为自己所做家务的占比的总和时，有一个小组里第一个发言的人说了句：“125%。”很快，这张桌子周围的人全部同意是125%。然后令人不可思议的是，相邻的桌子也一致同意是125%。

第一个发言的人恰巧是公司的首席执行官兼创始人，因此，在这个例子中的锚定偏差会尤其明显，但是即便第一个发言的人没有权力，锚定偏差还是会影响群体的结论。

想一想锚定效应会如何减少可变性，从而在不经意间摧毁了我们在蓝色工作期间接纳可变性的愿望。一旦有人说出一个数字，我们就会减少异常值，让想法相互靠拢得更紧密，可见锚定偏差是红色工作的天然盟友。但是，在几乎

① 与人们预想的不同，深度思考时消耗的卡路里并不比使用启发式时需要的卡路里更多，但是我们的大脑天生就倾向于逃避繁重的劳动。

所有需要做出决定的会议中，我们都遵循着相同的模式：讨论，然后表决。讨论的作用是将想法固定到较小的范围内，抑制异常值，只留下两三个相互之间没有显著差异的选项中的一个。

但是，这类会议有赖于蓝色工作，应该接纳可变性。因此，我们应该积极避免锚定效应。为此有必要以一种完全不同于大多数团体的方式召开会议：先投票，然后讨论。这一顺序会提高想法的可变性和认知多样性，从而催生出更好的决策。

卡尼曼描述了大脑中的两种思维模式：系统1和系统2。系统1比较原始，它是情感的、本能的、即时的，有时是冲动的。从积极的方面来说，它也是高效的、快速的，并且不会大量消耗我们的智力资源。系统2是理性的、周到的、不易受偏差影响的，但速度较慢。它的工作是监视系统1。当事情没有按照我们大脑预期的进行时，大脑就会转入系统2的思考模式，但大脑总是希望尽量减少努力地完成工作，并返回自动导航模式——系统1。你猜得没错，红色工作使用的是系统1，而蓝色工作使用的是系统2。

从事蓝色工作时，我们会拓宽思考问题的角度，质疑自己的假设，认真辨别和尽力避开任何偏差。这要求我们有意识地决定投入蓝色工作，哪怕这项工作简单到列出利与弊，或与同事讨论可能的结果。

我怀疑当埃尔法罗号的船长“做出”决定，要选择没有保护屏障的大西洋航线时，就是系统1的快速决定。在谈话记录中，没有任何证据显示存在与此项决策有关的系统2的深思熟虑。

系统1的另一个认知捷径表现为“过度自信偏差”。

在这种偏差下，人的大脑倾向于相信我们能做成任何自己想要做的事。这种倾向促使我们甘愿去冒有可能回报丰厚的风险。从物种的角度来看，我很庆幸人类拥有这样一种偏差，因为尽管成功的可能性很小，人类还是在社会、科学和技术方面取得了许多进步。但是尽管有其价值，过度自信还是会助长冲动性的、固执己见的决策。

如果想要真实准确、客观公正地评估成本和收益，就必须自觉地调用系统2的思维模式。这是一段蓝色工作时期：在投入工作之前需要拓宽思考问题的角度。在系统2思维模式下的问题可以是：

- “我们还有哪些遗漏的地方？”
- “有可能是什么原因导致了错误？”
- “如果我们这么做却适得其反，那么问题的根源最有可能在什么地方？”

我怀疑埃尔法罗号的船长也受到了这种偏差的影响。他想要相信走大西洋航线会成功，于是他的大脑就会集结许多让这个选择看似较安全而实则不然的理由。船长选择走大西洋航线的快速决定并不能表明他是个坏人，而只能表明他是个人，一个缺少一部能减少人类天生偏差的战术手册的领导者。

蓝色工作并不容易做。为此你需要有意地调动大脑中不情愿工作的系统2去进行深刻的、从容的和开放性的思考。这会让人感觉不对劲，不舒服，费力气。尽管这件事很耗神，但我们还是会做，因为它有助于我们做出更好的决策，获得更快速的学习。

系统1和系统2，即红色工作和蓝色工作，二者都可以应用于会议。有些方法有助于降低可变性，而另一些方法则有助于接纳可变性。如果想要降低会议的可变性，你可以调动锚定偏差，先进行讨论，然后再投票。然而更好的是把你的想法告知团队成员，并强迫他们让你改变立场。如果想要接纳可变性，你就应该先投票（以同时和匿名投票的方式），然后再进行讨论，从而避免锚定偏差。这种方法会带来最大的可变性和更有效的协作。

但是，无论采用何种方法，领导者都必须愿意承担后果，清楚自己用来激发或抑制不同工作模式的方式。

大脑对压力和动力的反应

红色工作不会带来认知上的负担，而蓝色工作却会，因此压力对这两种工作类型的影响是截然不同的。截止日期、激励措施以及其他形式的外部压力会对红色工作产生积极的（或者至少是中性的）影响，但是同样的因素会迅速削弱我们在蓝色工作中的有效性。压力会耗尽蓝色工作中需要的认知资源，让负责审慎思考的前额叶皮层不堪重负，并将思维活动转移至较原始的蜥蜴脑。

1908年，心理学家罗伯特·耶克斯和约翰·多德森设计了一个实验，以探索压力与学习之间的关系。他们为实验小鼠搭建了数个房子模型，然后让这些啮齿动物选择进入哪个房子。如果老鼠选择了不正确的房子，就会受到“不愉快的电击”，目的是告诉它们哪个房屋是“正确的”。然后，耶克斯和多德森改变了这种“教训”的程度，以研究其对学习过程的影响。正如他们所预料的，尽管电击强度越大，教训传递得越快，但是需要在一定限度内。一旦电击变得极度的“不愉快”，老鼠就会因恐惧而无法正常地学习正确的习惯。过度的压力彻底打乱了学习过程。

这种现象表明，从事简单的、单独的、体力上的、重复性的任务（想象一下装配线）的人几乎不可能压力过大以至于干扰到工作。额外的压力可能会使业绩提高到一定程度，此后便达到稳定的水平，但业绩不会变得更糟。由于工业时代最善于将人的劳动缩减至简单的、单独的、体力上的和重复性的工作，因此增加压力成为管理者首选的激励手段。我们不要忘记，长期压力从长远来看还是会给人类造成伤害，但是从短期来看，对于只关心完成任务的管理者来说，这是一种有效的工具。

不幸的是，在蓝色工作期间，即增加压力已经无用的情况下，管理者们还是会这么做。对于复杂的、集合性的、认知性的挑战，压力能够而且确实会对绩效产生强烈的负面影响。压力会损害前额叶皮层。人的思维活动退回到原始的本能，而这种本能是由我们大脑最古老的部分（蜥蜴脑）控制的。

蜥蜴脑通过“逃跑、战斗或不动”的反应实现自我保护。其关键点是自我保护。在压力巨大的环境中，我们经常会看到个体变得比在轻松的环境中更加自私。当团队遇到难题而领导者向团队成员施压时，他们就会变成蜥蜴。然后我们就会纳闷为什么会出现反社会行为、同理心降低、创造力下降等一系列问题。这是因为，正是我们这些领导者导致了他们的这些行为和情绪！

在精神紧张和不知所措时，我们可能会变得不愿意寻求帮助，由此我们便陷入了绩效思维模式的一个消极的子集：保护心态。

绩效思维模式有两个侧面。我们要么努力证明自己有能力（我可以做这个项目），要么保护自己以防被别人看出缺乏能力（我不想暴露自己的能力不足）。我将这两个子集分别命名为证明心态和保护心态。证明心态的动机是要证明某种积极的东西，保护心态的动机是要隐藏某种消极的东西。

这两者的情绪反应是相似的。我们会变得封闭，有防卫心，对别人的意见感到不快，对批评的话感到刺耳。

持证明心态的人会这样说话：

- “这是我做的！”
- “我们需要证明我们能行！”
- “搞定了。”

持保护心态的人会这样说话：

- “不是我干的。”
- “不，我很好。”
- “我们在给定的时间内尽力了。”

在执行短期的红色工作时，专注于最终目标，过滤掉其他干扰因素，将认知资源全部用于在证明心态驱使下的“完成任务”上，这些做法有助于提高绩效。对于这些短期的、一次性的任务来说，证明心态与最佳绩效之间存在关联性，而试图避免错误和掩盖无能的保护心态就不那么适宜了。这么说是有道理的，因为不犯错误的最好办法就是什么都不做。在员工因重压而产生保护心态的组织中就会表现出不行动的倾向。换句话说，在重视任务绩效（而不是任务的改进）的"勇于行动"的工作模式中，证明（而不是保护）心态是适宜的心态。

我在后文中会经常将证明心态称为"证明和绩效"的心态，以便我们能记住它是绩效思维模式的一个子集。

与之相反，蓝色工作的核心是学习和改进。在蓝色工作中，绩效的提高与改进心态之间存在关联性。改进的心态是开放的，表现为寻求并且欢迎批评和反馈意见。改进心态的开放性让我们在情感上超脱于之前的工作，并能对其改进。

持改进心态的人会这样说话：

- "我们怎样才能把它做得更好？"
- "我怎样才能把它做得更好？"
- "我们学到了哪些经验教训？"

我们必须找到一种能够启动与所做事情相适宜的心态的方法：在任何情况下都要避免保护心态，对红色工作采取证明心态，对蓝色工作采取改进心态。证明心态和改进心态分别需要两种不同的语言。辨别二者之间的差异，对于我们的工作是否能取得成效起到至关重要的作用。因此，改进心态是本书中的六个战术之一，并且构成了第七章的基础。

顺应未来需要

蓝色工作和红色工作运用大脑的方式各不相同，因此各自需要不同的领导行为、思维方式和语言。语言是其中最为重要的。

就我们所使用的语言及其在工作场所中的使用方式而言，我们目前的语言严重偏重于红色工作：

- 知识型的公司要举行“全员”会议。[①]
- 公司里的员工分为两类：“领导者和跟随者”，“白领和蓝领”，“管理层与工人”，“非工会会员与工会会员”。
- 需要安排特殊的“创新头脑风暴会议”，这意味着创新和创造力并不是“正常”工作的一部分。
- 我们渴望成为“勇于行动”型的团队。
- 老板下达指令，下属向老板报告。

那些你听上去感到“自然”的语言很可能是最适用于红色工作的。我们已经习惯了这种表达方式。但是，我们必须学会在必要时调整现有的沟通方式，才能更好地从事蓝色工作。如果我们在进行蓝色工作时试图使用红色工作的语言，那么我们将无法实施接纳可变性和改进心态的蓝色工作的战术。

回顾埃尔法罗号的悲剧事件，你会发现他们的每一个战术和每一次对话都根植于红色工作。当天气恶化时，必须要将工作方式从红色工作转向蓝色工作，语言应该从“沿大西洋航线前往圣胡安”变为“我们应该沿哪条航线前往圣胡安”，甚至变成“我们还应该前往圣胡安吗”。当船副们打电话给船长向他报告有关飓风的情况并且建议在朗姆礁转向时，他们对蓝色语言的尝试显得很笨拙，充满了“嗯”“啊”以及自我否定的限定词。语言听上去显得局促不安，犹豫不决，而且没有效果。这种结果没什么奇怪的：他们从未操练过蓝色工作战术。为什么？因为他们没有适用于蓝色工作的战术手册。他们有的只是适用于红色工作的战术手册。

船长和船员们一样不知所措，始终被困在红色工作战术中，尽管船员们表现出了明显的担忧和疑虑。和以往一样，他只能用自己熟悉的红色工作语言，

① “全员”（all hands）是一个古老的航海术语，意思是让所有船员一起来拖一条很重的绳索。从字面上理解，含有用双手劳动的意思。

以一种自己所知道的战术做出回应。

问题的关键不在于船长或船员，而在于一本过时的领导力战术手册。这本战术手册无法提供红色—蓝色方法，以解决问题甚至处理日常运作。在各行各业都能够发现这本过时的战术手册的类似版本，只不过新兴行业更容易做出相应调整。

例如，在计算机软件世界中，许多公司采用了“敏捷”开发的做法。2001年，《敏捷宣言》发表，宣告了敏捷方法的开始。《敏捷宣言》旨在为团队开发软件提供更有效的方法。当时，大多数软件程序都是按照“工业时代”的项目管理方式进行管理。这种方法强调重大的前期计划，以及随后有可能长达数年的漫长执行期。随着变化步伐的加快，这种方法变得相对费用高，浪费大，又劳神费力。

敏捷开发的目标从最基本的可行产品开始，对其进行测试，然后决定下一步该做什么。这种方法与工业时代的不同。首先，产品要频繁交付，每两周一次。这些短暂的重复发生的工作被称为“较短工作周期”。面对用户的早期和频繁的测试有助于早期和频繁的调整。

其次，团队将与产品负责人一起确定下一个工作周期将包括哪些产品功能。敏捷方法不是将执行者和决策者分开的工业时代的方法，而是将执行者变成决策者。

各种规模的软件公司都采用了《敏捷宣言》中的许多宗旨，并且重组了团队，重新设计了流程，以适应敏捷软件开发方法。红色—蓝色运行节奏的结构以及其战术将能让各级领导层使用类似的方法。

一个具有挑战性的问题是，遵守时钟的压力会使团队从一项红色工作转入另一项红色工作，没有时间进行深入的思考。以海军为例。在典型的潜艇环境中，工作现场就是无休止的动作——连续的动作。一项动作完成之后，就要紧接着处理计划表中的下一个任务，中间没有暂停时间可以用来仔细考虑下一个任务是否应该做。一切都锁定在红色工作模式下。

作为潜艇的舰长，如果我宣布我们将执行某项行动，那么每个人都应该确保工程系统、声呐系统、导弹和鱼雷的具体布置准确无误。但是，在一个红色工作的文化中，即使鱼雷舱中的人员知道任务是什么，他们通常都不会仔细考虑它可能产生的结果，也不会主动把正确的鱼雷装载进去。相反，他们会等待明确的改变装载的指令。

如果我的时间有限，并且偶然询问了一下装载的情况后才知道情况还不是很理想，此刻我面临着一个艰难的决定：要么在准备不足的情况下开始行动，要么在最后一刻慌乱地解决问题。在后一种情况下，鱼雷操作员会承受巨大的压力，从而增加了他们犯严重错误的可能性。这种压力会让他们在证明和绩效的红色工作思维模式中陷得更深。如果他们在鱼雷装载上出了差错，人们会很容易注意到鱼雷操作员并且责备他们。然而，有多少错误是由于我们的文化中缺乏蓝色工作造成的呢？

这个例子说明了红色工作和蓝色工作之间的平衡在一个整体系统中的重要性。在团队学会像经验丰富的游泳者能无缝地转换蓝色工作和红色工作方式之前，情况不可能有任何改善。

让我们返回到本章前面提出的那个问题：为什么在研讨会上几乎所有的高管都会选择减少可变性？从工业革命的角度来看，这是有道理的。长期以来，整个的目标始终都是减少可变性。当对研讨会上的学员施加压力时，时间上的压力让参与者在理解其他人想法和观点前，想要快速找到答案。工业革命时代的语言和结构将他们变成这个样子。为了进步，我们必须用一种新的语言来代替旧的语言。

这就是新的战术手册，其中包括六个主要战术：

- 控制时钟，而不是遵守时钟。
- 协作，而不是强制。

- 承诺，而不是服从。
- 完成任务，而不是持续。
- 改进，而不是证明。
- 建立强有力的关系，而不是按角色要求行事。

但是在我们有能力采用某个战术而不是简单地对情况做出反应之前，我们需要控制时钟，而不是遵守时钟——由此我们便进入了第一个战术。

红色工作和蓝色工作

红色工作是行动。红色工作是一场争取效率和按时完成任务的持久的战斗。这就是为什么工人们上班打卡、下班打卡，而且还有许多人“按小时”收取报酬的原因。

从事红色工作的人会感受到压力，并且“处在红色工作的影响之下”。他们已是不由自主。

处在红色工作模式下的心态是一种“证明和绩效”的心态。

保护心态是绩效心态之下的一个毫无益处的子集，应该避免。

可变性是红色工作的敌人。

蓝色工作是思考。蓝色工作是认知性工作。蓝色工作更难基于投入的时间来衡量。蓝色工作涉及的是创意内容和决策制定。蓝色工作服务于红色工作。

压力会对努力实施蓝色工作的人造成极大的负面影响。

处在蓝色工作模式下的心态是一种改进和学习的心态。

可变性是蓝色工作的盟友。

红色工作和蓝色工作需要用两种不同的语言。

工业时代的企业将从事蓝色工作和红色工作的人按阶层划分为蓝色工作者和红色工作者。现在，我们使用不同的文化标签来表示这两种阶层：领导者和跟随者，长期工和小时工，白领和蓝领，穿白大褂的和穿劳动服的。

随着世界前进速度的加快，未来离我们越来越近，缩短红色工作时间的同时引入更多蓝色工作的需求也越来越大。

我们的语言和组织结构更侧重于实施红色工作，而我们对此并无察觉或者思考。

下表总结了红色工作和蓝色工作之间的区别。

红色工作	蓝色工作
避免可变性	欢迎可变性
证明	改进
执行	决策
重复性的	有差异的
蓝领	白领
体力	脑力
个人	团队
同质性	异质性
生产	反思
业绩	规划
流程	预测

红色工作	蓝色工作
合规性	创造性
统一性	多元化
简单	复杂
计时工作	月薪工作
关注点窄	关注点宽
层级分明	扁平化

CHAPTER

3

第三章

走出红色工作：控制时钟

2017年2月26日，奥斯卡颁奖典礼临近尾声，费·唐纳薇和沃伦·比蒂准备公布当晚最后一个同时也是最高的奖项。这就是万众瞩目的奥斯卡最佳影片奖。至此，一切都在按计划正常进行。

为了确保投票过程的公正性，普华永道的两名员工事先完成了6687张奥斯卡奖选票的制表统计，并将写有获奖者姓名的卡片装入24个红色信封。只有他们两人知道结果。

这两名普华永道的员工分别站在舞台的两侧，做好了为颁奖人员递交信封的准备。因为两人的手里各自都有一整套装有获奖者名单的信封，因此无论颁奖者是从舞台的左侧还是右侧上台，都能拿到一个信封。随着颁奖晚会的进行，信封被一个个交给颁奖者，而对面相同的信封就会被放到一边，以此保持所有进程的同步。

这一年有了一个小小的审美方面的修改。信封被重新设计，改为深红色，正面印有暗金色的文字，用来标示奖项的类别。这一新的设计使得奖项类别比以往更难看清楚。信封里面的卡片上写有获奖者的名字，在卡片下方用一行很小的字标注获奖类别。

OSCARS

奥斯卡奖

艾玛·斯通

《爱乐之城》

最佳女主角奖

引起混淆的那张获奖者卡片的版面设计

莱昂纳多·迪卡普里奥负责宣布倒数第二个奖项：最佳女主角奖。他从舞台左侧走上舞台，而与此同时唐纳薇和比蒂站在舞台右侧。迪卡普里奥打开信封后宣读："艾玛·斯通，《爱乐之城》。"

领奖之后，艾玛·斯通恰好从舞台右侧走下舞台。当她经过普华永道员工身边的时候，他正在给马上就要走上舞台的唐纳薇和比蒂递信封。这位普华永道的员工还借此机会拍了张斯通的照片，发到推特上。

不幸的是，普华永道的这位员工没有将最佳女主角奖的信封放到一边。结果他把"最佳女主角奖"（而不是"最佳影片奖"）的信封递给了比蒂。这一失误有可能（至少部分）是由于他对工作的不专心造成的。当唐纳薇和比蒂走上舞台时，他们根本没有怀疑有任何不对的地方。

他们手里拿的是错误的信封，但还是有一次机会可以避免宣布错误的获奖者。

唐纳薇和比蒂之所以被邀请作为颁奖嘉宾，是因为那一年是他们两人合演的电影《雌雄大盗》的50周年。

但是，他们的颁奖排练并不顺利。此前二人对由谁来宣读卡片没有达成一致意见。最后终于找到了一个折中方案：由比蒂打开信封，然后由唐纳薇来宣读获奖者的名字。但是，两个人离开时并不友好。据说，比蒂提前离开了排练现场，而从他们激烈讨论的录像上看，两人是陷入了僵局。这为后来舞台上他们之间缺乏信任与合作，以及误解对方的行为埋下了伏笔。

唐纳薇和比蒂走上舞台后，他们站在一旁听着提名影片的名单，其中包括《月光男孩》（实际的获奖者）和《爱乐之城》。在整整5分钟的提名影片预告片播放期间，比蒂的手里一直拿着那张错误的红色信封。他自始至终没有看一眼信封的正面，以验证它的对错。但是他为什么要这么做呢？

预告片播放完毕后，该宣布获奖者了。按照预先的计划，比蒂打开信封，抽出卡片，然后低头看了一眼。上面写着：艾玛·斯通，《爱乐之城》。那是最佳女主角奖的卡片。他停顿了片刻，先是一愣，然后恍然大悟。他的脸有些扭曲，他往信封里看，想要找到另一张卡片。他可能纳闷："为什么最佳影片奖的卡片上写着一个女演员的名字？"

卡片底部的一行小字，准确无误地标明了那张卡片的奖项类别：最佳女主角奖。但是读这行字需要再度停顿一次，而时间在一分一秒地流逝。

犹豫了片刻之后，他开始了他的台词，"最佳影片的获奖者是……"

不过，他再次停顿，表情严肃，眉头紧锁。他朝信封里面看了看。犹豫，复查，拖延。

唐纳薇对他的拖延感到恼火。她忍无可忍。她撅起嘴，不满地看着他，然后将手放在他的胳膊上说："你真让人受不了！"

比蒂的目光越过唐纳薇朝后台望去。他在寻求帮助，或者一个手势，或是别的什么。然而什么都没有发生。他只能依靠自己。唐纳薇再次用"拜托"来敦促他。

然后，他把卡片拿给她看，而她即刻大声喊出了《爱乐之城》。

就这样，她宣布了错误的获奖影片。

是谁的错

当比蒂看到卡片上出乎意料的内容时，他为什么不停止颁奖？是什么让他难以举起手来说“这里可能出了点儿问题”？

也许这两个演员之间的紧张关系和缺乏相互信任致使比蒂渴望有一次陷害唐纳薇的机会。

也许他觉得这不关他的事，于是决定把责任推给唐纳薇，由她自己来决定如何处理这张卡片。

还有一种可能性：他不在乎。

我认为这些假设都不对。还有一个更简单的解释，不涉及不信任或恶意的意图：比蒂陷在红色工作中无法自拔。他（以及其他奥斯卡制片人）所采用的是工业时代遵守时钟的战术，而他们需要的是控制时钟的战术，然而这种战术在他们的战术手册中不存在。

我对这一事件的解读是这样的：

比蒂和唐纳薇将其工作视为红色工作。他们遵循着一系列的程序：盛装打扮，走上舞台，打开信封，宣读卡片。他们不需要思考或决策，而且他们想要证明自己能够完成这项工作。他们并不认为他们的工作应该有蓝色工作——决定是否应该读出这张卡片。

他们为什么要对这个系统产生怀疑呢？卡片是由普华永道员工提供的，普华永道员工是值得信赖的。自《雌雄大盗》上映以来的50年里，从未有过将错误的卡片交给颁奖者的先例。

然而此刻比蒂打开信封，看到了出乎意料的东西：“最佳影片奖”卡片上的一位女演员的名字。这怎么可能？他怀疑这不是正确的卡片。他需要做出慎重的决定。

这是一项蓝色工作，他需要动用前额叶皮层，这是大脑最能帮助他解决问题的部分。但是他的前额叶皮层被压力源削弱了：他是在电视直播观众面前。加之他内心持续而强烈的感觉：他必须遵守时钟。压力导致大自然慷慨给予的大脑的活动被关闭。

压力将我们推回到大脑最古老的部分，即位于我们脊柱顶部的原始的蜥蜴脑。那个蜥蜴脑对一件事很感兴趣：自我保护（不是维护奥斯卡的声誉，不是保护《爱乐之城》和《月光男孩》团队，也不是保护唐纳薇）。蜥蜴脑必须快速做出决定：是让活动继续下去，还是停止奥斯卡颁奖典礼。但是比蒂事先没有得到任何请求暂停的手段，比如一句暗语。对自我保护的专注让我们只看到了自己。这种感觉是孤独的。此刻，比蒂的大脑功能真的全部是在围绕着自己运转。

他的蜥蜴脑感到焦虑，并且推理道："如果我停止奥斯卡颁奖，而最终证明这张卡片是对的，那么我会因为犯错误而处境尴尬。"

几乎每一个和我一起分析这一过程的人都会使用"错误"这个词。他们会说："他怕犯错误。"

这是阻碍人们大胆说出想法的因素之一：将一次只是想要核实情况但事后证明没有必要的暂停称为"错误"。而我们将其称为弹性、核实或者质疑的态度其实更为恰当。

或者，他可以继续颁奖。这在蜥蜴脑看来似乎是更安全的选择。卡片从未出过错，而且它的来源是权威性的。无论从哪个角度讲，质疑这张卡片都不是你分内的事。你只需要把它递给唐纳薇，然后由她读出来。这一思考过程是眨眼之间的事。蜥蜴脑偏袒自我保护行为。

他做出了决定：继续颁奖。

一旦做出了这个决定，压力离开了比蒂的脸，他的前额叶皮层也恢复了运转。此刻，人脑开始评估蜥蜴脑做出的决定。它的基本意思是这样的："嘿，蜥蜴脑，干得漂亮。停止奥斯卡颁奖太可怕了。再说了，质疑这张卡片又不是你分内的事。"

然而，这一思考过程尚未完全结束。卡片可能有错误这件事让比蒂心里像坠了一块大石头。他再次停下来，依然想找到停止颁奖的办法，可惜他没有正确的战术。

他有两次最后的机会可以挽回这次失误。第一次是他朝台下看的时候。组织层面的设计造成了有权者与信息的分离。台下颁奖典礼的管理者看不到卡片上的信息，而只有比蒂一个人能看到。能看到信息的比蒂并不认为他有权停止奥斯卡颁奖。这一决定权在颁奖典礼的管理者身上。他希望他们能领会他的求救信号。他们却没能够领会。

最后一次机会在唐纳薇那里。她有可能会注意到问题的存在，然后他们两个人或许可以齐心协力解决问题。他把卡片给她看，但是她却误解了他的拖延。她随即宣布《爱乐之城》。

他需要的是稍作停顿，能有片刻时间来阅读卡片底部的小字，或者让其他人（也许是唐纳薇）也仔细地看一看这张卡片。这片刻的停顿能让他有机会从"我们需要准确无误地读出这张卡片"转向"我们的卡片正确吗"这样的想法上。他本应该转向判断是否应该读这张卡片的蓝色工作上，而不是被局限在完成任务的红色工作中。

然而，就像我们前面提到的弗雷德一样，他被困在了红色工作中。

你应该还记得工业时代的分工：少数人从事蓝色工作，大多数人从事红色工作。给我们带来麻烦的并不是红色工作，而是劳动分工。劳动分工创造了只需要从事红色工作的红色工作者。这种分工策略是脆弱的，因为即使借助更娴熟的专业技能来执行传递卡片和读卡片的一系列任务也不能避免错误的发生。只有暂停片刻，重新考量一下是否应该读这张卡片，才能够防止错误的扩展。

红色工作是缺乏弹性的。蓝色工作让我们有能力适应变化。但是除非我们能够控制时钟，否则我们就没有机会去做蓝色工作。

因此，问题不在于“应该指责谁”，而在于“应该指责什么”。

答案是：机械地奉行工业时代的遵守时钟的战术。

这也是致使埃尔法罗号沉船的原因。

如何控制时钟

组织所采取的传统做法是鼓励员工大胆说出自己的想法。为此我们组织讲座，张贴海报，提供自信心训练课程。然而所有的这些都没有触及导致人们不愿表达想法的根本原因。这些措施的作用只是促使我们更进一步强调障碍的存在。相反，我们应该做的是清除这些障碍。为此，作为领导者，我们应该控制时钟而不是遵守时钟，同时为团队提供控制时钟的工具。

我们可以通过以下四种方法实行控制时钟的战术。

控制时钟

1. 让暂停成为可能，而不是预先制止暂停。
2. 给暂停命名，而不是希望团队自己知道用什么语言描述。
3. 呼叫暂停，而不是加紧推进红色工作。
4. 预先计划下一次暂停，而不是依赖某人发出暂停信号。

让我们来逐一讨论一下这四种方法。

1. 让暂停成为可能

工业时代领导工作的一部分内容就是训练员工不停地工作，避免出现停顿。

从管理角度讲，这种方法的初衷是好的，但会产生不好的结果。由于没有任何产品产出，所以“暂停”被看作耽误时间。因此，在电子表格中“暂停”显示为“浪费”，并且应该予以消除。

在大多数组织中，拼命三郎式的人会获得晋升。这些人能够快速做出决定，并且会毫不拖延地执行这些决定。作为这样一个拼命三郎式的人物，我在海军部队就有过这样的经历。我在敦促、劝诱和激励员工完成工作方面的能力让我获得了晋升。我自然而然地以为这是我作为领导者的职责，而且不知何故我比别人更擅长把事情做成。为了最大限度地减少任何的延误，我会给团队讲话，向他们提出建议，告诉他们应该做多少、我对他们有多少期望，以及其他人有多依赖我们。换句话说，我是在刻意地提高员工请求暂停的难度。我是在预先制止暂停。

“预先制止”是指采取措施以防止将来某些事情发生，在这里，即指防止暂停发生。我给团队讲话是为了让他们继续进行红色工作，同时提高了退出红色工作的难度。

埃尔法罗号船长在预先制止暂停时是这样表达的：

- “看来我们只能硬挺过去。”
- “不能天气一变你就改变航线。”然后他模仿抓狂的声音说：“哦，天哪——哦，天哪。”
- 一名船员问：“我们要进入风暴区？”船长回答：“我不会选其他航线的。”

这些话都是在预先制止暂停，因为它们竖起了一道抵御别人质疑其决策的屏障。阻止船员们发表看法或许并不是船长有意而为之的事，然而这确实是这些话所产生的效果。

在1986年1月一个寒冷的早晨，就在挑战者号航天飞机起飞仅74秒后爆炸之前，美国宇航局（NASA）的领导者们预先制止了一个暂停。在航天飞机的7名成员中，专家克里斯塔·麦考利夫是第一位进入太空的老师。这次飞行对

NASA来说意义重大。里根总统打算在当晚发表国情咨文（爆炸发生后他将演讲推迟了一周）并有可能会谈到这项重大成就。1986年将成为“航天飞机年”，计划每月发射一次。但是NASA已经面临无法实现这一目标的风险，而且当时是这一年的第一个月。延迟发射将一月份的发射推迟到了该月的28日。发射日期差一点进入二月份。

当助推器制造商 Morton—Thiokol 的工程师建议由于天气寒冷应该再次推迟发射时，NASA 的官员们表示对此“感到震惊”。一位官员大呼：“我的上帝，你们希望我什么时候发射——四月份？”

这些 NASA 官员承受着遵守时钟的压力。他们预先制止了暂停。

与之相反，领导者应该在决策会议、启动会议、预飞行会议和术前会议的开场白中提醒团队他们有暂停的时间。比如他们可以这样说：

- “我们有时间把这件事做对，而不是做两次。”
- “你们可能已经听说这是一个重要的里程碑。没错，但是如果我们不能安全地完成这项任务，我会建议延迟，并且我会对此负责。”
- “我鼓励你们在必要时呼叫暂停。”
- “你们每个人都有一张示意需要放慢速度的黄牌。”

我们来看几个典型的工作场景中的例子。

在一个建筑工地上，轮班前会议即将结束。会上做出了一项决定，要在预计天气会恶化的那天开始工作。像往常一样，团队成员感受到了来自管理层的按期完成生产任务的时间压力。他们知道，由于之前现场准备工作的延误，他们的进度已经落后了。在会议结束时，领班对团队成员说：

a.“希望你们安全地度过这一天。”

b.“今天我们需要安排定额。”

c.“我在12:00时会过来检查一下。”

d.“不要被一点儿雪吓住。”

e.“如果发现任何天气恶化的危险情况，给我发短信。”

f.“我有点担心这场暴风雪。我们打算开始工作，但我们会在12:00重新审视此项决策。我想在11:30分了解一下现场情况，以确认该项决策的合理性。”

让我们针对上面的每一句话进行评价。我们将采用5分制对它们鼓励团队成员提出暂停请求的能力进行打分，其中1分为最差，5分为最好。

a.“希望你们安全地度过这一天。”

得分：3分。这句话太空泛，因而没有实际意义。此外它还将创建安全环境的责任从领导层转移到工人手中，而后者可能对基本安全几乎没有控制权。最多我们可以说，它没有增加退出红色工作的难度。

b.“今天我们需要安排定额。”

得分：1分。这句话是对暂停的预先制止，它迫使团队进入生产模式和证明的心态，从而减少了可变性。这使得请求暂停变得更加困难。

c.“我在12:00时会过来检查一下。”

得分：3分。这里要看“检查”的具体含义。如果领班计划监控进度，那么“检查”就会给人一种评判的感觉，从而进一步将员工推入红色工作。

而如果领班计划评估幸福感和退出红色工作的必要性，那么这句话就会鼓励暂停的请求。

d.“不要被一点儿雪吓住。”

得分：1分。这一训诫会让团队中的每个人都很难指出情况已经恶化到应该停止当天的工作。这与埃尔法罗号上嘲笑海员的船长如出一辙。他嘲笑他们因为“一点天气情况”就想绕道而行。

e.“如果发现任何天气恶化的危险情况，给我发短信。”

得分：4分。这句话会鼓励团队成员分担忧虑。它减少了发出暂停信号的障碍，同时还为此提供了途径。此外，领班还鼓励小组成员在发现情况恶化时大胆说出来。他们不必等到不安全情况出现时才采取行动。

f.“我有点担心这场暴风雪。我们打算开始工作，但我们会在12:00重新审视此项决策。我想在11:30了解一下现场情况，以确认该项决策的合理性。”

得分：5分。领导者愿意展示脆弱性，这让团队成员愿意表达自己的担忧。此外，领导者在11:30先进行初步评估，并在中午设置了第二个决策点。因此团队成员会主动考虑天气状况，收集相关信息，为后续决策提供依据。记住，计划期越短，红色工作的持续时间就越短。

我们再来看另外一个场景。在一个深水石油钻井平台上，在决定让油井进入生产模式后，主管对团队说：

a.“到了该从这台钻机中取钱的时候了。”

b.“伙计们，该去挖宝了。”

c.“大家要留意任何异常的情况。”

d.“我们为开始生产准备得怎么样了？”

e.“现在开泵。两个小时后我会过来查看一下情况。”

f.“我们即将进入一个不同的作业阶段。一旦发现有任何无法确定的读数或指示数据，请及时向我汇报。”

g.“看到什么，就说什么。”

h.“你们有什么问题？”

i.“我们做到这一步了，很好。我们准备好了！”

让我们同样采用5分制针对这些话鼓励提出暂停的能力进行评分。

a.“到了该从这台钻机中取钱的时候了。”

得分：1分。这位领导者是在表达对油井的沉没成本的沮丧，于是在敦促团队成员。

b.“伙计们，该去挖宝了。”

得分：1分。这句话暗示决定已经做出，没有任何商量的余地。

c.“大家要留意任何异常的情况。”

得分：4分。这位领导者在提醒团队成员，他们将要做的是一件不同以往的事，并且希望他们寻找异常的迹象。这句话的言外之意是，投产计划的暂停是有可能的。如果这句话能够对当前的情况描述得更具体些，那么我会给它打5分。

d.“我们为开始生产准备得怎么样了？”

得分：5分。这位领导者是在向团队询问准备情况，而不是迫使他们在“准备好或没有准备好”之间做出二选一的回答。这种方法有助于减少压力。通过询问“怎么样”了，领导者能够让团队成员更轻松地表达出对此项计划任何程度的不安。

e.“现在开泵。两个小时后我会过来查看一下情况。”

得分：5分。这位领导者设定了明确的结束点和第二次的决策点，为团队进行更敏锐的观察创造了条件，也有助于团队提出暂停。

f.“我们即将进入一个不同的作业阶段。一旦发现有任何无法确定的读数或指示数据，请及时向我汇报。”

得分：4分。负责人在提醒团队今天的任务非同以往，并希望他们注意观察。如果这句话能够对如何联系主管人员的信息描述得更具体些，那么我会给它打5分。

g.“看到什么，就说什么。”

得分：3分。这只是一个泛泛的提示。不要忘记：他们不是问题的关键，问题的关键在于领导者。

h.“你们有什么问题？”

得分：3分。如果这个问题只能用“是或否”来回答（“有问题吗？”），就会变得更糟。而如果它能引发对方提出不同意见，就会变得更好：“还有什么不清楚的地方吗”或者“我还有哪些疏漏”。后者是最好的问法，因为它强调的是领导者的不足之处。而前一种问法的言外之意是团队成员无法理解所讲的内容。

i.“我们做到这一步了，很好。我们准备好了！”

得分：2分。这句话关闭了讨论的大门，并且暗示不会出现任何差错。

波音787“梦想客机”提供了另一个发人警醒的故事。2007年7月8日，这架备受瞩目的飞机在一个15 000人参加的仪式上首次亮相。可以明显地看出，波音公司对发生在当天的这件大事可谓全力以赴，并对于要在那一天展出787一定有一种紧迫感。

在首发仪式上，波音公司商务航空负责人宣布：“我们很高兴看到787赢得了市场上广大客户的大力支持和认可。客户的反应证明了‘梦想客机’将会为航空公司的客户、乘客以及全球航空运输系统带来真正的价值。”

在此之前，相关压力的累积已经持续了一段时间。在其2006年的年度报告中，波音公司称787项目是“商用飞机历史上最成功的新型客机”（尽管它当时实际上尚未上市）。该年度报告随后声称：“787项目正在按计划进行，并计划于2007年实现首飞。”

与此同时，波音公司的主要竞争对手空中客车公司以其下一代长途大型客机先发制人。空中客车公司的A380飞机于2005年实现首次试飞，并且计划于2007年秋投入使用，而此时787飞机甚至还没有试飞。

波音公司在2007年7月举行的那场仪式上推出的飞机不过是个没有电子设备，只安装临时紧固螺钉和木制部件的外观。

波音公司的时任首席执行官是詹姆斯·麦克纳尼。麦克纳尼曾在通用电气职位升至杰克·韦尔奇之下，一度成为接替韦尔奇的竞争者。在他的监督下，首发仪式上的新闻公告宣布，787飞机将在“8月或9月”实现首飞，也就是首发后的一两个月内。

然而实际的首飞时间是2009年12月15日，延迟超过了29个月。他的预测与实际情况相差20倍。

波音公司的高管们怎么会在日期的判断上出现如此严重的错误？他们是否受到了员工和供应商的蒙蔽，或者是否发出过不允许更改时间表的信号？奥斯卡颁奖典礼，挑战者号，波音787，你们的公司。很多时候，我们会预先制止某个极其关键的暂停。

这些高管所采用的是工业时代红色工作的传统战术。他们强调遵照既定时间表进行生产活动的重要性。他们处心积虑地试图让团队成员进入一种有助于按期完成任务的“证明和绩效”心态。但是，这一举动同时也激活了员工的保护心态，而无论是证明心态还是保护心态，这两种思维模式都会让团队成员更难以提出异议或者表示反对。

2. 给暂停命名

当团队开始进入红色工作阶段时，我们会倾向于绩效思维模式（证明心态或保护心态）。为了实现红色工作的目标，我们会调窄焦距，缩小视角，“低头”工作。我们可能会感受到时间的紧迫以及完成任务的压力。于是我们陷入了完成任务的红色工作中，就像奥斯卡颁奖典礼上的比蒂一样。我相信，比蒂是受到对他没有太多帮助的绩效思维模式（保护心态而不是证明心态）的驱使——而且他的行为动机是避免出错的愿望，却不料反而增加了错误发生的可能性。

因此，在开始红色工作之前，我们需要预防自己“受到红色工作的影响”。为此领导者可以预先规定一些短语或信号，以便团队可以用来提出暂停。借助这些明确下来的语言，团队成员和领导者双方都可以发出需要离开红色工作的信号。

用来示意暂停的信号可以是：

- 说出“时间到”。
- 说出“不许动”。

- 举起黄牌。
- 拉动一根绳子。
- 举起手。

在圣塔菲号上，我们用的是“不许动”这个短语。最开始时，我发现团队成员不愿意对其他团队成员喊一句“不许动”，而且即使他们真的说出口，被要求“不许动”的人也常常会做出防御性的反应。最终我们通过练习解决了这一问题。练习的目的是要让团队熟悉这个用语，消除人们对请求暂停行为的负面看法，并能让其他团队成员和领导者练习如何对请求暂停做出反应。

所谓练习，就是时不时地让团队成员在即使不需要暂停的时候发出示意暂停的信号，而领导者必须认可这一暂停。在行动中，我会不时地让某个团队成员暂停工作，以观察整个团队的反应。想要从不进行“不必要的”暂停的唯一方法是在没有百分之百确信问题的存在之前避免呼叫暂停。如果人们对不必要的暂停（事后证明不存在任何迫切问题却呼叫了暂停）的反应是冷嘲热讽或者大呼这个人“有毛病”，那么这些人将来就会不再愿意呼叫暂停。

我们称暂停为“练习弹性”，而且无论是在暂停中发现了问题还是最终证明问题根本不存在，都没有关系。也就是说，实际上不存在不必要的暂停。无论事后证明暂停是否合理，对于建立一种人们在没有百分之百把握的情况下依然乐于积极发言的文化来说，每一次暂停都是必要的。

一段时间之后，团队成员就能够训练有素地使用这些暗语，而领导者们将学会如何对这些暗语做出反应。这种做法可以消除请求暂停的焦虑。

在丰田公司，人们使用安灯绳来示意暂停。

安灯是一个日语单词的音译，意为一种传统的纸灯笼。在丰田公司，当生产部门的员工遇到生产系统中的问题时，会拉动一条安灯绳。这条绳可以打开一盏指示灯。

在生产汽车之前，丰田公司是一家生产自动织机的企业。丰田的创始人丰田佐吉设计出了世界上最早的自动织机，能够在断针时立即停止机器的运行，从而避免浪费材料和生产出有缺陷的产品。

当丰田开始利用装配线生产汽车时，管理人员想要一个类似的系统，工人们可以借此发出需要停止生产的信号，从而避免不必要的浪费。于是，工厂设计人员安装了用来点亮灯笼（安灯）的拉绳。工人只要拉动这根绳子就可以打开安灯，从而告诉主管人员生产现场出现了问题。于是就有了安灯绳这个称呼。

安灯绳可以让工人脱离生产工作，即红色工作，转而去解决问题，即蓝色工作。

当某个工作台上方的指示灯闪烁时，主管就必须前去查看问题。到达工作台后，主管会首先感谢这位工人拉动安灯绳。这种感谢是无条件的。

如果在工人正常完成任务所需的时间内问题还得不到解决，那么这条生产线就会被停止。他们控制了时钟，消除了持续运转的装配线给工人带来的时间压力，并且让工人和主管人员能够相互合作共同找到解决问题的办法。

后来，安灯绳首次出现在了位于美国的丰田公司工厂。当时的首席执行官丰田章一郎注意到，这座工厂里的一名工人正在拼命应对一个特殊的问题。尽管他可以随手拉一下安灯绳，但是这名工人却仍在竭尽全力解决问题，而不去拉绳。最后，有人拉了绳子。事后，丰田章一郎向这位一线工人道歉。他承认，自己没有通过中层管理团队充分传达可以拉动安灯绳的条件及其重要性。

与我的团队情况相仿，拉下那根绳子是一种耻辱。通过练习可以克服这种心理。

许多人不愿把问题说出来的原因是害怕被贴上“喊狼来了的孩子”的标签。如果他们举手发言，不但会将众人的注意力吸引到潜在的问题上，而且还会吸引到自己身上，而假如他们是错的呢？他们担心自己的信誉会受损，就像喊狼来了的男孩一样。

让我们重温一下那则寓言。

从前有个放羊的孩子正在照看一群羊。他感到闲极无聊，于是大喊了一声“狼来了”，想把村民们骗到他放羊的地方。在某些版本里，村民赶来后他还嘲笑他们。尽管他明知道根本没有狼，但还是故意又喊了几次“狼来了”。当狼真的出现的时候，却没人再去理会这个小孩的呼喊了。之前被骗过的村民们没有来。狼吃了羊，而且在有些版本里，这个孩子也被狼吃掉了。

在上面提到的奥斯卡颁奖典礼的例子里，比蒂并不是在撒谎和说真话之间做选择。在这则寓言里，男孩明知道没有狼，却大叫狼来了。他的动机是想把村民骗到他放羊的地方来。尽管这则寓言讲的是撒谎的害处，但是它常常被错误地解读为：我们不应该不必要地让别人关注某个问题。

现在，让我们假设你的一位同事举手请求停止某个流程或者项目，以质疑某个基本假设。调查结果证明这个基本假设是正确的，而且这个流程可以继续进行，无需更改。

我们对这次停工应该做何反应，又如何给它贴标签？团队成员会对这个人做何反应？

在我们的研讨会里，各小组一致认为这种停工没有必要。他们说叫停的人“有问题”或者“犯了错误”。这种观点给那些“看到什么”就“说什么”的人设置了一种较难逾越的文化障碍。其实不是非得如此——我们是文化的看守人。例子里的这些人来自将“安全第一”作为口号的组织。为了安全，我们需要这些暂停。

我们应该将其称作“暂停”。或者更好的方式是，我们可以称之为“弹性举措”或者“备用方案”。我们可以通过重视质疑的态度，为那些提出暂停的人鼓掌喝彩。

在下列情况中，我们可以提供哪些信号，以使相关人员能够控制时钟？

- 手术团队的一名护士注意到外科主任似乎不在的迹象。
- 发电厂的操作员在发电机启动过程中感觉到有什么地方不对头。

- 一架横渡太平洋的飞机上的副机长注意到，当飞机在低能见度的条件下进场着陆时，出现了与指示信息不一致的情况。

这是“机组资源管理”（机组资源管理，驾驶舱团队学习使用的语言）的实际应用场景之一。机组资源管理为下属人员提供了用以发表意见的语言。在航空领域，副机长可以用机组资源管理来强迫暂停以及与飞行员合作解决问题。机组资源管理的一个做法是先用一个开场白或者吸引注意力的短语开启对话，也就是先用姓名或职位（“你好，领导”或“史密斯博士”）称呼对方。接下来，下属陈述其关切的问题。例如，“我担心如果再飞一圈，我们可能会耗尽燃料。”机组资源管理可以让一个人分享其关切的事，即使这个人可能并不确定这件事是否存在问题（当它还只是一个潜在问题的时候）。

然而，任何让下属承担责任、说出问题的做法都存在局限性。信号不仅需要被发送，而且还需要被接收。

3. 呼叫暂停

如果你是团队中的一员，并且在工作中发现了一些意外情况——就如同比蒂先生打开信封时所看到的一样——那么呼叫暂停是你的一项责任。但是对于团队成员来说，叫停并不是一件容易的事。

其原因在于：

1. 来自时间期限的压力可能会使团队成员无法从红色工作中走出来。
2. 高度的精神集中可能会使团队成员无法从红色工作中走出来。
3. 团队成员十分强烈地感觉到遵守时钟的压力。
4. 叫停可能会引起人们对某个问题或者某个可能存在的问题的注意。

第一个原因与压力对人类的影响有关。我们知道，压力会妨碍前额叶皮层，而前额叶皮层是我们进行更高级思维活动（蓝色工作）的地方。这也正是红色工作和蓝色工作之间的一个主要区别：压力给后者带来的负面影响要比给前者大得多。

想象一下，你参加了一项百米赛跑。这是一项短暂、耗费体力的单项任务。体育场内的所有人都在为你呼喊加油。这是一种压力源。它会给你的成绩带来怎样的影响？很大程度上，它不会产生负面影响。它甚至能让你跑得更快。发令枪一响，你就开跑。

现在再考虑另外一种情景：你需要做出一项复杂的决定，这项决定涉及对当前状况的多次评估，在不确定性中找出正确的方向，以及对未来的状况进行预测。同样，整个体育场的人都在为你呼喊加油。此时的压力源是否会造成负面影响？答案是肯定的。

压力是危险的，因为它会抑制你辨别何时需要退出红色工作的能力。这就是为什么依靠正在从事红色工作的个人或团队来叫停是不公平而且不可靠的原因。

第二个原因与允许团队成员埋头工作有关。你可能有过这样的经验：你完全沉浸在生产模式中，并且专注于一项任务，以至于忘记了时间。1975年，心理学家米哈里·契克森米哈赖称这种感觉为“心流”。这是一种完全沉浸在工作之中的感觉。多么美妙！然而条件是，我们所做的工作是正确无误的。如果我们偏离了正确的轨道，就需要一个信号。当我们深陷于红色工作之中时，我们的焦点和视角就会缩小。这种集中度有助于我们完成任务，但限制了我们的自我调节机制。我们会忘记时间。我们甚至会忘记吃饭。尽管停下来认真思考另一条道路的选择才是明智之举，我们却依旧不肯变通。

如果知道有人在紧盯着时间而且会喊一声“时间到”，我们会更加深陷在红色工作之中。我们不需要担心有什么事正在悄然发生。我们能够全神贯注于自己的工作，而其结果可能是更加有效，更富有创造性，更有收获，而且更快乐。

最有利于团队从事红色工作的心态（证明心态）会将延迟视作一件糟糕的事。因此，只有能够超越于日常工作之上、拥有更好心理状态的领导者，才能看到控制时钟的必要性。替团队呼叫暂停，是领导层的责任。

此外，领导者有责任营造一种能够接受和鼓励团队成员请求暂停的文化，同时有责任为团队提供一种类似于安灯绳这样的呼叫暂停机制。

呼叫暂停之所以是一件难以做到的事，其中的一个原因在于叫停的目的极有可能是找出问题——而有些人不喜欢听到问题。巴林银行是一家拥有233年历史的银行。直接导致这家银行倒闭的原因正是其让员工不敢开口说话的恐惧文化。面对团队成员的一个错误，该银行负责新加坡业务的明星交易员尼克·李森选择了隐瞒，而不是把问题说出来。他使用了一个编号为88888的账户（8在中国文化中是一个幸运数字）来掩盖错误，而当其遮掩的行为奏效时，他又用该账户来隐藏自己不断加剧的亏损，直到亏损额达到惊人的8.27亿英镑——相当于这家银行交易资本的两倍——致使整个机构瘫痪。

即使团队没有使用正确的暗语，领导者也应该对团队成员发出的叫停信号敏感。还记得在奥斯卡颁奖典礼上比蒂的犹豫不决、一再核实、紧锁的眉头和低垂的脸吗？训练有素的领导者会辨别出这些焦虑的迹象并且叫停。还记得埃尔法罗号上的船副们痛苦的语言吗？他们试图在不具备明确信号的条件下发出明确的信号。训练有素的领导者会识别出这些焦虑的迹象并且叫停。

在下列情景中，团队成员没有使用已达成共识的语言来示意暂停，但是仍然发出了暂停的信号。

- 在一个建筑工地上，一位地基工人问："你确定要我们开始浇筑混凝土吗？"工头该如何呼叫暂停？
- 在一个软件团队中，编程人员说："这些功能真的会增加测试过程的复杂性。"团队负责人该如何呼叫暂停？
- 在一个致力于推出新技术电动车的制造团队中，一名初级工程师在主管能听到的距离内若有所思地说："我不了解这些新电池。这些性能数据看起来不如我们预期的那样好。"

主管该如何呼叫暂停?

- 在一个消防队中，在进入一座失火的建筑物时，搬运软管的人员大喊："这火有些奇怪，不清楚是什么。"

  消防队长该如何呼叫暂停?

- 在一个医院的团队里，在对病人进行检查后，一名护士对护士长说："这个病人的情况有点奇怪，让我怀疑我们是否诊断正确。"

  护士长该如何呼叫暂停?

- 在一个生产消毒剂的工厂里，当开始混合一个一万加仑的新批次时，一个初级生产线操作员向生产线主管说："我觉得这个阀组有些不一样。"

  生产线主管该如何呼叫暂停?

上述每个例子都需要一些能让团队暂停工作、抬起头来、退出红色工作的语句。然后，他们就可以转入蓝色工作阶段，也就是决策模式。

你可能会想到要这样说：

- "看来你认为我们可能还没有准备好。你有什么想法？"
- "让我们把团队成员召集到一起，重新审视一下我们的决定。"
- "我们可能需要对供应商进行重新评估。你有什么证据？"
- "让我们停下来研究一下。大家意下如何？"
- "我能看出来你不敢肯定。你有哪些想法想要告诉我？"
- "告诉我你为什么停下来。"
- "还有其他问题吗？"

但是，这样一来，识别和呼叫暂停的重担就会从团队成员转移到领导者身上。如果领导者没能注意到员工发出的暂停信号怎么办?还有另外一种方法。

4. 预先计划下一次暂停

通过预先计划下一次暂停，我们可以防止自己在红色工作中过度沉溺。这种预先计划可以是些很简单的操作。比如，设置一个45分钟的计时，以便在计时结束时能有个短暂的暂停，或者为项目设置一个每两周一次的更为正式的暂停时间。另一种策略是计划一些不那么频繁的事件，比如年度战略性审核。

在心理学中，有一个概念叫作“元认知”，或者说是对思维活动的认知。通过预先计划下一个暂停阶段，我们就可以释放所有的认知资源，将其用于执行，而不用保留一部分来监控流程。换句话说，如果知道后面会有一个暂停阶段，团队就可以将100%的精力集中在工作上，同时让领导者能够抵制成为“好主意仙人”（出人意料地出现在员工面前，主动指点他们如何去做某件事情才会更好，然后拂袖而去，让员工自己去琢磨如何去实施他的好主意）的诱惑。

敏捷管理是针对这种目的的一个有效工具。许多软件开发团队都在使用敏捷管理。在敏捷管理中，团队工作是由一个个较短工作周期构成的。这些工作周期通常会持续两周的时间，但也有可能是两周左右。这些工作周期的两端是蓝色工作——前端的蓝色工作是针对要增加的功能应包含什么内容进行协作，后端的蓝色工作是进行测试和反思。由于一个工作周期的长度是提前确定的，因此可以有计划地退出红色工作。这使得团队可以在下一个暂停发生之前将精力集中在生产工作上。

在团队进行生产、设计和编码软件时，一个关键的规则是，禁止领导层重新调整或者干扰团队的工作。如果领导者有新的想法，他们可以将其添加到待办事项列表中，以在下一个工作周期计划会议上进行讨论。

一个工作周期的末尾包括蓝色工作。团队会展示和庆祝他们所取得的成就。他们会基于之前的工作周期和收到的产品反馈反思自己的工作，然后决定对下一个工作周期采取的措施。这属于蓝色工作。工作周期可以用/蓝色—红色—蓝色/的形式来表示，而持续的工作周期可能会表现为下列形式：

/ 蓝色—红色—蓝色 // 蓝色—红色—蓝色 // 蓝色—红色—蓝色 // 蓝色—红色—蓝色 /……

我们通常不乏机会去安排下一个阶段的蓝色工作。每当团队成员获准启动一个项目，或者继续进行项目的下一个阶段时，可以提出这样的问题："我们什么时候将暂停，以评估我们的进展与状况？"这与提供最新信息不同。提供最新信息是红色工作的一部分，而且是有关团队工作情况的信息。提供最新信息不需要管理人员进行更改优先级、范围或时间表等方面的干预。

让我们来回顾一下。

- 一家电厂在维修期间决定试用一种新的方法维修一台水泵。为此领导者应该如何表达，以便预先计划下一次暂停？
- 某软件团队决定添加几项产品功能，而这项工作预计需要两个星期的时间。为此领导者应该如何表达，以便预先计划下一次暂停？
- 一家货运公司决定改变广告预算。为此领导者应该如何表达，以便预先计划下一次暂停？
- 某个管道运营泵站决定在测试之后开始抽送。为此领导者应该如何表达，以便预先计划下一次暂停？

控制时钟

1. 让暂停成为可能，而不是预先制止暂停。
2. 给暂停命名，而不是希望团队自己知道用什么语言描述。
3. 呼叫暂停，而不是加紧推进红色工作。
4. 预先计划下一次暂停，而不是依赖某人发出暂停信号。

当我们有能力控制时钟之后，我们的前额叶皮层就有机会被打开。我们会更放心地分享自己的想法，哪怕我们并不是百分之百地肯定这些想法是正确的。此刻我们准备好了……协作。由此我们便进入了下一个战术。

控制时钟

控制时钟是红色一蓝色循环的起点，也是我们退出红色工作转入蓝色工作的时刻。工业时代设定了我们遵守时钟的思维模式，这种思维模式倾向于将我们限制在红色工作中，感受时间的压力。

控制时钟就是拥有要求暂停的权力，拥有能够控制时钟而不是服从时钟的权力，是更谨慎地行事，是拓宽我们的视野。

处于红色工作中的团队成员会愿意继续留在红色工作中。

由于从事红色工作的人通常都有一种绩效（证明或保护）思维模式，因此他们很难依靠自己叫停。因为他们想要把事情做完，而且任何延误都会受到惩罚，所以他们不想成为中断工作的源头。这类事应该由领导者负责。

团队成员依靠领导者预先计划红色工作的时长以及结束红色工作的时间，或者在红色工作期间必要时自发地呼叫暂停。

从历史角度看，领导者需要强制团队成员的根本原因在于团队成员应该做的事情是由老板决定的。决策者和执行者在工业时代的组织中是截然不同的两类人。

控制时钟让我们做好了协作的准备。

CHAPTER

4

第四章

进入蓝色工作：协作

在工业时代遵守时钟战术的驱动下，我们推动着团队不断前行。我们将决策者（蓝色工作者）与执行者（红色工作者）区分开来。决策者需要通过说服、哄骗、贿赂、羞辱或者威胁的手段驱使红色工作者从事他们几乎或根本没有权利选择的工作。

一个用在这里最为恰如其分的词是“强制”。费·唐纳薇对待沃伦·比蒂的行为就是强制：“你真让人受不了！”她怒视着他，把手放在他的胳膊上说：“拜托。”

在彬彬有礼的社会里，“强制”不是一个常用词。这个词令人厌恶。因此，我们会用激励、鼓舞或者协作之类的词来给它贴标签，而“协作”实际上往往只是伪装后的强制。我曾经就做过这样的错事，而你或许也有过同样的经历。

导致这一结果的根本原因在于红色工作者和蓝色工作者之间的角色划分。解决这一问题的方法，一言以蔽之：让执行者成为决策者。

正如我们在前一章所看到的，当领导者试图与团队协作制定决策时，他们往往会跳过容易产生分歧的部分（“你们每个人是怎么想的？”），而直接跳到趋向意见统一的部分（“这是我的看法，你们是否同意？”）。

这是太多集体讨论和决策会议当中使用的典型的语言。在这些会议上，老板发表意见，而其他人一致表示同意。老板们试图展示他们的说服力，而不是好奇心。他们会提出诱导性和自我肯定的问题。他们压制异议，推动共识。这不是协作。这些都是伪装成协作的强制。这就是为什么整天都在督促员工做红色工作的弗雷德感到如此疲惫不堪的原因——他花费了大量的时间强制员工工作。

这里所谓的“强制”是指利用影响力、权力、地位以及通过先说话、多说话或者大声说话来让别人赞同自己的想法。

下面的这种决策模式是我们不希望看到的：老板做出决定然后寻求团队的认同。这样的会议之所以存在，只是为了老板事后可以说：“你们当时都在会上。你们本该说点儿什么。”

埃尔法罗号船长决定走大西洋航线后，他嘲笑那些在他看来一遇到风暴就会改变航线的海员。这是对有可能对他选择走大西洋航线的决定提出质疑的船员的羞辱，而且这一招是先发制人。

在挑战者号航天飞机事故中，美国宇航局官员的举动与埃尔法罗号船长如出一辙。他们毫不客气地告诉工程师，他们提出的在发射过程中低温条件件的危险性是错误的。一位美国宇航局官员甚至一度说：“摘下你的工程帽，戴上管理帽。”

每当我听到老板们说出“让我们所有人达成共识”之类的话时，在我看来这些都是强制。这是在试图让人们相信“我是对的，而你需要改变你的想法”。

我们不需要团队中的任何人改变他们的想法。如果团队成员有不同的想法，只要他能用行动支持会议上做出的决定，不管决定是什么，那么领导者就应该感到高兴。如果不能接受不同的想法，他们无异于身处一间回声室里，只能听到自己的想法。思想的多元化里蕴含着力量和韧性。

你相信这种观点吗？我想问的是，你真的相信吗？如果以历史为向导，你会认为自己很特别。

让我告诉你我是如何领悟到这一点的。在另一场研讨会活动中，我们为学员们设置了一个他们在匆忙赶路时遇到一个处于危难之中的人的场景。他们正在赶往某个会议的路上，而且得知自己已经迟到了。我们问他们："你们有多大的可能性会在已经迟到的情况下帮助那个人？"回答：可能性很大。通常是70%。

然后，我们请他们就房间里其他人对此的反应回答同样的问题："有多大的可能性会提供帮助？"回答：可能性很小。通常为30%。为什么会这样？我们每个人都认为自己会比周围的人更有可能帮助他人。我们认为自己很特别。

我们根据自己的意图判断自己，但是我们会根据他人的行为判断他人。如果我们达不到预期，我们会搬出一些外部原因来解释是什么导致我们无法做到知行合一。而当其他人达不到要求时，我们则倾向于责备这些人，而轻视可能存在的环境障碍。

对自己而言，我想要帮助但不能够，这是无可厚非的，但是我根本注意不到他人希望伸出援手的意愿。我只看到他们不提供帮助的行为。然后我就做出了判断。

这种偏差构成了协作的妨碍，因为协作的基础在于相信他人也愿意提供帮助。

如何协作

协作战术的目的在于拓宽视野，拥抱可变性，展现集体的知识、思想和观念。

我们可以通过以下四种途径实行协作战术。

由强制转向协作

1. 先投票，再讨论。

2. 要怀有好奇心，而不要试图说服对方。

3. 要鼓励不同意见，而不要强迫达成共识。

4. 要给予信息，而不是发出指令。

1. 先投票，再讨论

在《群体的智慧》一书中，索罗维基讲述了19世纪英格兰博学者弗朗西斯·高尔顿的故事。在县城集市上，高尔顿被一场比赛深深吸引住了。在那场比赛中，人们需要猜出一头公牛的重量——猜测结果最接近真实答案的人获胜。比赛结束后，高尔顿把人们的门票收集在一起，并在上面标注了每个人的投票结果。结果显示，除了少数几个人外，团体（无论是独立的、多元的，还是集体的形式）的猜测结果都更接近真实答案。他重复了几次同样的实验。每次都是只有少数几个人的猜测结果能够比团体的集体平均值更准确。

如果想要让思想的多样性和可变性获得最充分的展露，就应该在通过讨论给集体意见定调之前，让参加者先独立地表达出自己的想法。

我们可以通过以下几种方法来将这一原则付诸实践。

进行匿名电子投票。如果参与者数量众多，或者当集体的心理安全感①过低或者未知的时候，匿名电子投票是一个不错的方法。它可以让人们在不受到社会和等级压力影响的条件下分享自己的想法。你可以了解大家的观点。重要的是一定要避免在投票过程中让人们看到投票结果，以免过早地给决定定下基

① 心理安全感是指我们在工作场所之类的环境中，在分享思想和感受时感到不会被别人评判或评论的程度。当人们有了心理安全感时，就会更容易分享自己的假设和尚未成型的想法，以及他们对项目的忧虑。在心理安全感高的环境中，人们会敢于展示脆弱性。请参看哈佛大学教授艾米·埃德蒙森关于心理安全感的书籍和研究。

调。我们发现，一旦在投票过程中结果被公之于众，回应中很好的差异性就会很快趋于一致。即使投票是匿名的，也会产生这种效果。这就是想要与团体保持一致的力量。

提出或然性的问题，而不是二元性的问题。不要问诸如“这事安全吗”或“这事能行吗”之类的二元性的问题，而要问“这件事的安全程度有多大”或者“这事能行的可能性有多大”。其目的是鼓励人们在思维方式上将未来事件视为一系列的可能性而不是在“将会发生”与“不会发生”二者之间做选择。这也就是说，问题中要带有“多么/如何”这样的词。我们喜欢用一些有关感觉、评价甚至描述的问题来练习这种问法。例如，不说“你喜欢这部电影吗”或“你会说西班牙语吗”，而是考虑说“你对这部电影有多喜欢”或“你的西班牙语水平有多高”。要鼓励他人做出详细的回答，而不是简单地回答“是”或“否”。这样，在后期的讨论中你就可以拥有更多的细节和信息。

概率纸牌是一种有助于在会议中进行这项操作的工具。它是一套纸牌，上面显示以下几个百分比数字：1、5、20、50、80、95、99。我们要关注的是异常值，也就是那些怀有极端正面情绪和负面情绪的团队成员。[①]

假设你正在开会。会议需要决定是应该发布某个软件产品，还是应该推迟发布以对其进行进一步测试。你对这个产品相当了解，但对整个项目及其与公司战略的相宜程度却有可能不完全了解。你与会议室中的其他12个人一起被要求对“你认为我们应该按时发布新产品的程度如何”进行投票。数字1表示完全不同意发布，认为推迟发布至关重要。99表示完全同意，认为发布新产品至

① 同时我们也避免使用0和100，因为我们的任务之一是劝导人们逐渐形成概率思维，同时防止我们自己陷入确信无疑的自负心理。不让人们有选择0%或100%的机会能够有助于实现这一目的。这一方法也适用于评价性问题，例如“你的西班牙语水平有多高”。几乎每个人都认识几个西班牙语单词，例如salsa和siesta，但没人能完美地掌握这门语言。同样，你可以让人们写下1到99之间的任何数字，但是印好数字的纸牌可以帮助提高效率，尤其是当人们用过一两次这种纸牌之后。在写数字时，人们会花时间在60到65之间进行选择，而这种选择实际上并没有那么重要。

关重要。

你们每个人手中都有相同的7张牌。每个人抽取一张牌并把它放到桌子中央，牌面朝下。投票完成后，翻转纸牌。请选择异常值的人（选择1和99的人）发言，与小组成员分享他们的想法。对选择异常值的人我喜欢问“你有哪些我们没看到的见解”或者“是什么促使你做出这一选择”。

我参加过一次会议，在这次会议上与会人员需要就他们是否支持拟议的行动路线投赞成或反对票。投票结束后，每一位投反对票的人（只有两个人）都被问及这样一个问题：“如何能让你将反对票变成赞成票？”这种问法并没有达到预期的结果，因为它让这些人感到难堪，将他们置于拦路虎的位置上，同时暗示每个人都应该投赞同票。它传达的信息是“我们要这样走，我们如何能压倒你们的反对意见”，而不是真诚地问一句“我们是否应该沿这个方向走”。

当心理安全感处于中低水平时，有时最好让团队认可每个选择异常值的人立场的合理性。这样做的好处是不会让选择异常值的人处境难堪，同时可以锻炼我们从他人的角度看待事物的能力。如果选择异常值的人知道自己会处境难堪，就会降低人们选择不同立场的倾向。

有些特别敏感的问题需要很高的信任度和脆弱性。当使用电子投票有种杀鸡用牛刀的感觉时（比如在一个只有不到8到10个成员的小组里），就可以使用空白便笺或四乘六英寸的卡片。与会人员可以在卡片上写下自己的回答，然后将其正面朝下放进去。这样人们就比较难分析出谁投了什么票，并且可能会更容易让人们投出诚实的一票。

使用同时打开的概率纸牌（要求有良好的心理安全感）。这是指直接举起概率纸牌让所有人看，而不是将它们放在桌子的中间。在随后的讨论中，请选择异常值的人发言。

使用记点投票或多选投票（要求有良好的心理安全感）。当小组试图在多个选项中进行选择时，概率纸牌将不再奏效，你需要缩小选项范围。在这种情

概率纸牌

况下，可以让人们对自己喜欢的选项进行投票。给出的选票应占选项总数的约三分之一，例如：十个选项，三张选票。查看一下哪些选项获得的选票最多。这个过程可以是公开的，比如在一面墙上，或通过电子的形式。

使用拳头五指的表决形式（要求有良好的心理安全感）。在拳头五指表决中，我们只需用手来投票：从零到五根手指。这是一种公开的、同时进行的投票形式，但是速度很快，而且我们用的是自有的工具：我们的手。我认为“拳头五指”的形式要比“一至五指”的形式好得多，因为在人数较多的团体中，很难分清是一根手指还是两根手指，但是用拳头就会看得很清楚。举起整个手投票也是如此。这就是你想要达到的效果。还是那句话，要让最强烈的情绪（无论是积极的还是消极的）能够被最清楚地看到。

当具备以下两个明显因素时，就可以使用这一简单的工具：我们要做出的决定不是一个需要通过长时间讨论才能得出的重大决定；参与投票的人有足够的心理安全感，能够让他们公开表达自己的意见、观点和想法。

我们会在建筑工地会议上、晨会、医疗手术的准备会议或设备启动之前利用这一工具进行快速评估。所问的问题还应该是或然性的问题（“这件事的安全程度有多大？”或者“我们准备得如何了？”)，而不是二元性的问题（“这事安全吗？”或者“我们准备好了吗？”)。

我们倾向于用拳头五指的投票方法快速了解团队的情况（“你们在多大程度上可以去休息了？”)，或者用作从蓝色工作向红色工作过渡之前的最终检查（“我们准备得如何了？”)。可以在下列场合使用这个方法：

- 在施工人员开始工作之前。
- 在医院手术团队开始某个步骤之前。
- 在机组人员起飞之前。
- 在电厂团队启动涡轮机之前。
- 在船舶启航之前。

这一方法也适用于项目状态更新和项目结束时。苏格兰的一家创意公司使用两个“拳头五指”来对项目状态进行总结。一只手用来评估项目的健康状况，而另一只手用来评估他们对项目的满意程度。总经理告诉我，围绕“拳头五指”投票方式进行的对话比之前冗长的信息更新更有价值。

会议或对话的开场白可以是这样的：

- “在我们给大家的想法定调之前，你们认为这一数字应该是多少？把它写在你面前的索引卡上。”
- 在我们讨论这个问题之前，我希望得到每个人最好的预测。我们将在哪一天运送首个产品？把你的答复发送至会议应用程序。”
- “我想尽可能方便员工在我们出现错误时提醒我们。按照从1到99分打分的话，你对我们提出的想法有多大的积极性？请把答案写在你面前的卡片上。”
- “该计划是基于以下重要假设。在我们继续推进之前，我很想知道，你们认为这一假设正确的概率有多大。”
- “在我告诉你们我认为应该怎么做之前，请你们告诉我，如果我不在这里，你们会怎么做？”

下面这个例子展示了这一方法的应用。在一家跨国公司的美国领导团队最近举行的一次会议中，首席执行官向同事们展示了一个新的愿景，并希望判断团队成员对此的支持度和参与度。他本来打算用“拳头五指”法。但这一议题对企业来说很关键，而且这是团队的第一次会议。员工们是否会毫无顾虑地表达出自己的真实感受？

快速调整后，首席执行官让团队成员在便笺上对他们支持愿景的程度进行评分，范围为1到99（一种匿名概率纸牌），然后对评分进行收集和分析。结果表明，大多数人都表示支持，但是有几个重要的少数派还没有完全赞同，因此首席执行官邀请他们会后与他联系。在了解到大多数人表示支持后，首席执行官就可以继续开展下一步工作了，同时，他也做到了倾听和了解整个团队的观点。

一个手持概率纸牌回答“多么”问题的团队。

请持不同意见者私下与领导者讨论他们关切的问题既有优点也有缺点。优点是它可以让那些在人多时不敢发言的团队成员有机会发表自己的看法，而且也为团队节省了时间。缺点是它强化了领导者作为决策者的层级地位，而且除非领导者将不同的观点反馈给其他团队成员，否则他们将没有机会听到这些观点。我遇到过有人一贯这样做的情况。当时我注意到他经常向首席执行官提出额外的建议，并与他私下讨论。一段时间后，人们发现原来这个人只是想得到领导的时间和关注，同时在寻找各种可以让他与众不同的理由。领导者应该当心并且修正这些负面因素。

但是总的来说，这种方法还是好过提出“大家都同意吗”这类自我肯定，并且让不同意见销声匿迹的问题。这样做不仅会让首席执行官和团队得不到有可能很关键的信息，而且那些持不同意见者，由于意见得不到倾听，也会找到其他的方式蓄意破坏计划。

下面是展示这一方法发挥积极作用的例子。一家公司需要决定是发布某项产品还是推迟发布。公司已经公开宣布该产品将从现在起5天后上市。支持按时发布的论点包括：信守诺言；早期测试和市场反馈；成就感和庆祝的喜悦。支持推迟的论点包括：某个重要的功能尚未完全整合；测试表明存在一些小的程序错误。

这个决策是一个二元性问题（按时上市还是不按时上市），但是决策的信息输入却不是二元性的。这是另一个使用概率纸牌的机会：询问团队成员他们在多大程度上支持不上市（较小的数字）或上市（较大的数字）。有10个人投票。6票强烈赞成上市，4票强烈反对上市。接下来该做什么？

拥抱异类。首先从两组人中人数较少的一组开始——在上述例子中，就是4个投反对票的人。当多数人发言后，少数人就会变得更难发表意见。在有良好的心理安全感的环境下，团体已经习惯了鼓励和倾听异类的意见，我们或许可以直接问：“我看到我们有些票面是1的投票。我们可以听听你们的想法吗？”

需要记住的是，在选票结果披露之前，投票的人不知道自己会是选择异常值的人。在准备好解释他们的想法之前，他们可能需要点儿时间思考。此外，如果每次投1或99时，他们都会被“揪出来”要求解释，这些人最终就会放弃这样做。只有真正地对选择异常值的人的评论或信息感到好奇，并且让他们能够放心地发表看法，我们才能继续获得意见的多样化。

如果少数派与多数派相比人数很少（例如，十个人中只有一个或两个人），并且担心他们可能不愿谈论自己的立场，我就会这样问：

“你这样投票背后的原因是什么？”

“让我们给出一些证明它有可能正确的理由。”

“这种投票结果的理由会是什么？”

“以这种方式投票的人看到了哪些我们没有看到的东西？”

这种态度就会让少数派道出自己的想法，并鼓励团队成员从另一个人的角度进行思考。我们这是在预防自己自以为是的傲慢自大。

2. 要怀有好奇心，而不要试图说服对方

如果在会议中发现有人与你的看法不同，那么接下来你的战术就应该是对他们看到和想到而你却没有看到和想到的东西表现出好奇心。工业时代人们对此的程式化反应是为自己的立场辩护。这种做法有其存在的时间和空间条件，但是领导者首要的观念模式应该是好奇心。

《高效能人士的七个习惯》一书的作者史蒂芬·柯维认为“好奇心第一”的概念极为重要，因此他提出的第五个习惯是“知彼解己”。

领导者最后发言

一部分能体现“好奇而不是说服”的行为是把自己的意见保留到最后。你在组织中的地位越高，这一点就越重要，因为人们很有可能希望与你的立场保持一致。你最后一个发言并不是为了证明自己是领导者，而是因为最后发言能够让其他人先自由地发表意见。

想法交换

让人们为相反的立场辩护。将与会人员分成几个讨论小组，然后让人们与

意见相反的成员交谈，以了解对方投票背后的原因。这种做法有助于他们练习好奇心而不是说服力。他们可以练习提出好奇的和开放性的问题。这一练习方法旨在让员工认真地、不带任何成见和戒心地去聆听另一种观点。

利用这项练习，我们经常会看到团队成员能够在无需老板充当决策者的情况下达成共识或者做出让步。这是因为这项练习能够训练你的大脑去体谅他人不同的想法——拓宽你的视野，从而有可能看到真实的情况。

此外，它也能使选择异常值的人感到自己的意见受到了关注。即使你最终没有同意他们的看法，这种被关注的感觉也会最大限度地减少选择异常值的人们事后蓄意破坏决策的可能性。

我的一次经历让我领悟到了这项练习的力量——或者，就我的这次经历而言，不这样做的隐患。21世纪初期，我曾担任军事联络官，陪同纽约市几位知名的商界人士参加一次与五角大楼参谋长联席会议的会晤。这些通常都是些热情友好而又枯燥乏味的会议。

当时，美国正在讨论如果入侵伊拉克的战争真的发生，那么这场战争将需要动用多大规模的兵力。布什总统和国防部长拉姆斯菲尔德曾表示，进入伊拉克的兵力水平会比较低，大约有15万人，而将军们对此也公开表示支持。我将这种策略称为“便宜而且容易”的故事线：许诺某项决策会是“便宜而且容易”的，从而将这项具有风险性的决策合理化。在入侵伊拉克这件事上，如果出兵规模较大，就需要调动预备队，而这会与“便宜而且容易”的故事线相矛盾。

在我陪同前往五角大楼的知名商界人士中，有一位早些时候曾在共和党总统内阁任职，我能感觉到他对低兵力水平的怀疑。当他询问计划中的兵力水平时，一位将军为小规模兵力辩护。他谈到了美国在1991年海湾战争中的教训，并且列举出其他强有力的理由，来证明低水平兵力的正确性。他在为政党的路线辩护。

这位前内阁秘书随后指出，沙里卡什维利将军认为入侵将需要更多兵力。

沙里卡什维利将军曾担任前总统克林顿任期内的参谋长联席会议主席，并且一直公开表示美国应该谨慎对待战争，而且如果真的卷入战争，美国需要的兵力将会远远超过目前正在考虑的水平。

“沙里卡什维利将军是如何得出他的数字的？”这位前内阁秘书问，“为什么这些数字和你的不同？”我俯下身，渴望听到答案。

将军没有回答他的问题，只是重复他刚才为小规模兵力辩护的论点。我环顾室内，看到大多数人都开始一脸困惑。然而我们的提问者却没有表现出丝毫的气馁。当将军说完后，他再次发问：“我不是在问你是如何得出这些数字的，我是在问沙里卡什维利将军是如何得出他的数字的。”

将军再次重复同样的论点。此时，整个房间里的人都显得很不耐烦，作为军事代表，我开始感到尴尬。当将军讲完话后，我们继续讨论其他事项。我不知道这位将军是不是根本不能或是不愿论证更大兵力的必要性。我始终不得而知。

提问方式的七宗罪

对别人的想法怀有好奇心是提出好问题的基础。有一种东西叫作糟糕的问题：那些较少以好奇心为驱动力的问题。下面举出一些例子。我们将其概括为提问方式的七宗罪。

1. 问题堆叠

示例：“已经完成多少测试了？我的意思是，我们是否确实找出了所有程序错误？是的，我真的认为非常有必要知道——我们是否已经准备好了？”

问题堆叠是指以不同的方式重复询问同一个问题，或者沿着你认为能够解释某个问题的逻辑深究下去。与之相反，你应该一次问一个问题，然后保持沉默。

我们针对一次会议进行了观察，会上有一位喜欢堆叠问题的高管。他的问题是这样的：“我们确实需要了解客户不愿购买这项服务的原因，以及我们的团队针对这一问题采取的行动，是不是我们沟通出了问题，还是因为他们没有所需的技能，或者他们认为这并不重要，而如果我们问他们，他们会说些什么，我们衡量此事成功的标准究竟是什么，哪家公司在这方面处于领先地位？”到了第二个或第三个问题时，所有人都失去了兴趣，最后他因无人回应而感到非常恼火。

问题问完后随即保持沉默。这种做法需要练习，因为在开始讲话之前，你需要先让问题过一下脑子，克制自己两秒钟后还想再说话的冲动，然后保持安静。

2.诱导性问题

示例：“你是否考虑过客户的需求？”

诱导性问题的根源在于认为对方是错的，或者认为你知道答案。我经常能从一些自认为有正确答案的人那里听到这样的提问方式。这些人自认为知道解决问题的办法，但又不想直说，于是他们试图将苏格拉底式教学方法拿来当作一个“教育的时刻”。这是既讨厌又自大的表现。

与之相反，我们应该让自己有一个学习的时刻。在你提出问题时，应该假设他人而不是你可能是正确的。可以从一句简单的、态度中立的“讲讲看”开始。暂时抛开主观评判，然后对他们看到和想到而你没有看到和想到的东西表现出好奇。既然这是暂时性的，你就可以让自己完全相信他们是对的，而当他们把话说完时，你不必一定要同意他们的意见或批准他们的行动。

另一种方法是提出“多么/如何”的问题。比如问“那个是如何有用的”，或者“这与我们的目标在多大程度上是一致的”。这就是所谓的“好奇的如何”。“好奇的如何”问题通常是这样的：“______如何影响______？”或者：“你如何看这件事？”

3.“为什么”的问题

示例：“为什么要这么做？”

这种类型的问题会让人们进入防备状态，并且体现出你认为“那件事”是个坏主意。在这种情况下，最好不要做出评判，而只是简单地说：“请多告诉我些相关情况。”另一个方法是询问“你做出这一决定是出于什么原因”或者“你如何看待这个问题”。

4. 不纯净的问题

不纯净的问题类似于诱导性问题，只不过它没有明显地传达出对方是错误的这一讯息，但是它确实带有不易察觉的、常常是无意识的偏差，并且期待某个特定的回答。“不纯净的问题”的说法源自“纯净语言”（Clean Language）这一概念，后者是心理咨询中的一种说话和提问方式，用于消除咨询师所问的问题中的偏差，同时让患者能够做出自己的反应。

“纯净语言”是由大卫·格罗夫在20世纪80年代首次提出的，此后得到了进一步扩展。有关这一话题的一本值得推荐的书是温迪·苏利文和朱迪·里斯合著的于2008年出版的《纯净的语言：揭示隐喻和打开思想》（*Clean Language: Revealing Metaphors and Opening Minds*）。

让我们举例说明：假设有一位同事诉说他和另一位同事工作的沮丧心情。他说当他让另外一个人完成某个项目所需的工作时根本行不通。你问他：“你有勇气站起来与他对峙吗？”这就是一个不纯净的问题。

它之所以是“不纯净的”，首先是因为这个问题预先认定你的朋友应该直面对方，大胆地挑明问题；其次这里所用的比喻是“站起来”与他对峙，而不是说“与之像伙伴一样”合作；最后你说你的朋友所需要的是勇气。这句话同时也意味着，你的朋友有责任让这个人完成他们的工作。

纯净的问题会消除这些偏差，比如可以这样问：“你说的行不通是什么意思？”或者：“你希望这件事是什么样子的？”纯净问题的结构旨在消除你的偏差和成见。

纯净问题是专门为心理治疗而设计的一项技巧，因为在心理治疗过程中会有大量的时间去倾听。我们很少在工作中有这样的时间，但是留心你自己的问题中可能存在的偏差，会让你平日提出的问题更有助于合作。对我来说，倾听我自己的问题可以让我看出自己对别人告诉我的事情（以及我们应该怎么做）的理解程度。

5. 二元性的问题

例子："我们准备好推出新产品了吗？"或者："这方法能有效吗？"

二元性的问题将所有可能的回答限定为两种：是或不是。这类问题给发问者带来了便利，却让回答者陷入了麻烦。从某种意义上讲，它是通过诱导出"是"的回答来让被问者对产品的成功上市承担责任。我们总是能听到这样的问题。另一个类似的问题是："这是安全的吗？"

与之相反，应该提出询问"什么"或"如何"的问题。这样就可以避免提出二元性的问题。例如："这件事的安全程度有多大"或者"我们对新品上市准备得如何了"。而"什么"的问题可以这样问："可能会出什么问题"或者"准备新品上市之前，我们还需要什么"。

我们发现凭借询问"什么"或"如何"的问题，可以大大提高问题的质量以及团队所提供的信息的质量。

我们将这种用"如何"来提问的方式称为"或然性的如何"。我们用"如何"提问，是在希望对方的回答能够从可能性的角度而不是确定性的是/否看待未来。

现在让我们思考一下话语份额，以及它是如何体现出下面这两个对话之间的差异的。

对话1：

老板："安全吗？"

团队成员："是。"

双方的字数比是3比1。

对话2：

老板："有多安全？"

团队成员："我猜会有4/5吧。"

双方的字数比是4比6。领导者说话的字数少于团队成员。这与传统模式恰恰相反。这里的话语份额更加均衡，团队语言系数较低（第一个对话为0.50，第二个对话为0.20）。

6. 自我肯定的问题

自我肯定的问题通常是带有特殊动机的二元性的问题：强迫对方同意，让我们对自己做出的决定感觉良好。

例如："我们准备好产品上市了，对吧？"

在前面提到的埃尔法罗号留下的语音文稿中，船长的话为我们提供了几个实例：

- "你懂我的意思吧？"
- "介于这两者之间，对吧？"
- "那样合理吗？"
- "按照这个RPM（速度）前进的话，一切正常吧？"

自我肯定的问题极力要证实我们希望看到的情况。其目的是让询问者感觉良好，而不是揭示真实情况。

- "对吧？"
- "那样合理吗？"
- "你需要的都有了吧？"
- "一切都好吧？"

- “今晚的饭菜不错吧？”
- “在这儿住得很愉快吧？”

与之相反，我们应该通过提问来获得启发，而且这些问题应该有助于对方提供有挑战性的信息。我称其为“自我教育”，而不是“自我肯定”。举几个例子：

- “我还有哪些遗漏的地方？”
- “你希望进一步了解哪些信息？”
- “哪些方面可能会出问题？”
- “我们可以做出哪些改进？”

当萨伦伯格机长驾驶着两个失去动力的发动机的飞机并试图迫降在哈德逊河上时，他问副机长，“你有什么好主意？”请注意，他没有问，“情况还好，对吧？”

7. 激进的问题

示例：直截了当地问“我们该做什么”。

对于某些人来说，这种问法可能太激进了，因为它让他们在还没有做好准备就对未来进行评估。如果想要让某个人分享自己的想法，应该从让对方有安全感的地方开始，然后逐渐向不确定和敏感的方面转移。对此我有一个我称其为“暂停、回放、快进”的方法。

先从“暂停”开始。这种问题希望得到对情况的简单评论。“你看到了什么？”“你怎么看？”描述性的语言会让人有安全感，因为我们大脑用于描述的部分与情感没有关联。描述也会让人感到非常的“易知”。

一旦你让对方开口讲述他们的所见所闻，接下来便进入“回放”阶段。回放的意思就是回顾一下至此之前的来龙去脉。“我们是如何走到目前这一步的？”或者：“在此之前发生了什么？”历史有更多的不确定性，但还是有限的。

最后，“快进”到将来，讨论下一步将要发生的事情或者每个人应该做的事。这就需要对最不了解因而最有可能出错的部分（因此是最需要展示脆弱性的部分）进行评估。直接说“我们该做什么”可能会得到“我不知道”的回复。

与之相反，我们应该尝试通过“暂停、回放和快进”的方法从不肯示弱转向敢于展示脆弱性。

提出更好问题的七种方法

1. 不要堆叠问题，尽量一个一个地问。
2. 不要“教育的时刻”，尽量给自己一个“学习的时刻”。
3. 不要问不纯净的问题，尽量使用纯净的问题。
4. 提出询问“什么”或者“如何”的问题，而不是二元性的问题。
5. 不要问“为什么”的问题，尽量说“请多告诉我些相关情况”。
6. 不要问自我肯定的问题，尽量问自我教育的问题。
7. 不要直接跳到将来，而要从现在开始，再谈过去，然后再谈将来。

3. 要鼓励不同意见，而不要强迫达成共识

如果没有一个人选择异常值怎么办？如果团队总是意见扎堆怎么办？此时你需要的是下一个战术：要鼓励不同意见，而不要强迫达成共识。

有几种因素会对群体智慧起到破坏作用。锚定和社会从众心理是其中的两种。

在我们之前提到的练习中，第一个发言的人提出的数字锚定了这一组人的意见，无论他们是否愿意。其他人可能会主张或上或下调整这个数字，但始终是以最初的锚定点作为参照。那些与小组的整体意见相去甚远的成员会调整他们的言论，或者缄口不言，结果这个小组就无法了解这些人的不同的想法。

一旦多数派开始发表意见，少数派成员就很难表达自己的异议。在一项具有里程碑意义的研究中，心理学家所罗门·阿希邀请大学生们参加一次“视觉

测试”。在各小组中，参与者们被示以画在卡片上的一条直线。随后，他们又被示以另一张卡片，上面有另外三条长度不一的线。他们需要回答，这三条线中哪一条与第一次看到的线长度相同。每个参与者逐一给出自己的最佳猜测。这里的关键点在于，只有最后一个参与者是被研究的对象，而其他人则是伪装受试者，他们选择的是相同的错误答案。阿希想要研究从众的力量：最后那位清楚哪个是正确答案的参与者是会趋同于小组的意见，还是坚持自己的意见？结果有三分之一的时间，他们是宁可相信大多数而不相信自己的眼睛。

当参与者被问到为什么要给出那样的答案时，他们说：“我以为我错了。”“我以为小组成员比我知道的多。”这种合理化现象同样会出现在商务会议中。由于所有的创新都是从选择异常值的人的想法开始的，因此驱使众人意见一致必将会压制创新。

阿希还通过有趣的调整重复了他的研究：除了一个人之外，所有的伪装受试者都选择了相同的错误答案。这个人的意见与他人的不同，但选择的是另一个错误答案。发生这种情况时，这位参与者身上的魔咒就被打破了。在所有的测试中，最后的那个人，即测试的对象，几乎没有一次依从小组的意见。重要的不是其他人已经选择了正确的答案，而是小组中的某个人已经安全地提出了异议。一旦这座桥被跨过，参与者就可以放心选择他们认为正确的答案。他们感到可以安全地提出反对意见。

这项研究提供给我们的经验是，要让人们能够安全、轻松地表达异议。这可能需要刻意地引入不同意见。你可以要求某人发表反对意见，谈一谈为什么整个团队可能都错了，或者当团队成员似乎正在趋同于一个答案时，就先让他们表达不同意见。

我们在组织中会使用黑色卡片和红色卡片。我们称它们为异议卡。这些卡片按照5比1的比例安排：每一张红色卡片对应五张黑色卡片。我们先洗牌，然后每人拿一张牌。规则是：如果你有一张红卡，就必须提出异议，并且这张卡会让提出异议变得非常安全且有必要。你不是一个傻瓜——是这张卡片让你这么做的。

如果你得到的是一张黑卡，那么如果你愿意，你依旧可以提出异议，但不是必须要这样做。黑卡上面有一些提示，告诉我们应该如何对提出异议者做出反应——要怀有好奇心，而不要试图说服对方。

异议卡片是一种用来改变团队实践的工具。我们可以在团队处于“很难提出异议”，拥有低心理安全感的阶段使用这个工具。一旦提出异议成为会议的常态，对异议能表现出好奇而不是试图说服对方成为一种习惯，我们就不再需要这些卡片了。

我从在中国高管当中开展的一项练习中看到了异议的神奇力量。40位（全部都是男性）高管分别坐在4张10人的桌子旁。在观看了一段短视频后，他们的任务是以一桌为一组对视频中的一艘老式帆船上有多少个帆做出判断。时间限制为两分钟。

我仔细观察每个小组。我听不懂他们的语言，所以我主要看发言者以及发言的顺序和他们的肢体语言。桌子相互靠得很近，但我没有看到桌子之间的相互交谈。

当他们开始宣布答案时，第一张桌子上的一位高管站了起来，发表了一段关于倾听每个人意见的“和谐谈话”的精彩演讲，然后声称有5个帆。

在接下来的3个小组中，每个小组都有一位高管站起来，发表一段与前者大同小异的演讲，并且给出了完全相同的数字中文符号，5个。

正确答案是8个。所有的小组都错了。

然后，我们把异议卡发给他们——每张桌子发2张红卡和8张黑卡——然后让他们重复上述练习。持红卡的人必须持有与小组其他成员不同的意见。而关键点在于：我这次没有给他们播放视频，这样他们就无法通过进一步仔细地查看来修改答案。他们获得的唯一新的信息是：他们先前的答案（5个）是错误的。

两分钟后，宣布结果的时间到了。这次没有任何演说，但答案是7个、8个、7个、8个。我简直不敢相信。在只是引入了持不同意见者的情况下，我们让各小组更接近正确答案，也就是真实的情况。

问题的关键是我们不想要“和谐的谈话”。我们想要的是对现实的准确描述。和谐与错误意味着关门歇业或者人员伤亡。和谐意味着埃尔法罗号上的33人送命，意味着挑战者号航天飞机上7人丧生。

人们担心的是异议等于不和谐，是应该避免的。但是，在鼓励员工发表不同意见的组织中，人们提出异议的目的是组织的最大利益，而且人们是带着好奇的心理回应这些持不同意见者的。在这种组织中，异议不会让人感到不和谐。不同的意见能让人感受到兴奋和活力—— 一种虚心倾听的姿态，“某件有趣而新颖的事有可能就此开始”，一种兴奋得直搓手的感觉。

小组成员针对持不同意见者的反应很重要。为此，小组成员应实践上述有关如何表现出好奇心而不是试图说服对方的建议。小组成员应该提出表示好奇的问题，而不应与持不同意见者争论和解释对方为什么是错的。

表示好奇的问题可以这样问：

- “你这样说背后有什么理由吗？”
- “你能更详细地跟我讲一讲吗？”
- “你看到的哪些东西让你有这种想法？”

这种做法会逐渐成为一种新的集体习惯，并且集体的文化也会发生改变。团队会变得更有弹性，更强大，并且能够更好地做出决策。

在会议期间，领导者的职责是扫视整个房间里的人，密切关注那些始终一言不发的人。这些人通常会持有不同的意见，只是觉得不方便表达出来。这种时刻，领导者应该做出类似下面这样的反应：

- “丽兹，我注意到你什么也没说。你有哪些与其他人不同的观点？”如果丽兹似乎对在小组面前讲话感到非常不自在，那么你可以请她在会议结束后和你交谈。

- “保罗，你已经讲了你的情况。我想请某人来挑战一下你的立场。”
- “我们似乎对应该做这件事的看法趋于共识。现在我们来假设这件事实际上很糟糕，情况又会是怎样？”

换句话说，如果你召开会议的方法正确，而不同的想法仍然没有出现，那么作为领导者，你的责任就是去主动寻找它。不存在异议根本无法保证你做的是对的。你对某个决策的信心应该与该决策中所含的发散思维的量直接相关。

现在，你已经掌握了所有信息，可以做出决定了。在某些情况下，可能通过团队投票来决定，而在另一些情况下，则需要由一个人来决定。关键是所有的意见都能被听到。在获得更多信息、更多观点和更多想法的条件下，才能做出更好的决策。

但是，你没有义务停止行动或者满足持不同意见者的愿望。那样会让持不同意见者拥有太大的权力，进而使行动偏离正轨。几乎总会有人从不同角度看问题，或者不喜欢某个具体的决定。这是正常的，而且实际上是一件好事。如果一项决策与他们的意见不一致，没有必要说服他们承认自己是“错的”。我们需要的是团队成员用他们的行动和行为来支持这项决策。

4．要给予信息，而不是发出指令

在我们周围，到处都是指示我们做事的标示，例如“请洗手”或“请关门”。指挥别人做事的做法不利于协作，因为这是一种老式的工业时代的强制战术。

替代方法是什么？是提供信息。把行为的后果告诉人们，然后由他们自己去选择。这种方法在他们体验到后果时效果最佳。如果是别人体验到了你的不良行为的后果，那么反馈回路就会被破坏。

我在星期六早上8:00与一个骑行小队一起骑车。我们8:00出发。不是8:02。不是8:01。即使有人在8:00正在停车场停车，我们也不会等。这个人将会度过一个不幸的早晨，因为他要竭力赶上其他人。这种做法很不厚道吗？不太对。因为每个人都知道小组成员不会等待，所以几乎没有人会迟到。等待迟到的人从短期看是同情，但从长期看却是无情。而且对于按时到达的人来说，这是极其不礼貌的行为。等待迟到的人会导致更多的人迟到，而这又会导致更多的等待。我们称其为“奖励不良行为”。

指挥别人做事的做法几乎无处不在，以至于我们这么做的时候几乎都没有意识到：

- “把车停在那儿。”
- “那就提交建议书吧。”
- “把这些用户案例加进来。”
- “仔细检查数字。”
- “上午10:00返回。”

说最后一句话的是我。那时我正在主持一个研讨会。当我让小组短暂休息时，我给出了“上午10:00返回”的标准指令。而在这之前刚刚完成的一项活动是讨论我们如何经常地无意识地指挥别人做事。至少有一个人留意了。他走到我跟前，说我是个“大大的伪君子”。（而当时我们还没有进入研讨会的意见反馈阶段。）

我的第一反应是自我辩护，但是我转而问了一句：“你是什么意思？”并且用我能发出的最平淡的语气。

“你看，我们刚刚花了半个小时听关于‘给予信息，而不是发出指令’的事，而你刚才却给了我们大家一个指令。试着按照你自己的建议做吧。”

现在我会这样说：“我将从上午10:00开始。”而且言出必行。

还有一次，我在哥伦比亚麦德林举办了一个研讨会。研讨会的主持人提醒说我的日程安排“太军事化，太美国化了”“这群人喜欢迟到”。

我尝试了我的这个小妙招，结果很有用。第一次的时候，有几个人在咖啡机周围转悠，但是我准时10:00开始。没有教导，没有训诫。在那之后，我们严格遵守时间表。主持人惊讶不已。他以前从未见过这种做法。

给予信息，而不是发出指令。

- 试着说“我看到那里有停车位”，而不是“把车停在那里”。
- 试着说“我看不出有什么需要改的地方”，而不是“那就提交建议书吧”。
- 试着说“产品负责人有一些关于我们产品的新的用户案例”，而不是“把这些用户的故事加进来”。
- 试着说“保证这些数字的正确很重要。我发现有些东西看上去不太合乎情理”，而不是“仔细检查这些数字”。

一种有趣的日常练习方式是帮助别人停车。通常你可能会挥手示意他们向前、向后，然后突然说：“停！”此时你就是在发出指令。

因为它是二元性的——走，然后停——驾驶员得不到预告。他们靠近的时候并不会减速，甚至还可能会加速。驾驶员被简化成了机器人。他们不需要思考或参与。

如果此时采取给予信息的做法会是什么样子？双手打开以示意与障碍物之间的距离。随着距离变小，逐渐将双手合拢，这样就有了一个自然的反馈回路。驾驶员会精确地停在他们想要停的地方。顺便说一句，这是飞机着陆时使用的方法，也是我们在军队中使用的停放重型车辆的方法。现在，两个人在协作，一起努力。驾驶员在思考，并且积极主动。

给予信息，而不是发出指令。

做出正确的假设

协作有多种用途。我们协作是为了更好地了解现实情况。它是视频的暂停按钮。现在情况如何？飓风在哪里？润滑油系统的状态如何？

协作有助于了解我们是如何走到这一步的，有助于理解因果关系，有助于我们做出更好的决策。

然而，对于团队而言，协作的一个最强有力的作用是在开始下一阶段的红色工作之前建立你的假设。

知道决策是一件需要测试的事情，要好过认为决策是一件需要去做的事情。换句话说，决策是一种假设。

应该将红色工作的每个阶段都看作一次实验。实验能够帮助我们学习和改进。根据定义，实验是从某个可测试的直觉开始的。我们称这种直觉为“假设”。每个蓝色工作阶段的主要目的就是建立假设，而每个红色工作阶段的主要目的是检测假设是否合理。此外，一次精心设计的实验应该是：

- 有终点，此时我们可以对所学到的东西进行反思；
- 有完整的记录，以便其他人可以验证你的结果并以此为基础加以发展；
- 在受控条件下进行的，例如，一次更改一个变量，以避免混淆多个变化的效果。

当然，纯粹的科学实验不必产生超出测试结果之外的东西，而工作中的实验却同时需要获得生产成果。让我们以埃尔法罗号为例。如果以实验的方法进行红色工作，结果会发生怎样的变化？

轮船出发之后，第一个关键性的决策出现在巴哈马群岛北端：是走没有保护屏障的大西洋航线还是有保护屏障的旧巴哈马海峡。通常情况下这算不上是一次决策，因为没有保护屏障的大西洋航线更短，更高效，根本没有权衡的必要。而这一次，一场飓风危及了大西洋航线。此时的假设可以这样陈述：

> 我们将沿大西洋航线航行。我们的假设是：（a）风暴不会降低我们的速度，也不会降低航程的效率；（b）风暴强度不足以给轮船造成威胁。因为这是一个假设，所以我需要大家在下一个红色工作阶段中寻找证实或反驳上述假设的信息：海浪的大小、风速、俯仰度等。我

们将在朗姆礁横道处重新进行评估。

一个假设不仅仅是一个决策点。它是一个基于逻辑（我们不相信这场风暴的强度会异乎寻常）和终点（朗姆礁横道）的决策（走大西洋航线），并且确立了用以衡量结果的方法（海浪的大小、轮船的响应能力，以及其他风暴强度指标）。在每个实验中，我们需要将当前的情况与预测的情况加以比较。因此，在开始行动之前有必要设定预期的指标。通过提前确定这些因素，我们可以消除沉没成本对决策的影响，防止承诺的升级。

通过在埃尔法罗号上以这种方式建立假设，我们让船员们进入了一种寻求学习和成长的改进的心态。他们也会质疑大西洋航线的正确性，而不是试图以尽可能最高效的方式执行走大西洋航线的任务。他们会更留心观察海风、海域和气压，以便有利于未来决策。

最后，预先确定的、可以重新评估原始假设的终点（在本案例中是朗姆礁横道）为船员们打开了质疑路线正确性的方便之门，同时又不必指出船长的错误。对于船员们来说，这一做法的好处在于他们会变得更敏锐，更愿意分享自己的见解和想法，而且他们会在适当的时候就改变航向的必要性提出相关的信息。对于船长来说，这一做法的好处在于，他会预防自己倾向于坚持事先决定但必败无疑的任务，转而关注实验的结果，并最终改变方向。

借助强制，我们所能期望的最好的结果就是服从。有了服从，我们会让人付出努力，但不是自主的努力。然而，协作的结果是全力以赴投入到新的工作中去。这种投入标志着蓝色工作（拥抱可变性）的结束和红色工作的开始（减小可变性）。

由强制转向协作

1. 先投票，再讨论。

2. 要怀有好奇心，而不要试图说服对方。

3. 要鼓励不同意见，而不要强迫达成共识。

4. 要给予信息，而不是发出指令。

协作

在控制了时钟之后，协作的战术便开始了。工业时代的组织将决策和行动分配给两类不同的人：蓝色工作者和红色工作者。蓝色工作者（管理层）需要让红色工作者遵循蓝色工作者为他们做出的决定。蓝色工作者通过强制的方式实现这一目标。

强制似乎是一个令人厌恶的词，所以我们改用哄骗、刺激、影响、启发或者激励之类的词来替代。强制战术中，话语份额严重偏向于领导者的声音。

为了实现协作，我们需要让执行者成为决策者。蓝色工作和红色工作仍然存在，但是蓝色工作者和红色工作者却已消失。

协作需要我们分享想法，敢于表现出脆弱性，尊重他人的想法。协作需要我们提出问题，并且要求我们承认自己不了解整体情况。我们需要在内心深处相信他人能够有助于我们思考和理解世界。

通过协作，我们提出“什么”和“如何”的问题。我们欢迎持不同意见者。我们训练自己对对方的意见心存好奇，而不是一味想着说服对方。

领导者的责任是听取持不同意见者的想法，但不是为了让每个人接受新方向而拖延决策，一遇到持不同意见者就停止行动，这会给予后者太多的权力。这种做法会招来拦路虎，妨碍大胆的决策，延误行动。

协作战术中，团队成员之间的话语份额更均等，团队语言系数（TLC）更低。

协作是蓝色工作的核心方法。当我们诉诸强制方式时，我们得到的是服从。当我们展开协作时，我们得到的是承诺，而我们的下一个战术就是承诺。

CHAPTER

5

第五章

离开蓝色工作：承诺

苏深陷在蓝色工作中无法自拔，是时候帮她走出困境了。我们必须减少从思考转向行动这一过程中的障碍。这是从蓝色工作到红色工作的过渡。如果我们有效协助，所得到的是承诺。如果我们强制，所得到的是服从。

承诺源自内心，而服从则是受到某个外部源头的强制。承诺更有力量，因为它是一种内在的动力。承诺需要充分的参与、投入和自主的努力。服从只需要做到说得过去，能通过，或者能完成就足够了。

即使是在你自我对话的时候也是如此。比如说你决定再也不吃甜食了，可是漫长的一天结束后，你的面前还是摆着一碗甜食。你可以考虑两种自我对话的方式。你可以对自己说“不能吃甜食”，也可以说“不吃甜食”。

事实证明，对自己说“不吃甜食”更有效。说“不吃”比说“不能吃”结果吃的甜食会更少，因为说“不”时，动机是内在的。“不吃”将你归类为“不吃甜食的人”。你因此获得了一份力量。

当你用“不能”的时候，这种要求来自外部。你属于吃甜食的那类人，但是存在某个外力阻止你吃甜食（即使你确实想吃）。来自外因的理由比来自内因的理由更无力。漫长的一天结束后，当你感到又累又饿时，那个比较无力的理由不足以阻止你去做自己试图避免的事情。

如果你希望遵守承诺，应该尽量使用“不”，而不是“不能”。

- “我不买产品保险”，而不是“我不能买产品保险”。
- “我不错过最后期限”，而不是“我不能错过最后期限”。
- “我不这样度日”，而不是“我不能这样度日”。

我们承诺致力于某项行动的那一刻，就是我们选择将时间和精力用于这一特定目标的那一刻。“承诺”这个词的英文（commitment）源自拉丁语，是“com”（与）和mittere（释放、发送）的组合。“使命”一词的英文（mission）也源于拉丁语mittere。因此，“承诺”传达了“带着使命前进”的意思。当我们看到员工敬业度低，只是在做表面文章，对公司的政策和项目只是口头敷衍的时候，就是缺少这种使命感。

做出承诺不只是做出决定。比如我们可以做出决定，认为一个行动方案比另一个行动方案更好，但也只是到此为止，不涉及行动。而承诺会让这项决定付诸行动。承诺让蓝色工作变成红色工作。

企业需要的是把事情做成。这就是为什么我们必须减少从思考（蓝色工作）转向行动（红色工作）这一过程中的障碍。

问题的关键是在做出承诺之前必须有选择。如果一个人别无选择而只能说是，那么我们得到的就是服从。因此，尽管“激励”和“授权”是工作场所常见的口号，而且雇主们希望它们能够激发员工为实现公司的预期目标采取行动和做出承诺，但是如果不提供选择，那么他们得到的充其量只是服从。

有时我们确实需要服从。在纽约某座摩天大楼的建设中发生了一起悲剧性的事件。一名在电梯井附近工作的工匠没有系安全带。当一块地板意外脱落时，他坠楼身亡。当天早些时候，一名主管看到他没有系安全带，违反了安全规定，但是这名主管没有命令工匠系上安全带。我不能确定为什么，但是感觉有时候指挥人们该去做什么不是件好事——有时候不好，但有时候却是对的。这是红色—蓝色循环思维方式的好处之一——懂得有时我们需要说“按照程序做这件事”，而有时则需要说“你怎么看这件事”。在这个例子里，服从可以挽救生命。请系好安全带。服从。

能够做出承诺的是个体，而不是团队。承诺是个人的，它来自人的内心。

服从的后果

当组织采用的还是传统的工业时代的结构时，执行者无权选择工作的时间和方式。因此，没有承诺，只有服从。服从对于工作场所产生负面影响。

盖洛普公司每年会对美国员工进行一次年度调查，以衡量他们的“敬业度”。盖洛普将敬业的员工定义为一个对自己的工作和工作场所充满热情，忠诚并投入工作的人。盖洛普2018年的调查结果是从2000年开始此项调查以来“敬业”员工占比最高的。其中敬业员工的百分比为34%，这意味着66%的员工不敬业或者处于怠工状态。员工敬业度低是服从文化的结果。

服从让我们可以不去思考。服从只要求一个人服从他人制定的规则、指令和行动。这很容易，因为它可以让一个人摆脱思考和决策过程的烦乱。更有甚者，服从可以让人们不去承担责任。在谈到许多企业和运营层面的错误时，一个常用的口头禅是“我是按照吩咐去做的”。这里传递的信息是：责任不在我；是别人做出的决定；服从。

服从也不需要许多的背景信息。

“做这个。”

“为什么？”

“因为我告诉你要这么做。”

“呃，好的。”

这样老板也就无需费力气解释前因后果，省去了这种浪费时间又麻烦的工作。但是缺乏背景信息会让局势变得难以收拾。

我在担任圣塔菲号舰长时发生过一件事。我将潜艇必须在早晨到达的地点告诉了午夜值班的团队。但我没有告诉他们为什么要到达那里以及不到达的代价等背景信息。换句话说，我要求的是服从。

当我早上起来检查我们的位置时，我很震惊地看到我们的位置不对。为什么？因为出现了状况。一条渔船挡住了去路。后来一艘商船又从旁边经过。事情接踵而至。值班人员正在尽最大努力服从我的指令，但是在没有背景信息的情况下，他并没有承诺。

服从的指导原则是按程序办事。承诺的指导原则是实现预期的目标。服从是沃伦·比蒂拿着那张奥斯卡颁奖卡片时被迫做出的行为。

服从时说的话是这样的：

- 埃尔法罗号上的二副对一名船员说："我们是这里唯一的白痴。"
- 埃尔法罗号上的三副对一名船员说："我相信他的话。只是距风速为1.8千米/小时的强风只有20英里——这听起来不太对。"

其他一些常见的服从语言：

- "因为我被吩咐这么做。"
- "因为是这么规定的。"
- "我只是照他们说的做。"
- "老板雇我不是来思考的。"

承诺的方法

服从是工业时代将人们分为决策者和执行者的自然结果，而承诺是我们这个时代需要的。服从或许适用于简单的、体力的、重复性的个人任务，但不适用于复杂的、认知性的、自定义的、团队的任务。服从只会让人最低限度地满足要求，而承诺则会激发自主的努力。

下面是实施承诺战术的三个方法。

由服从转向承诺

1. 对学习承诺，而不（只）是行动。

2. 对行动承诺，而不是信念。

3. 分成小段，全面覆盖。

1. 对学习承诺，而不（只）是行动

在协作战术的最后，我们要建立需检验的假设，而不是做出需要执行的决定。建立假设不仅需要决定做什么，还需要决定学什么。假设的目的是让我们进入学习和改进的思维模式。在它的框架之下，接下来的红色工作不是为了做红色工作而做红色工作，而是需要在红色工作中学习。

在离开蓝色工作转而投入红色工作时，为学习提供条件会对未来有几点帮助。首先，我们会对红色工作本身更感兴趣。就埃尔法罗号而言，由于船副们觉得自己没有能力影响航线调整的决定，因此他们对观察海风和海域的兴趣就会是有限的。他们所观察到的也许能影响轮船的具体定位，但不能构成影响未来决策的关键信息。只有在感觉到自己有控制能力的情况下，我们才能事先让自己的知觉敏锐起来，因为我们知道自己所感知到的东西很重要。

其次，在退出红色工作返回到蓝色工作中去时，一开始就有的学习和改进心态会得到加强，因为我们需要调动的是改进的战术，而不是证明的战术。传统工业时代针对如何处理红色工作的战术手册强调的是证明。证明我们清楚自己在做什么，证明我们的产品有效。如果我们要创建敏捷的、适应性强的和有弹性的组织，我们需要改进的战术，但这会与证明的战术相互冲突。在蓝色—

红色—蓝色循环开始的时候就将目光放在学习上，将会让改进战术变得更加有效。

自始至终重视学习的另一个好处是，它会帮助我们在遇到挫折和失败时不会做出消极的反应。

专注于学习的目标有助于消减由蓝色工作向红色工作转换时的障碍。具有讽刺意味的是，基于绩效的目标实际上反而会让人更难以进入生产模式。还记得陷在蓝色工作中的苏吧。苏很容易陷入反复思考和辩论，但是在做决定和开始行动方面却总是犹豫不决。苏之所以感到害怕的一个原因是她将红色工作看作需要她证明些什么的阶段：证明自己做出了正确的决定，证明团队可以完成工作。这令她望而却步，成为她前进的障碍。

相反，如果她将下一个红色工作阶段看作学习周期的一部分（先做出预测，然后通过观察实际情况来检验这一预测，再对照预测思考观察结果），她就会更容易从思考和计划转向行动。

当我们让自己进入学习模式时会比较容易采取行动，而在面对挫折时会在行动方面更有毅力，其原因在于它利用了我们大脑与生俱来的思维方式。人类以及一般的哺乳动物都喜欢探索、发现和学习新事物。我们的大脑天生会对看到在下一个转角或者下一个山岭出现的东西时所产生的新奇感做出积极的反应。心理学家将其称为“探寻”系统。当我们置身于某个行动的阶段并且对可能发生的事情充满了顽皮的好奇心时，我们就是在激活这个探寻系统——生活变得更加愉快而有趣。

极具人气的《星际迷航》影视系列（第一部是1966年）的开场白传达的就是人的这种欲望。

> 宇宙，最后的疆域界。这是企业号星舰的航程。它将继续去探索未知的新世界，寻找新的生命，新的文明，勇敢地航向前人所未至的领域。

因此，在一个会议（蓝色工作）结束时要问的问题不仅是“我们要做什么”，还应该问“我们要学习什么”。

2. 对行动承诺，而不是信念

我们在做出承诺或希望团队成员做出承诺时，一个错误的做法是试图让人们“赞同”——换句话说，就是试图让人们不仅要调整他们的行动和行为，而且还要改变思维模式。然而，单纯地致力于行动才是比较有效的做法。对于任何一项重大决策而言，都有可能存在意见不一致的人。对组织来说，重要的是让整个组织在有利于决策实施的必要行动上保持一致。要求员工在思维上保持一致，这增加了负担，导致行动可能推迟，同时还需要他们承认“他们错了”。但在做出决策的时候，我们不知道究竟是谁错了（如果确实有人错了）。

比方说你现在需要针对员工的一项提议做出决定。你的一位同事表示他有意修改某个广告宣传活动。听到这一提议的那一刻，你的反应是消极的。你的个人经验告诉你，这不是一个好主意。比如你认为这样做会造成销售量下滑，或者资源浪费。但是和所有决定一样，结果会怎样只有将来才能知晓，所以你也不能百分之百地确定。

作为领导者，你可以承诺去做的是用行动支持这项决策，然后静观其变。你不必相信它是个好主意，只要它在有限的资源范围内还算是一个值得冒险的好主意就可以了。你同时也在权衡这件事在学习方面给这位同事和组织带来的影响。而这对于公司来说也是有益的。

反过来也是同样的道理。如果你让团队执行某项决策，而团队中有些人并不认为这项决策最可取，那么你没有必要说服他们一定要相信它是好的。你应该让他们坚持自己的看法。只要他们承诺以行动支持这项决策，组织的目标就达到了。

决定做出后，不要试图让持不同意见者和选择异常值的人相信他们的想法是错误的。没有人能够知道这项决定是否正确——至少在红色工作结束之前。红色工作阶段是你检验这个假设的时期。

艾拉厨房是伦敦郊外的一家有机婴儿食品公司。领导人致力于建立一种大家乐于献计献策的合作的文化。产品团队想出一个点子：制作一种叫作“融化棒”的可以像口香糖一样咀嚼的面包棒状的食品。这种食品7个月大的孩子也能吃。幼儿会喜欢把它伸进嘴里，在咀嚼的同时享受它融化的感觉。

从技术上讲，这是一种很难生产出来的产品——做得太硬，它会太锋利太危险；做得太软，它会融化得太快。此外，它还需要特殊的包装。这增加了产品包装和运输的成本。

因此，领导层认为这不是一个可行的产品。但是领导者已经承诺要建立这种鼓励员工参与的文化，因此他们认为应该实现自己的诺言，让团队尝试他们的想法。领导层决定把它当作一次学习的机会，于是批准了这一生产计划。

一年后，“融化棒”成为该公司的第一大畅销产品。

3. 分成小段，全面覆盖

假设你面前摆着一碗七层蘸酱。你（出于某种原因）承诺要把它全部吃光。你该怎么吃呢？

当然是一口一口地吃——但是有两种吃法。你可以先吃掉最上面一层所有的橄榄，然后是所有的奶酪，然后是莎莎酱，等等。不过你现在已经将“吃七层蘸酱”变成了“吃七次一层的蘸酱”了。你本能地知道要想品尝到更丰富的味道，最好是深挖一匙，接触到每层都是一小片的全部七层。这样你就可以一口吃到所有层的蘸酱了。

所谓的“分成小段，全面覆盖”就是这个含义。

我们来看一下导致埃尔法罗号终结的可能原因。

我们知道，机长甚至在离开佛罗里达州杰克逊维尔市之前就已经做好了决定：沿着没有保护屏障的大西洋航线一路前往波多黎各。他并不认为这次旅途是一系列中间被数个属于蓝色工作的决策点分割开的红色工作。

类似于从杰克逊维尔开船前往波多黎各这样的业务活动往往具备某些由地理条件、自然法则、时间把握以及与其他组织之间的交流等因素决定的天然存在的决策点。对于埃尔法罗号而言，巴哈马东侧的地理条件提供了本可以进行蓝色工作的天然的决策点，在这些决策点之间是确保轮船按计划行驶的红色工作阶段。

将抵达波多黎各之前的这段行程视为一个无间断的过程，这种想法意味着任何可能存在的决策点都有一个针对决策问题的默认的答案：除非遇到危险，否则他们将继续沿没有保护屏障的大西洋航线前行。这也意味着选择旧巴哈马海峡的决定感觉就像是对计划的变更，需要给出额外的理由。

对于类似这样的重大决策，最好依据同等可能性原则对两个计划进行讨论，从而让决策的制定能够尽可能地基于海上的当前和预期情况，而不是我们心里的预期情况。这样可以预防我们落入另一种心理陷阱——承诺升级。

创新、新的产品设计以及制造流程的改进或许无法像作战行动那样能够让我们看出蓝色工作的停顿。在这种情况下，我们应该精心地将改进的周期分割成独立的、短小的、“一口一个”的小的阶段，但是每个小的阶段都应该产出一个完整的产品——可以在市场上测试。

有关蓝色工作—红色工作—蓝色工作循环周期的规律是：更短的红色工作时间增加了学习的部分，但会降低生产能力，反之亦然。因此，在不确定性和不可预测性较高的环境和条件下，需要缩短红色工作的时间。随着产品或外部条件变得更加明确，可以延长红色工作的时间。

全身心投入到一小段增量性工作中还可以让我们在短时间内排除干扰，全神贯注于眼前的工作。在这段时间里，我们不需要预留一部分大脑来监督自己是否方向正确，因为我们知道预先计划的暂停时间很快就到。

我们应该带着情感全身心投入一项短暂的活动（红色工作）中，并且带着学习一些东西的目的。我们应该致力于一小段增量性工作，但要所有阶段都做完。

有时候我会用截止日期来作比喻。我们正全力以赴投入到一段红色工作中，而这段工作有一个截止日期。那一刻，我们需要检查方向的正确性。

承诺的话怎么说

- “我打算开始项目的下一阶段。10天后将进入下一个蓝色工作的暂停期。”
- “我们计划下一步实施方案1。我们将在第15天停下来反思一下。”
- “我们正在启动下一轮生产。我们将运行一万台机组，然后召开会议审核数据。”

承诺的话语应包括开展红色工作的决心，以及在满足一定条件或进行一定时间的红色工作之后返回蓝色工作的计划。

如果希望团队成员能够做出承诺，可以这样表达：

- “你有什么行动计划？”
- “你什么时候开始返回红色工作？”
- “你需要进行多长时间的红色工作，再开始下一次的暂停和反思？”
- “哪些因素会触发项目下一阶段的暂停？”
- “如何才能知道我们的假设是否得到检验？”
- “本次承诺的截止日期是哪天？”

在协作战术中，我谈到过询问“什么”和“如何”的问题的力量。有“或然的如何”和“好奇的如何”。“你确定吗”或者“这一假设成立的可能性有多大”都属于“或然的如何”问题。“好奇的如何”有助于我们提出不带任何评判的中立的、开放的、好奇的问题。“____会如何影响____”或者“你如何看这个问题”

都属于“好奇的如何”问题。

此外还有第三种询问“如何”的问题，叫作“进取的如何”，也是一个有用的问法。这些问题利用“如何”或者“什么”将蓝色工作转换为一项可以为之全力以赴的决定。比如，“进取的如何”的问题：

- “我们应该如何开始？”
- “我们如何能快速、低成本地进行测试？”

我发现，“进取的如何”能够将人们的思维方式从担心存在障碍和壁垒转变为思考我们能够利用现有的时间和资源做些什么。这样一来，我们的关注点就从我们不能做什么转移到了能够做什么。这就是“进取的如何”的作用。

这类问题中的“什么”也有帮助：

- “这项任务最小能拆分到什么程度？”
- “我们能做些什么？”
- “那样会有什么样的结果？”
- “第一步会是什么样子？”

能怎样、会怎样、该怎样

还有另外一个工具能够帮助个人或者团队走出蓝色工作转而进入开始行动的红色工作阶段。当我们针对某件事的计划、会议和讨论似乎已经做得足够多，而且应该全力以赴的时候——也就是到了该离开蓝色工作进入付诸行动的红色工作阶段的时候，这件工具就会派上用场。

在有关建立承诺的谈话中，自然而然地会存在一系列的“能怎样”“会怎样”和“应该怎样”，而且话题的顺序也是这个顺序。我们的谈话会从“能怎样”（什么是可能的）“会怎样”（条件句），最后发展到“应该怎样”（含有责任义务的意味）。

比如一些团队成员正在讨论关于某个新产品的想法。他们的假设是：某个在客户看来与我们的品牌相一致的新产品存在市场。团队成员正在讨论应该做什么，而你希望帮助他们从想法阶段转入对行动的承诺。

你问他们："首先，我们能做什么？"

"我们可以建立一个网站，在网站上展示一些图片，看看是否有订单，或者我们可以进行一项民意调查，看看有多少人会对这种产品感兴趣。"

然后你问，"如果你是我，你会做什么？"

"我会制作网站，因为它可以测试实际订单，而且我们今天就可以开始。"

"好，那我们应该做什么？"

而接下来的事情就由他们负责了。如果团队成员的话语让你感觉到他们就像苏一样被困在蓝色工作里，那么你应该倾听他们的语言，了解他们在"能怎样"—"会怎样"—"应该怎样"的路线上所处的位置，并引导他们迈入下一阶段。

这是"应该"一词不会给你带来麻烦的少数情况之一。通常，我发现"应该"的许多用法都是没有建设性的。例如：

- "应该准备好了。"
- "应该有效。"
- "你应该这样做。"
- "你不应该有那种感觉。"
- "公司应该给我们提供质量更好点儿的椅子。"

承诺的升级

承诺具有自我强化的倾向，而这也是为什么我们应该一步步前进并将红色工作拆分成一系列较短阶段的另外一个原因。这也是为什么船长在出发之前做出的沿大西洋航线航行的决定随着时间的推移越来越难以推翻的原因。一旦迈出了一小步，人类就会倾向于朝这个方向继续努力。人们不会充分利用蓝色工作阶段评估是否应该继续进行下一步。相反，人们会筛选出支持自己先前决定的信息。这背后的原因是什么？

答案在于一种叫作“承诺升级”的心理现象。承诺升级是指一旦我们选择了某个行动路线，就会顽固地坚持下去，哪怕已经清楚地看出这条路行不通。承诺升级解释了为什么投资者会长期持有亏损头寸，为什么公司继续对赔钱的产品投入资金，为什么政府持续奉行失败的政策。这种现象导致人们在事实浮出水面后会通过重新定义成功来为错误的决策辩解。

承诺升级是这样运作的：我们面临一项决定，并且做出了决定。于是我们对做出这项决定的结果产生了责任感。然而结果并不像我们希望的那样。有证据表明这项决定是错误的。

在这种情况下，合理的做法是暂停、重新评估，然后改变路线，然而许多人并不是这样做的。事实证明，人类会固执地试图将失败的决定变成成功的决定。有时这是值得称赞的（比如，当你对结果有高度控制力的时候），但是，如果你的决定是基于在很大程度上无法控制的因素，那么这种做法就不是最有效的。在这种情况下你需要多加小心，因为过高估计自己的控制能力会促使你更容易陷入承诺升级。承诺升级还可能会让团队成员感到发表意见是一件毫无意义的事，同时也会削弱他们的自主性和控制力。

1974年，巴里·斯托教授进行了一项实验，调查人们是否以及为什么会对失败的决定加大投入。他对让美国越来越深地陷入东南亚和越南战争的泥潭之中的决策过程感到困惑不解。他想要了解这一错误决策背后的心理基础。

越南战争已经进入了第18个年头，而就在此前的一年，美国已经结束了直接的军事介入。这场战争在美国社会和政治中引起了极大的震动。19世纪60年代的战争升级和持续介入被认为是“赔了夫人又折兵”的样板。

在其1965年写给约翰逊总统的备忘录中，乔治·鲍尔陈述了承诺升级的情况。

> 一旦大量美军投入直接战斗，他们将在装备不良的情况下在乡村作战，而这些地方即便不是充满敌意，也是没有合作。这样的战争会导致严重的伤亡。
>
> 一旦遭受重大人员伤亡，我们将开启一个几乎不可逆转的过程。我们的投入太大，以至于我们不能在实现我们的目标之前停止战争，同时又不能让国家蒙羞。但在这两种可能性中，我认为国家蒙羞会比实现目标的可能性更大——即便是在我们付出沉重代价之后。

鲍尔的这一备忘录在1971年和《五角大楼文件》一起发布。

斯托博士设计了一个巧妙的实验来检验这个假设。他请MBA 学生参与一次需要做出投资决策的模拟实验。实验中他们是一家制造公司的高管。该公司的销售没有起色，利润不断下降。他们负责将2 000万美元的研发投资资金分配给公司的两个部门：消费品部门和工业品部门。作为本次模拟实验一部分的，还有一个5年前做出的类似的决定，并且学生们得到了这次决定结果的数据。一半学生手里的数据显示之前的决定是成功的，而另一半学生手里的数据表明之前的决定没有成功。

他们将每个小组再次等分成两部分。一半学生只是简单地阅读了之前的决定，而另一半学生则是之前决定的制定者。

当面对自己做出的错误决定的证据时，这些 MBA 学生平均向亏损部门投入了1300万美元，相当于可用资金的三分之二。而那些只是简单地读过先前决定的学生则把钱分配得更均匀，分配额略微偏向于盈利部门，而分配给亏损部门的平均额度是900万美元。

斯托教授于1976年在《组织行为与人类绩效期刊》上发表了一篇研究论文，

将这种现象称为“深陷大泥潭”——典故出自越南战争，士兵们将这场战争称为“大泥潭”。

有证据显示，英国首相特蕾莎·梅在处理英国脱欧程序时陷入了承诺升级。面对外界对自己做法的批评，她的反应是试图表现得很强势——强调“脱欧就是脱欧”，而且英国将在2019年3月29日离开欧盟。

然后，当面对强有力的证据证明她的方法行不通（英国议会有史以来最大的失败）时，她只是一味地对自己的承诺双倍下注。

在红色工作的世界中，反映出承诺升级的话类似于这样：

- “有开头，就要有结尾。”
- “我的决定已定。”
- “这件事我们确定要做。抵制是徒劳的。”
- “好啦，开始吧。”
- “我们在浪费时间。”
- “只能成功，不能失败。”

在埃尔法罗号上，反映出承诺升级的话类似于这样：

- “看来我们只能硬挺过去。”
- “不能天气一变你就改变航线。”
- “我们一定不会有事的——不是应该不会——是一定不会有事。”

在回应船员说他们正在驶入飓风时，他说：“我不会选其他航线的。”

- “应该（都）能顺利解决。”
- “这艘船能挺过去。”
- “哦。不不不。我们不会掉头——我们不会掉头。”
- “这在阿拉斯加是家常便饭。这里的天气就是这样。”

这位船长在给公司运营部门的邮件中申请在返程段走旧巴哈马海峡。他在舰桥上也多次跟船员们提到了这一方案。那么，是什么让他能如此轻松地谈及在返程段选择旧巴哈马海峡，但如此难以在去程段将航线改为旧巴哈马海峡？答案就在于承诺升级。

再举一个例子。柯达于1975年发明了数码相机。宝丽来也在20世纪90年代开发了此项技术。但是在这两家公司里，数码相机都对公司来自胶卷销售的强劲收入流构成了威胁。所有早期的决策都偏重于对胶卷的投入。结果两家公司都错过了转型期，并最终都走向破产。

销售人员很早就知道承诺升级对人的影响，因此会鼓励潜在购买者注册或是小范围参与，目的是吸引他们更多地参与。

为了防止承诺升级，应该将红色工作的过程理解为学习和行动的机会。其目的是尽可能降低团队成员退出已确定存在错误或潜在错误的红色工作的难度。

将决策者与决策评价者分开

自我威胁——担心别人认为自己（或自己认为自己）无能的心理——是造成承诺升级的罪魁祸首。《沃顿商学院最受欢迎的思维课》（*Give and Take*）一书的作者亚当·格兰特在2013年的《今日心理学》（*Psychology Today*）杂志上发表的一篇文章中指出，预防承诺升级倾向的一个办法是将决策者与决策评价者分开。决策者会对他做的决策投入情感，而决策评价者不会。

英特尔公司的安迪·格罗夫和戈登·摩尔曾进行了一次思想实验，即想象他们二人已经被解雇，而掌握公司未来方向的另有其人。但他们当时实际上就是英特尔公司的掌舵人——因生产存储芯片而名利双收。但是存储芯片的市场已经趋于饱和，利润率面临压力。在蓝色工作方面，他们需要做出决定：是否要将整个公司的命运押在微处理器这项新产品上。通过这项思想实验，他们得以将自身与自己以往的决策拆分开，从而能够卸下包袱，朝新的方向前进。这是一次在当下作为决策评价者的自我与原来作为决策者（首创存储芯片）的自我之间的心理分离。这种分离防止了他们故步自封、墨守成规。这种方法很有效。

企业高管的岗位轮换制度也有助于减少承诺升级的可能性。由于新任管理者对前任管理者的决策不会感到恋恋不舍，因此更有可能放弃没有太多成功希望的项目。一项针对加利福尼亚州一家正在处理不良贷款问题的银行管理者的研究发现，当提高管理者轮岗频率时，管理者继续为无法偿还旧贷的人提供贷款的倾向会有所减少。

将决策评价者与决策者分开的一个切实可行的办法是让组织中级别较高的人员充当决策评价者，而让一名级别较低的人员充当决策者。然而大多数组织都不是这样设计的，而且在许多组织中，通常都是由高级人员来评价和制定每个决策。

在埃尔法罗号的案例中，船长既是决策者又是决策评价者。他决定走大西洋航线。在这一决定做出之后，风暴的位置、路径和强度都与决定前的假设不符；不断加剧的狂风和海浪，以及轮船对恶劣天气的反应，都开始显露出这是一个错误决定的迹象。而此时船长作为船上的高层管理者，同时又是评价该项决定正确与否的人，意识到自己必须对自己的决定做出评价。这需要他在心理上承认自己先前的决定是错误的。尽管人们能够做到这一点——只是对不同的人来说难易程度不一样——它毕竟是增添了一道障碍。更具弹性的结构应该是让级别较低的船员“做出”决定，而让船长仅担任评价者的角色。然而这位船长，即使已经清楚地看到自己先前走大西洋航线的决定是一个错误的行动方案，也还是无法改变航线。

此外我们还看到，由于船长职位的权威性以及一种“争分夺秒”的文化，其他船员要想质疑他的决定是多么艰难。

那么组织应该用什么样的方法取而代之？答案的关键在于“意图”一词。

在这些组织中，级别较低的人员会向领导陈述他们打算做什么，同时还会解释其决策背后的理由，包括决策的安全性和技术元素，以及决策的目的及其与组织目标的一致性。他们邀请同事提出反馈意见，并且允许高层领导者对该项决定进行否决。而如果领导者不予以否决，低级别人员就可以继续行动。

一位产品经理在权衡按时发布新产品与推迟发布以添加某个新功能（尤其是当领导者希望添加这项功能时）的利弊之后可能会说："我们打算按时发布产品。"然后给出相关理由。

一位生产监管员在发现外发产品样本中出现意外缺陷时可能会说："我们打算延迟发货，以便进行第二次检查。"然后给出相关理由。

对一家供应商的产品不满意的某制造公司的采购员可能会说："我们打算更换这些零件的供应商。"然后解释他针对其他供应商所做的研究。

销售人员在看到开拓某个新市场的机会后可能会说："我打算给这个客户提供比平常更优惠的折扣。"

重要的是要认识到，开头的意图陈述只是对话的开始，而且没有给出决定背后的理由的陈述是不完整的。以这种方式开展业务会产生以下几个结果：低级别的决策者会感受到强烈的主人翁意识，他们开始像高层人员那样思考，并且由于简单的决定无需在委员会里耽搁，更易于行动。

一旦承诺投入行动，我们就可以埋头于红色工作，直至完成下一阶段的红色工作。我们的下一个战术便是"完成"。

由服从转向承诺

1. 对学习承诺，而不（只）是行动。
2. 对行动承诺，而不是信念。
3. 分成小段，全面覆盖。

承诺

协作带来承诺。强制导致服从。承诺好过服从，因为它可以释放人的自主性。对于复杂的、认知性的、自定义的团队合作而言，自主性就是一切。

一如红色工作中的团队倾向于滞留在红色工作中一样，蓝色工作中的团队也会倾向于滞留在蓝色工作中。转换点出现在我们采用“承诺”战术之时。

与此同时，我们还必须防止自己受到承诺升级的影响。在承诺升级的状态下，我们倾向于坚持过去的决定，继续加大对失败的行动方案的投入。

执行“承诺”战术的三种方法旨在最大限度地减少行动的障碍，并使组织免受承诺升级的影响。

承诺源自内心；服从来自外部的强制。承诺与内在动机有关，而服从与外在动机有关。

做出承诺之后，我们就可以埋头于红色工作，直至完成下一个红色工作阶段。由此我们便进入了下一个战术。

CHAPTER

6

第六章

红色工作的结束：完成

亨利·福特于1908年推出的T型车彻底改变了人类的出行方式。T型车的许多元素都是当今汽车驾驶人员所熟悉的。T型车采用油润滑四缸汽油发动机，在驾驶员前面的地板上安装有脚踏板，此外有四个充气橡胶轮胎、两个前灯、一块挡风玻璃和一个方向盘。在产品推出后的几天内，福特就收到了1.5万份订单。在接下来的20年里，1 500万辆T型车将被售出。

福特在组织生产团队方面的想法深受泰勒的影响。在第二章中我们曾经讨论过泰勒。其目的同样是要领导层能够提出可以批量生产“唯一最优设计”的“唯一最优方法”。后续的生产运行就会尽可能长久地持续下去。这种方法减少了重新设计、重新安装和再培训的成本。这种方法成就了如此高效的汽车生产，甚至连生产汽车的工人也买得起。这在1908年是一个革命性的想法。

福特在监督T型车的设计和生产方面非常成功。T型汽车的价格从首次推出时的825美元降至1925年的260美元。当时，福特公司的装配线可以在90分钟内生产出一辆T型车。有几年，福特生产的汽车超过了所有其他制造商的总和。

在福特的年代，创新的步伐无法与当今时代相提并论。詹姆斯·瓦特于1776年发明了第一台有实用价值的蒸汽机。83年后的1859年，埃蒂安·勒努瓦成功研发出第一台商业上的内燃机。又过了27年，卡尔·奔驰于1886年为第一辆汽车申请了专利。与当今的汽车相比，当时的奔驰汽车看起来更像是后面绑着个发动机的马车。22年后，福特造出了T型车。

让我们将这一时间轴与一个当今的例子进行对比：2008年，特斯拉的敞篷跑车证实了一个偏爱漂亮、高端的电动汽车市场的存在。10年之内，基本上每个主要制造商都推出了有实用价值的电动汽车。

福特设计师和工程师的工作是在纸上完成的，他们一遍遍辛苦地绘制着设计草图。当时没有像CAD这样的工具可以帮助设计师节省力气。而且，更新工厂设备从而改进汽车的举措是一项耗时且昂贵的工作。因此确定设计方案，并且让它尽可能长时间地持续下去，最大限度地减少对制造过程的干扰，这种做法是有道理的。福特认为，最好的办法是着手进行红色工作，让红色工作者专注于自己的工作，而在此过程中不做任何暂停计划，直到确实无法再继续下去为止。

但是世界在改变。在20世纪20年代，消费者的消费能力激增，推动了对具有现代设备和浮华外观的汽车的需求。此时，阿尔弗雷德·斯隆已就任通用汽车公司总裁。除了改进装配线流程外，斯隆还尝试引入每年更新车型的计划。消费者们强烈地爱上了更时髦的车型，而对T型车已经看厌了的外观失去了兴趣。

T型车的销量在1923年达到顶峰，一度售出200万辆。然后，在1924年和1925年两年中，在总体汽车销量持续增长的背景下，其销量还是出现了下滑。市场发生了变化。在终于承认问题的存在后，福特将其装配线关闭了6个月——停止了红色工作——以进行设备更新。但是这已是杯水车薪，于事无补。福特的暂停让通用汽车获得了赶超福特而后彻底超越福特的机会，赶超了曾经一度无法超越的领头羊。

如今，瞬息万变的世界加上降低的设计成本，意味着工作重点已从生产（制造我们已知的东西）转向学习（需要制造什么）。在进行红色工作时，证明的心态会给我们带来好处。但是，指导红色工作—蓝色工作节奏的整体心态是一种改进的心态。当我们以一种注重学习和成长的改进心态准备红色工作时，我们就能够从每个生产阶段中提取出尽可能多的有用信息，来推动后续的创新。

福特在这方面的战术包括：

- 遵守时钟，而不是控制时钟。
- 将组织划分为执行者（工人）和决策者（管理层）。
- 让工人专注于做事而不是思考。
- 一旦进入红色的生产工作，就要留在里面，我们称之为持续。持续不间断地生产。持续，而不是完成和反思。

如今，大多数汽车每4年到6年就要进行一次彻底的重新设计。

回想一下我们之前讨论过的超级忙碌的高管，可怜的弗雷德；他继承了福特的战术手册。像福特一样，弗雷德也同样是在忙来忙去的同时受着时间的支配。他关心的只是要让自己的人做事，持有一种证明和绩效的心态，努力让一切持续进行下去。但是，不同于福特时代，创新和变革正以前所未有的速度发生着，而且他所管理的人员比福特员工的受教育程度更高。此外，福特公司训练员工所做的工作——简单的、重复的、体力的、单独的任务——与弗雷德的公司所需的复杂的、持续变化着的、认知性的团队工作大不相同。

至此我们已有的战术……

控制时钟，而不是遵守时钟。

协作，而不是强制。

承诺，而不是服从。

现在到了……

完成，而不是持续。

弗雷德需要我们的新战术手册，以及下一个战术：完成。

完成标志着红色工作阶段的结束。实行完成战术意味着要将工作看作切分成较小部分的生产工作（红色工作）以及中间频繁穿插的反思、协作、改进和建立假设的活动（蓝色工作）。完成意味着……

- 我们已经完成了实验数据的提取。现在我们要对其进行分析。
- 我们完成了这项行动。现在我们来回顾一下过程。
- 我们已经完成了生产过程。现在我们要对其进行改进。
- 我们已经完成了该软件的发布。现在，我们要征求反馈意见。
- 这项决定的有效期到了。现在我们要对它进行重新审视。
- 我们已经完成了该项目的这个阶段。现在让我们庆祝一下。
- 我们处于某项重复性工作的最后阶段（例如，在季度末我们会每周执行一项重复性的流程）。现在让我们庆祝一下，并对其加以改进。

完成是重要的

工业时代的战术手册旨在最大限度地延长团队成员用于生产工作的时间。想象一下尽可能长时间不间断地运行的流水线。这就是为什么我们今天的默认管理方式都遵循相同的模式：先遵守时钟，然后强制员工去做我们需要他们做的事，令其服从，并尽可能长时间地持续进行红色工作。最大化单位时间内的产量。流水线上的任何停工，红色工作中的任何暂停，都意味着无效的时间和资源的浪费。

维持这种长时间生产周期的一个辅助手段是设立防止干扰事件的屏障。这类屏障就在针对下列问题的答案中："是什么妨碍了比蒂和唐纳薇决定停止奥斯卡颁奖"和"是什么阻碍了埃尔法罗号的船员们改走旧巴哈马海峡"。这种对停止时钟的厌恶会延伸至对完成的厌恶。

我们不由自主地想要继续——继续工作，继续下一个任务。在生产线中，即使完成了一个成品，工作依然要继续。任务不断地重复。根本不存在完成的概念。永远都不会有。

在服务型组织中，团队成员给老板看一份新营销手册的样本。看完之后，老板的话是："很好，我给你一些修改意见。"工作在继续。

在一家零售公司，团队正在努力开发网站一项功能的原型。在将其提供给一小部分客户之后，老板问："下一次迭代预计在什么时候开始？"工作在继续。

一名员工主动为客户提供针对一项长期问题的创新性解决方案。他的努力让这位客户感到十分满意，并且为公司赢得了良好的商誉。然而管理层对此的反应是沉默。工作依旧继续。

这么做的问题是什么？为什么我们需要的不是继续，而是完成？

有三个原因。首先，如果不能将完成看成是过程中的一个经过认真设计的步骤，就意味着无法将工作拆分成独立的元素，从而产生一些风险。一种风险是承诺的升级，因为我们会在一项原始决策的后面看到一系列与之相关联的更长的生产活动、更长的运营周期。结果造成组织在必要时几乎无法改变方向。比如，亨利·福特继续生产同样的汽车，NASA 继续发射航天飞机，比蒂和唐纳薇继续念稿子，埃尔法罗号的船员们继续沿大西洋航线航行，这些都是因未能设置完成而导致的错误。如果我们将工作视为一项长期的、连续的行动，就意味着如果中间发生了变化，想要形成其他可行的方案，都需要克服旧有计划的惯性。

随着红色工作的持续，由于周围的世界发生了变化，它开始偏离最佳状态。福特公司就是这样。客户的口味在变化，技术在变化，天气也在变化。由于没有机会完成，长期的持续循环会带来将时间、精力和资源花费在次优级活动上的风险。

其次，没有完成的机会还会伤害到组织中的人员。没有完成的时刻就意味着没有庆祝的时刻。一小时接着一小时，一天接着一天，时间失去了分割线。没有完成的机会，我们就无法从已经完成或者学到的东西中获得进步感。没有机会讲述故事，也没有机会强化能让我们成功的行为。人会变得心灰意懒，兴味索然。有利于组织的行为会趋于消亡。

最后，完成可以让我们主动控制时钟，让我们退出红色工作，进入蓝色工作。控制时钟让我们能够获得进行反思和改进流程所需的暂停。（改进是我们的下一个战术。）此外，在体验到成就感之后，在庆祝成功之后，我们才能在心理上超脱以往的工作，从而为我们成功地实施改进战术做好准备。除非我们能够将以往的努力留在身后，否则我们对它们的依恋之情会阻碍我们全面探索如何取得进步。

完成战术取代的是工业时代的持续战术。

持续战术

我们见过了福特公司的持续战术，见过了埃尔法罗号的持续战术。船长将前往波多黎各圣胡安的旅程视为一项长期的持续的行动——一旦行动开始，那么和福特公司的生产活动一样，他们的战术手册就会设置起层层壁垒，防止工作停止。假如船长以及他们的战术手册除了持续战术之外还能有完成战术，那么在他们思考的过程中就会纳入多个用以重新慎重审视原计划的决策点。在他们的红色工作—蓝色工作节奏中就可能会包括：

1. 蓝色工作。决策。何时以及是否应该离港。

2. 红色工作。离开港口，前往巴哈马北端。

3. 蓝色工作。到达巴哈马北端时，在旧巴哈马海峡和大西洋航线之间做出选择。提出“天气情况将会支持走大西洋航线”的假设。

4. 红色工作。从巴哈马北端继续前行，沿大西洋航线到达朗姆礁，同时收集支持下一项决定的信息。这项决定是……

5. 蓝色工作。在朗姆礁横道，针对在大西洋航线和旧巴哈马海峡之间的选择，请团队成员集体讨论并做出决定。然后……

6. 红色工作。从朗姆礁出发沿着所期望的路径行驶至圣胡安。

在上面这段描述中，在讲到朗姆礁横道处的决策时，我使用这样的措辞是为了让其中的两个选项权重相等。如果依照持续战术思考，我们可能会说："在继续沿大西洋航线行驶和改道前往旧巴哈马海峡之间做出选择。"这种说法会让人隐约感觉到决策更偏重于继续执行现有计划。

而在埃尔法罗号上实际发生的情况是，船长将最初的决定表述为沿大西洋航线径直开往波多黎各。这意味着中间转向有保护屏障的旧巴哈马海峡会让人感觉是偏离了计划。由此形成了一个更大的障碍。船副们需要说服船长改变预定计划。将整个航程切割成较短的航段，从而形成更多的决策点，这种思考方式可以防止我们陷入第五章中谈到的承诺升级。

在持续工作的过程中进行决策就意味着当我们在路上遇到岔路口时会看不出它是一个岔路口，而看起来像是一条有个出口（计划改变）的笔直的路（持续）。计划的改变必须要有正当的理由，而简单地持续正在做的事情并不需要理由。如果我们找不到不去这么做的理由，那么我们就会持续做下去。

比如说你的女儿要开车去学校。你们住在坦帕，而她的目的地是奥斯汀。这中间的路程是1 144英里。你询问她有什么计划。她的回应可能是下列两种方式之一。第一种回应是"我要开车去奥斯汀"。第二种回应是将行程分为一些较短的路段。"我要去奥斯汀，但是我第一步打算开车去彭萨科拉，然后到巴吞鲁日，然后是休斯敦，然后到达奥斯汀。在每一个站点，我都会评估一下自己的疲劳程度以及是否应该在傍晚时分停下来休息。"

在第二个计划中，驾驶是红色工作，而停下来思考自己的疲劳程度是蓝色工作。这个计划比较好，因为它在预置结构中包含了蓝色工作阶段。她很可能会在疲劳时停下来。

工业时代的持续战术表现为：

- 比蒂先生和唐纳薇女士会继续颁奖。
- 柯达和宝丽来会继续生产胶卷。
- 百视达会继续出租DVD录像。
- 福特公司会继续生产T型车。
- 埃尔法罗号的船员们会继续沿着大西洋航线行驶。

继续做手头工作的这种愿望并不只发生在过去的工作场所。我曾与一家全球技术硬件领先企业合作。企业管理者们告诉我一个故事。他们曾持续生产数百万台已经卖不出去的技术产品，甚至是在"每个人"都清楚地看到市场已经转入了另一种形式之后。如今，他们面临着处置淘汰的产品的问题。

他们花钱制造、运输、存储这些产品，最后又花钱处理掉它们。幸运的是，该公司其他产品的实力支撑着它度过了这次低潮期。然而并非每个人都能如此幸运。

如果每天的工作（或生活）都似乎千篇一律，它们看上去不过是你昨天看不清结局的事情的持续——那么此刻你就是陷入了持续模式。你的工作在多大程度上是这个样子？那些组织的层级制度中职位较低的人员的工作又如何？我们在海军部队有一个词"SSDD"，意思是不同的日子（different day），不变的东西（same stuff）。

如何完成

完成战术出现在我们退出红色工作返回到蓝色工作的那一刻。完成战术与控制时钟息息相关。在某些情况下，它通过计划和预先程序化的方式控制时钟。计划红色工作周期的时长以及蓝色工作的干预频率是组织中运行节奏的关键设计元素。如果希望侧重于学习和成长，可以在计划中缩短红色工作时间，增加完成项。如果希望侧重于生产，可以在计划中延长红色工作时间，减少完成项。

完成可以让我们获得自我重置，摆脱过去的决定所造成的心理影响。庆祝是完成战术的关键部分。庆祝可以让我们意识到前面的活动已经结束，同时让我们在完成工作的愉悦心情里继续开展下一步的工作。这种心理上的脱离有助于预防我们陷入承诺升级的泥潭，同时对于自我反思和改进有重要作用。

我们可以通过以下四种方法实行完成战术

1. 让工作前期的完成项更频繁，后期的完成项更少。
2. 要与人同庆，而不是为别人庆祝。
3. 关注行为，而不是特质。
4. 关注过程，而不是终点。

1. 让工作前期的完成项更频繁，后期的完成项更少

在项目或新产品开发的早期，如果决策制定过程中有许多选项，那么红色工作—蓝色工作节奏将偏重于蓝色工作，重点放在学习上。这就意味着红色工作会被许多蓝色工作打断，同时也意味着成长、学习和改进将成为关注的焦点。随着项目的推进，决策时段结束，选择项减少。此时重点应该转向行动——而且红色工作的时间可能会变长，而蓝色工作干预的频率会降低。

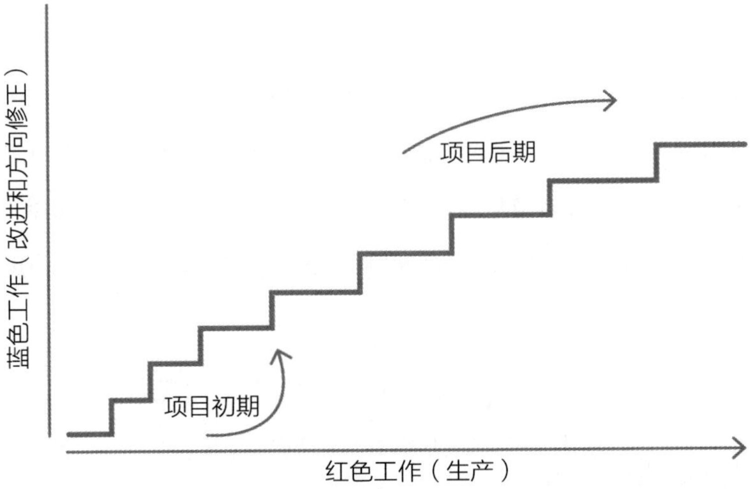

在项目开始时，应该让红色工作阶段的时间较短而蓝色工作阶段出现的频率较高，从而将重心放在学习和改进方面。随着项目日趋成熟，应该延长蓝色工作之间的时间间隔，留出更多时间给用于生产的红色工作。

与此同时，项目生命周期中的主导思维模式也发生了变化：从早期的“改进和成长”思维模式转变为后来的“证明和绩效”思维模式。两种思维模式都不是单一的，而是在早期时“改进”多而“证明”少，后期是“证明”多而“改进”少。随着项目进入尾声，我们会有一个较长时间的蓝色工作阶段，用来思考如何从整体上改进项目。

领导者应该负责调节红色工作—蓝色工作的节奏，以便适当地在项目的初期强调蓝色工作，而在后期强调红色工作。

我猜想在某个项目期间你可能对此也有所体验。项目初期，产品可以有多个不同的发展方向——而在项目后期，你只想在不受任何干扰的情况下完成工作。

从频繁转向极少，这就是开始实施完成战术的时刻。

没有完成哪有庆祝

完成让我们能够去庆祝成功。如果没有对某个阶段，某个里程碑，某个项目，某个产品，某个季度的完成感，就只能感觉到工作的没完没了，也就没有什么是值得庆祝的。

但是“我为什么应该庆祝”是我经常遇到的问题。“他们只不过是在做自己分内的工作——看到自己工资的那一刻他们就可以庆祝了。”有这种想法的人是受到了工业时代的结构和语言的影响。在工业时代，老板的思维过程就是如此。工作就是交易，所以你为什么要停下来庆祝团队的工作，尤其是当这样做会妨碍他们干更多的活的时候？

如果做得对，庆祝会带给我们几点好处——它会给我们带来成就感，让我们摆脱对过去的依恋，投入到下一件工作中，而且如果做得对，庆祝还会强化有助于我们取得成功的行为。

在思考、创造力、创新和决策变得如此重要的当今职场中，人们很容易假装自己已经尽力而为——而作为领导者的你却根本无从知晓真相。如果我们希望员工全身心地投入工作，就应该奖励我们希望看到的行为，而这就意味着应该庆祝这种投入行为。

在一次领导力培训活动中，4名戴着虚拟现实耳机的高管参加了一项沉浸式领导力模拟训练。可以说，那实际上是一次“沉没式”领导力模拟训练，因为他们是在执行救援任务的潜艇中。他们齐心协力，成功地拯救了沉船里的乘客。然而最后没有任何欢呼，没有任何掌声，也没有任何形式的庆祝，用来表彰团队成员的努力。任务完成后，他们将继续进行下一个任务。

在一家大型科技公司的领导会议上，首席执行官宣布：公司赢得了一个重大的质量奖项。消息宣布后，底下一片鸦雀无声。稍顿片刻之后，首席执行官继续进行手头的其他事情。

在一家小型咨询公司，一名员工给老板发了条短信，告诉他关于一个新产品的想法，并随之附带了几张草图。正在另一个大洲出差的老板很快就回了条短信，说：“非常好，不过，那个……怎么样？”然后针对她的产品提出了三点改进建议。不久之后两人的交流便中断了。

在一家跨国科技公司，一位为了公司而终日废寝忘食工作了32年的老员工即将退休。这家公司有着业界公认的一流的工作环境，以及开明的领导和关怀员工的创始人。但是公司创始人很久以前就卸任了。由于疏忽，人力资源部在参加公司全员庆功会的离职员工名单中漏掉了他的名字。他也没有收到任何表示感谢的奖励或者奖状。实际上，关于他离开公司这件事在任何地方都只字未提。他的老板和同事，要么是不知情，要么是不愿中断手中的工作，都没有为纠正这一问题说一句话。

这里仅仅举出几个这样的例子，从中你可以看到我们是如何习惯性地不去庆祝工作中的成就的。我猜想你也见到过“不予庆祝”的例子。

或许你是一个谦恭的、懂得尊敬他人的人，因此不愿看到同事在无人关注中黯然离去，但是想一想你在一些更日常的场景中的反应：当团队中的某个人向你展示其在某个项目中所做的工作时，你通常会作何反应？你是会暂停下来细看并赞美一番，还是急着要去做下一件事？

是什么阻碍了人们庆祝成功？

有三个原因。首先，停下来庆祝会占用生产时间，从而降低效率并造成浪费。其次，我们担心自己的团队会变得骄傲自满，并且会失去继续投入下一阶段工作的动力。最后，我们没有把工作看作是由不同的小段组成的，而是一条长长的传送带。因此，所有的工作都是永无止境的，也没有什么是值得庆祝的，因为“我们还没有完成”。

停下来庆祝是对红色工作的干扰。而且，如果在暂停过程中，员工可能认定有些事情不合理，或者可能想出了别样的工作方法，那该怎么办？可没有时间做这类事！如果领导者是按照旧的思维模式进行管理，包括遵守时钟、强制、服从，那么下属参与决策过程这种事情可能会颠覆他们的权威地位。这也就解释了领导者永无休止的紧迫感，以及忠实地遵守时钟的动力。没有思考或反省的时间，只是埋头做事。红色工作者需要的是不断地被敦促去埋头做自己枯燥乏味的工作。

在工业时代，由于执行者和决策者之间存在明显的区别，这种做法是讲得通的。但是，依照指标、目标和截止日期进行管理的代价是工人们只寻求达到最低要求。由于工作中没有任何个人满足感——由于工作是一连串需要完成的令人不快的任务——何必要做得比要求的更好，哪怕只是好一点点？当你只知道做红色工作时，你就会变得非常擅长于准确预测在最后一刻满足最低条件需要多快的速度。你学会了埋头工作，达到指标要求。

对于执行者和决策者来说，随着蓝色工作和红色工作的比率的提高——以及随着两种类型的工作之间的界限的不断模糊——这种不予庆祝的做法便失去了合理性。如何定义蓝色工作中的最低工作量，或者如何确定是否达到这一最低要求？在建筑工作中，你去数一面墙中的砖块，就可以知道任务的完成。但是，你如何能知道一名员工是否产生了足够的想法或见解，或者他们是否愿意分享自己的所有想法或见解？

暂停工作以庆祝成功，这需要团队成员从红色工作中抽出一定量的而且是即刻的时间，这么做的好处是不确定的，且是发生在未来的。当时间、金钱紧缺时，当前的、确定的成本会取代未来的、不确定的好处。但是，当我们为庆祝而暂停时，我们是在认可真实看到的工作，并且员工会感到自己受到了重视。团队成员会更喜欢工作，这意味着更好的参与度，更具创造力的思想以及人员流动率的降低。受重视的感觉会激励员工做出贡献，我们因此而建立了一个积极的未来。庆祝既能认可蓝色工作也能认可红色工作，它是健康工作环境的重要组成部分。

庆祝如何影响行为

奥布里·丹尼尔斯在其著作《激发员工的最大潜能》（*Bringing Out the Best in People*）中分析了导致行为改变的原因的结构。他将其概括为 ABC。

A=先决条件（antecedent）。发生在行为之前的事情。

B=行为本身（behavior）。

C=行为的后果（consequence）。发生在行为之后的事情。

丹尼尔斯发现，只有行为的后果能够影响长期的行为改变。不幸的是，许多员工、父母和领导者将精力都花在了行为上。例如，如果我们希望孩子打扫自己凌乱的房间，我们会在打扫之前哄骗、威胁、操纵、承诺奖励，或使用其他策略。重要的是他们打扫房间后会发生什么。如果只是一句草率的话，“好极了，你终于打扫干净了”。那么他们的这种行为就会趋于消失。也就是说，这种行为发生的频率将会随着时间的推移而减少。你的孩子将不再打扫房间。工作中也会发生同样的事情。如果我们不去对行为进行观察和认可，那么那些良好的行为也将趋于消失。

丹尼尔斯的研究更进一步。他依照以下三个维度对后果进行了分类：

- 即刻的或延迟的
- 消极的或积极的
- 确定的或不确定的

事实证明，即刻的、积极的和确定的奖励是养成和维持某种行为的最有力手段。这也解释了为什么从神经学角度讲吸烟容易让人上瘾。吸烟后尼古丁升高是即刻的、积极的和确定的。尽管吸烟者从逻辑上知道吸烟会增加患癌症的风险，但这种后果是延迟的、消极的和不确定的。

作为领导者，要想走出哄骗、操纵、辩护以及期望某种行为出现的游戏，就应该在观察到对企业有用和有效的行为后，专注于即刻的、积极的以及心理上的奖励。

我曾目睹过这种情况。当我接任圣塔菲号船长职务时，船副们和船员们看上去是舰队中最糟糕的。他们衣冠不整，大多数人没有佩戴名牌。名牌是制服的一部分，但会让人感觉没有必要，因为我们知道彼此的名字。在早会的第一天，我挑出了一位戴着名牌的军官，并向他表示感谢。第二天，有几名军官戴上了他们的名牌，我对他们表示感谢。很快，所有军官不仅佩戴上了名牌，而且制服也变得干净整洁。然后，就像施了魔法一样，士官们（等级结构中军官的下一级）开始效仿军官。在一个月左右的时间内，全体船员看上去都很有军人的样子。然后，我会选择其他东西来进行认可（例如表现主动和陈述意图）。

我将“庆祝”定义为员工将会体验到的能够促使其保持良好行为的积极结果。但是，庆祝远不止是简单的一句“干得不错”。

2. 要与人同庆，而不是为别人庆祝

通常，我们的某项成就即使没有被忽视或者被认为理所应当，甚至即使它得到了认可，那也只是一带而过，而且批评的话几乎会紧随其后。我相信你有时听到过，甚至对自己也说过：“干得不错！不过，需要改变的是……”这种典型的庆祝存在几个问题：它没有在成就上停留足够长的时间。它不会诱发人们讲述自己的故事，包括所遇到的困难或者下一步的打算。它没有发掘出任何有用的观察。它来自权威而不是协作。最后，你是在为某人庆祝，而不是与他们共同庆祝。

庆祝并不是“表扬”的意思。我们中的很多人已经被调教成（通常是被我们的父母）表面的取悦者。实际上，传统的表扬在工作中是无益的，因为它是控制、操纵和居高临下的。

- “干得不错。”
- “我为你感到骄傲！”
- “你在这方面真的进步了。”

这些都是为他人庆祝的例子。我之所以这么说，是因为我们将来自庆祝的美好感觉据为己有（父母们就是这样做的），并且将自己摆在了裁判的位置上。奖励不是被送给了被奖励者，而是被转移给了我们，比如我们会说“我为你感

到骄傲”。我占有了属于你的心理奖励——感到骄傲的人是我。那种美好的感觉是我的。对于接受庆祝的人而言，这种庆祝让动力变成了外在的而不是内在的。接受庆祝者并没有因成就本身而获得内在的喜悦。相反，他们的满足感来自于外部：取悦他们的父母或者上司。

此外，这些话均假定管理者或领导者拥有评判的权利。这些话带有明显的目的性：让被赞扬的行为更频繁地发生。这是操纵行为，它只会助长取悦他人的心态。

做到与人同庆，而不是为别人庆祝的原则：要欣赏，不要评价；要观察，不要评判；要珍视，不要表扬。

描述你所观察到的行为，同时表示对这种行为的赞赏，以这种方式表达庆祝的语言可以这样是：

- “我看到你将陈述内容分成了三部分——现在我已经对你的观点有了清晰的脉络。”
- “看起来产品会按时发布。你的团队已经与所有部门进行了协调。”
- “我昨天看到方案已经发出去了。谢谢。这样一来，客户就可以在周末之前看到。”

描述性的话语可以以“我看到”“我注意到”和“看起来”开头。

你现在就可以练习这些表达方式。放下书，在办公室或者家里转悠一圈儿。找一件别人完成的事，告诉他们你注意到了什么。例如：“我注意到你发送给客户的电子邮件清晰地指明了项目的前进方向。”或者：“我看到你给汽车加了油，这帮了我的忙，因为明天早上开车去机场之前我就不用自己做了。”描述要具体，不要做任何评判和评价，只需描述行动本身及其对事情的积极作用。

要欣赏，不要评价。与其说“你在让团队成员按时完成任务方面表现出了出色的领导才能”，不如说“我看到你经常为按时交付任务与团队成员协调工作，你们的交付程序看起来严格而有序”。第一句话将对方的行为描述为“出色的领导才能”——而这是由你做出的评价。这种说法是在鼓励对方努力以相同的方式重复相同的行为，以获得更多同样的赞美。同时它也是你的主观评价，而对方对此的控制权为零。第二句话中对方有了自主性，同时它激励的是学习和勇于冒险的行为。这句话还指出了一个确实在对方控制力范围内的行为——努力。

3. 关注行为，而不是特质

心理学家卡罗尔·德韦克发现，称赞一个人的某个特质——“你很聪明”或“你很有才华”——会促使其对这一特质产生认同感。一旦它成为其自我认同的一部分，他们会倾向于躲避挑战这一特质的情况。这种称赞的结果基本上是事与愿违。

在德韦克的一项具有里程碑意义的研究中，一群5岁的孩子被要求完成一个拼图。这个拼图游戏很简单，所有年龄段的孩子都会做。当孩子们成功地拼好后，一半的孩子因其在拼图方面的内在能力而受到了表扬（“你是个很棒的拼图能手！”），一半的孩子因其行为而受到了表扬（“你在拼图时非常努力！”）。然后，孩子们被问到是想再玩另外一个和刚才一样的简单的拼图，还是想要一个更具挑战性的。在内在能力受到表扬的小组中，不到一半的人选择了较难的拼图，而在因努力而受到表扬的孩子中，超过90%的人选择了挑战。

成人当中亦是如此。简而言之，如果我们习惯于自视为“聪明的人”，我们会避开真正考验我们智力的挑战。当然，直面这样的挑战是我们学习和成长的唯一途径。因此，错误的称赞会让人变得僵化，削弱我们磨炼自己最大优势的意愿。

作为领导者，你需要意识到，如果表达得不恰当，即使是正面的反馈意见也会产生负面的效果。因此，一个基本的原则是，认可可控的行为——例如面对困难时的奉献精神，行动之前的认真审视，恳请他人就某个想法提供前期反馈意见——而不是称赞某人的内在特质或能力，比如称其为“深刻的思想家”或“天生的领袖”。

如果想要提高业绩，应该庆祝人们可以控制的东西——他们的努力——而不是其无法控制的东西——取得的成果。例如，假设一个软件开发团队完成了一个阶段的红色工作。与其说“我为你们的成功感到骄傲”，不如说“看起来这个产品的交付需要艰难的跨部门协作才能实现”。

当制造团队因材料缺陷导致的产品误差而停止生产线时，不要说“停止生产线这件事干得好”或者更糟糕的“这次是什么问题”之类的话。而应该说：“非常感谢。检测到这一误差并且叫停将有助于我们彻底地解决问题。”

4. 关注过程，而不是终点

陈述你的观察，要求之一就是你能看到员工的努力与付出。

一般情况下，父母和教练通常会有机会对孩子或服务对象进行直接观察，这使得他们能够对具体的行为而不是结果加以评论。在当今的工作场所中，团队成员有可能分散在各地，个体成员可能是远程工作，或者在不同的地方工作。由于蓝色工作的性质，我们可能无法直接看到个体在其红色工作期间的行为。那么，我们如何才能了解情况呢？我们靠询问。

暂停工作以庆祝成功可以让我们有机会引导对方讲述自己的故事。单凭关注一个人描述自己的行动——打电话，展开调查，与同事合作——就可以传递出强有力的信息。

下面是一些引导他人讲述自己故事的具体问题：

- “告诉我你当时需要做出哪些重要决定。”
- “你的团队当时需要克服哪些障碍？”
- “你是怎么想到这个主意的？”
- “该项目最困难的部分是什么？”

- “是什么让这个项目变得有趣或者有回报？”
- “你在实施这一项目时采用了哪些好主意？”
- “告诉我更多有关……的事。”
- “你是如何克服这个困难的？”

当对方讲述自己的故事时，要尽量觉察这一过程中的转折点。聆听一些关键性的语句，如“所以我们决定……”，或“我们到达了一个十字路口”，或“我们遇到了障碍。原型机无法正常工作，所以我们……”。这是你深入挖掘并提出其他问题的线索，其他问题可能是：

- “那是什么样的障碍？”
- “导致该项行动的原因是什么？”
- “接下来发生了什么？”
- “你担心什么？”

同样，还是应该提出询问“什么”和“如何”的问题。问题一定要简短——在问完问题后，要留出余地，以便让对方能够充分地回答。

重要的是旅途

《超级减肥王》（*The Biggest Loser*）是一个真人秀节目。节目组在30周内追踪拍摄16名参赛者，看谁能减掉最多的体重。这些参赛者生活在一个营地中，整日挥汗如雨，忍饥挨饿，为的是换得一副新的好身材。而与此同时我们作为观众观看着这一切。（第8季的获胜者惊人地减了239磅。）

整个的关注点是在最后——实现目标，成为体重减掉最多的人。即使我们看到了一些导致体重减轻的行为，并且看到选手如何沉浸在不同的环境中，但我们首先关注的是他们最新的体重数据。这完全是一种带有证明心态的红色工作做法。

在最后一期节目中，将举行一场盛大的庆祝活动。电视演播室里，五彩纸屑洒落在获胜者身上，成千上万的人与他们一起欢呼，他们乘飞机前往纽约与名人会面。

可悲的是，他们当中的大多数人最终体重反弹。《肥胖》杂志的一项研究对该节目第8季的16名参赛者中的14名进行了追踪。第8季结束于2009年，研究报告发表于2016年。在14名选手中，有13名体重增加，只有一位体重较节目结束时有所减轻。他们当中有4人比节目开始时还要重。

目标达成之后情况会怎样？总的来说，在商业活动以及日常生活中，我们希望继续保持那些最终让我们成功实现目标的行为，然而实际情况并非如此。

如果我们把达成目标这件事想象成一段旅途，并且把心思放在帮助我们达成目标的行为上，那么我们就会更有可能继续保持这些行为，而这样做的结果是我们会继续保持自己的目标，比如体重。如果我们将目标视为终点，就像那个电视节目事先给我们暗示的那样，目标集中在体重数值本身上，那么保持导致达成目标的行为的可能性很可能不大。最终我们的体重会反弹。

鼓励人们讲述关于自己如何实现目标的故事，会预先让他们将实现目标看作一段较长旅途中的一个里程标志牌，而不是最终的里程碑。当人们以这种方式思考他们的成就时，他们更有可能继续保持让他们实现这一目标的行为。这是从《超级减肥王》的研究中获得的另一个教训。

这一结论也得到了学术研究的支持。

在斯坦福大学商学院进行的一项研究中，黄祖奇教授和珍妮弗·阿克教授跟进了106名在非洲国家加纳完成高级管理人员培训课程的毕业生。毕业之后，参与者紧接着经历了一次“毕业面谈”。这其实是他们的研究。一些人被要求用旅途作为隐喻谈论他们的成就，而另一些人则被要求用终点作为隐喻谈论他们的成就。还有一个不用隐喻的实验控制组。“讲自己的故事”的思考方式体现的是旅途的隐喻。《超级减肥王》的思考方式体现的是终点的隐喻。面谈限时30分钟。

6个月后，研究人员得出结论：“当引导高管们将实现的目标描述为一段旅途时，他们更有可能继续保持与目标一致的行为。”他们也更有可能按照课程中所讲授的内容切实改变一些公司流程，以适应成功的全球业务的需要。

哈佛大学商学院教授特蕾莎·艾玛拜尔和研究员史蒂文·克雷默在《进步原理》（*The Progress Principle*）一书中谈到的一项研究证实了庆祝小的成功事件的功效。他们分析了12 000条日记记录，希望找到驱动工作满足感的因素。其中一个关键因素是对任务完成的奖励，以及对其成果的庆祝。如果领导者不愿意肯定和庆祝任务的完成，而总是对成就做出这样的反应：“很好，同时我希望在以下这三方面修改一下。”然后继续做自己正在做的事，那么上述效果就不可能出现。

我将这种领导行为称为“观察与庆祝”，在描述对方所做出的努力之前，在决定接下来的步骤和可能的改进之前，很重要的是说声谢谢，表达感激之情。

在另一项由斯坦福大学的黄教授和阿克教授所做的研究中，386人参加了一个为期14天的行走活动，之后是为期3天的监测。这项活动的目标是在14天内总共走100 000步。参与者完成了一项回答有关这项活动的问题调查。这些问题或者是基于旅途的隐喻，或者是基于终点的隐喻。和前面的研究结果一样，将目标视为旅途的一部分的这种思考方式能够更有效地帮助人们继续保持其行为。在接下来额外的三天监控期内，那些预先得到旅途隐喻暗示的人所走的步数多出50%。

但是这项研究增加了另一个变量，即预先指导人们用目标或旅途隐喻理解这项活动的时间。当调查接近活动的结束时间但仍在参与者到达目标之前时，旅途隐喻这一次不再具有同样的效果。这是接近目标但“尚且未能”达到目标的人。

在工作中，这是我们在项目即将结束时的感觉，此刻项目的重点转移到了完成，相对于蓝色工作时段，红色工作时段的持续时间增加了。

对于领导者而言，通过控制红色工作时段的时长和蓝色工作时段的频率来管理完成战术的频率，让我们能够以积极主动的态度控制时钟。如果我们预先对红色工作的完成做出计划，那么我们在很大程度上避免了将时间和资源花费在行不通的行动路线上。这样我们就为下一阶段的蓝色工作做好了准备。这也是预先计划下一次暂停的控制时钟的战术。

任务的完成不仅会给我们带来成就感，而且还会让我们从心理上脱离以前的活动。它还可以让我们将原本会分配给这个项目的认知资源投入到其他项目或者新项目中去。就好比你是在重启计算机，它会让你获得一次彻底的重置，清除掉不需要的内存，重新启动。对以往成就的庆祝，对帮助我们获得成功的过程和行为的回顾，以及产生于完成感的心理上的脱离，都是让下一阶段红色工作做得更好的关键前提……由此我们进入下一个战术：改进。

由持续转向完成

1. 让工作前期的完成项更频繁，后期的完成项更少。
2. 要与人同庆，而不是为别人庆祝。
3. 关注行为，而不是特质。
4. 关注过程，而不是终点。

完成

完成标志着红色工作的结束，是我们回到蓝色工作的信号。但是，在进行蓝色工作中的协作之前，我们应该先休息和庆祝一下。

完成关系到进步感和成就感。进步会滋养进步。完成战术还可以让我们检验假设以及至此所做的决策。

庆祝时，我们应该注意不要有意无意地让表扬成为庆祝的目的。成就感应该来自任务完成本身。

庆祝时，避免使用诸如“很棒，但是……”之类的表达方式，因为这种表达方式会让人只能短暂感觉到自己的努力受到了关注。

与之相反，我们需要倾听成就背后的故事，这样我们才能洞察他们的行为。没有对行为的理解，我们会倾向于表扬，而不是珍视，我们会倾向去观察特质而不是行为。称赞一个人的智力或者领导能力这类的特质，往往会让人们变得喜欢逃避风险，而这通常与我们的愿望背道而驰。与之相反，我们应该观察那些能带来理想成果的行动、努力和行为。

这意味着在庆祝时，我们应该……

关注行为，而不是特质。

关注过程，而不是终点。

实施完成战术还能让人们在心理上脱离先前的行动。这种“向前看”和“放下”的意识让我们能够客观公正地看待过去的行动和决定，并着眼于改进。执行完成战术让我们为改进战术做好了准备。

CHAPTER

7

第七章

循环的完成：改进

《冰雪奇缘》的制作团队一筹莫展。他们刚刚完成了电影早期版本的试映，收到的是残酷的负面评价。这部动画电影改编自汉斯·克里斯汀·安徒生的故事《白雪皇后》，讲述的是艾莎对抗安娜的故事。在这个版本里，艾莎是一个既邪恶又有心计的反面人物，安娜是一个与之没有任何血缘关系的女主角。试映的结果很不理想。创作者们用来修改这部影片的时间也已所剩无几。迪士尼已经宣布了上映日期，距当时还有不到18个月。

迪士尼首席创意官约翰·拉瑟特在认真评估了所有反馈意见后，为制作人和创意团队按下了时钟的暂停键："你们需要多长时间找到解决办法，就花多长时间。"他并没有说截止日期并不重要，但是通过这些话，他使用了控制时钟的战术。他允许他们退出红色工作，投入到蓝色工作中去，而后者在时间压力下会产生不良反应。

考虑到时间的紧迫和任务的风险性，即便团队对情况感到绝望，对已经完成的工作成果持防御态度，或者不采取任何行动，也不能对其责备什么。一些团队可能会倾向于动用工业时代的证明战术。证明战术的核心是证明自己的能力，证明自己是一个有价值的人，对得起这份工作和薪水。团队成员会急于解释他们的决定，从逻辑上证明他们所做的事，在已经过去的事情上浪费时间，阻碍前进。无论如何，这些事情都不会有助于将一部糟糕的电影变成一部出色的电影。

第二天早上，《冰雪奇缘》的制片人彼得·德尔·维乔对团队说了一段话："与其专注于那些无法奏效的东西，我希望你们思考一下什么有可能是对的。我希望你们展望一下自己最希望做的事。如果我们任何条件都能满足，你希望在屏幕上看到什么？"他没有在证明战术上浪费时间，而是使用了改进战术。

"艾莎一定要当反派人物吗？"

"如果艾莎和安娜是姐妹会怎样？"

"如果她对自己感到害怕会怎样？如果她担心会伤害自己所爱的人会怎样？"

一旦获准忽略现有工作中一切作为标准的锚定因素，创作者便能够越来越自如地在创作中注入新的想法，而不必担心冒犯别人，或是担心自己需要做更多的工作。在思考让艾莎和安娜成为姐妹的创意时，他们构思出了一个对自己的力量感到不知所措的丰满立体的角色，而不是一个天生就爱做坏事的女王呆板的坏蛋形象。他们还重新考虑了结局，避开了"王子吻公主，皆大欢喜"的套路。摆脱了红色工作模式中"只需完成任务"的压力，他们突然有能力想象出一个新颖而出人意料的方法，来讲述这个著名的故事。

在这一版本的《冰雪奇缘》中，艾莎因为担心自己的力量，拒绝妹妹安娜与她接近，为的是保护她。精力充沛又天真幼稚的安娜想方设法要恢复她们的姐妹关系，引发了核心冲突。随着新剧本的发展和主题的形成，可以清晰地看到，艾莎的全程是关于她的恐惧，而安娜的故事发展是关于爱。为了更深入地探索姐妹之间的互动，工作室邀请女性员工分享自己与姐妹们的一些经历。她们甚至还举办了一次"姐妹峰会"，探讨新剧本核心部分中的人物关系，目的是让艾莎和安娜的互动尽可能可信，能够引起共鸣。

邪恶的艾莎的想法一经放弃，词曲作家罗伯特·洛佩兹和克里斯汀·安德森·洛佩兹便有机会为她创作了一首精彩的主题歌《随它吧》（*Let It Go*），讲述的是“一个惶恐不安的女孩竭力控制自己的天赋，并最终与之和谐共处”的故事。

《冰雪奇缘》后来成为有史以来最卖座的迪士尼电影。主题歌《随它吧》引起了轰动，荣登美国“公告牌”（Billboard）榜单，销量达数千万，在线听众人数超过10亿。

给《冰雪奇缘》“解冻”的许多策略是改进战术的组成部分。改进——来自对过去行为的无我的认真彻底的审查，以及对有可能会是更好的方案的深入思考——是蓝色工作的核心目的，其目的是改进红色工作。孤立的蓝色工作是无用的。它的意义体现在能够让红色工作变得更好：更有效、更有价值、更具弹性和响应能力。改进战术需要团队中每个人都能具备开放的求知欲和好奇心。

深入思考和自我反思是学习、创造力和创新的关键组成部分。但是，单纯依靠思考是不够的。这就是为什么这一战术为改进，而不是深思。还记得管理者苏的故事吧。她长时间地停留在蓝色工作中，一遍又一遍地分析数据，陷入无休止的计划中，要求别人给出无法做到的确切保证，阻碍了前进的进程。这就是为什么我更喜欢改进战术的原因。改进将我们在蓝色工作的思维活动与期望的结果（改进红色工作）联系在了一起。

何时改进

在开启改进战术之前，我们需要放松大脑，消除时间的压力。这就是为什么只有在我们已经控制了时钟并且呼叫暂停之后才能调用这种战术的原因。在生产模式下，迫于截止日期的压力，我们很难拥有包容、发散、多样化和自我挑战的思维方式，而这是改进战术所需要的。

我们什么时候采用改进战术？让我们先来看一下什么时候不应该用。

你的团队正在积极推进某个产品或项目。他们正在从事红色工作。作为领导者，你会注意到他们在此过程中可能需要做出的改进。你会禁不住想要介入，为他们提供“帮助”——重新调整工作重点，增加些建议和想法——毕竟，还要让团队在错误的方向上工作多久呢？

要抵制这种诱惑。

这种做法会导致重新调整方向、资源浪费、对进程的过度控制以及不稳定因素。相反，应该将你的“好主意”（连同所有其他人的）记在日志里，并且在下一个蓝色工作期间审视这些主意。这需要纪律性和自我管理。

我们之前讨论过的全面质量领导方法，其开创者爱德华·戴明设计过一个实验，用来向高管们展示干预的危险性。想象一下，有一张桌子，桌子上放着一个架子，架子上有一个大漏斗，桌子下面是一个用X标示的靶子。目标是调整漏斗放置的位置，以便当一堆弹珠一次一颗地从漏斗滚下并从底部掉出来时，它们能尽可能紧密地分布在X周围。你唯一可以控制的是漏斗的位置。每颗弹珠必须要以相同的方式从漏斗处滚落。（请注意工业时代降低可变性的目标就是如此。）

你发出了第一颗弹珠。由于弹珠和漏斗的微小瑕疵，弹珠会旋转而下，落在稍微偏X右侧的地方。你是否会将漏斗稍微向左移动一点来弥补这一缺陷，从而改进过程？

即使你移动漏斗，此后的每一次滑落也还是会偏离X。随着你继续针对这些随机变化调整漏斗位置，其结果是更多的弹珠落在了X周围。换句话说，由于分散的范围扩大，你的干预降低了过程的质量。

你应该做的是在落下一堆弹珠的同时不移动漏斗。可以将一堆弹珠理解为一系列红色工作。如果由于某个共同作用力（比如在漏斗底部有个凹痕）而产生了系统性偏差，可以进行单一的调整来消除这一偏差。或者，可以不动漏斗的位置，就让其位于X的正上方。这样，弹珠在靶心周围分散的范围将会最小，而质量最高。

该实验展示了基于微弱的、随机的变化对过程进行干预所造成的影响。当你禁不住想要在工作完成之前干预团队的红色工作时，应该将这个实验牢记在心。现在，关键的决策是，在进行调整之前我们需要落下多少颗弹珠？太少，我们是在干预过程；太多，我们与系统性错误共存的时间就会过长。

这让我们再次意识到完成战术的重要性。如果你还没有计划好红色工作的结束时间，并将下一次的完成时间安排在日历上，那么你很容易会陷入焦虑不安，担心团队没有进步，你的好主意会浪费掉。控制时钟、计划完成红色工作的时间，以及随后的改进战术，这些活动能够让我们毫不怀疑地确信自己的主意会及时得到倾听，但同时又可以防止对处于红色工作状态中的团队造成干扰。

应在计划的红色工作结束后调用改进战术。当进程中出现需要了解的重大错误之后，也应该实施改进战术。在潜艇部队中，我们称其为“批评”。因为人们感到自己受到了批评，所以，这一阶段并不好受。尽管他们确实受到了批评，但我们发现，如果团队习惯于将改进战术当作一种常规，那么无论最后一轮的红色工作进展得好还是不好，他们都会更有效地面对批评。

陷在蓝色工作里的苏可能稍稍有一点这种想法。甚至在她和团队投入到行动和做事的红色工作之前，她都有可能会想出一些工作中缺少的或者可以改进的方法。能够帮助苏减少阻碍其行动的障碍的办法是：将进入红色工作单纯地视为学习过程中的一个步骤，并意识到，除非开始行动，否则他们将无从得知想法究竟有多好。

寻求非持续性改进

依照这一思路，我认为“持续改进”这个表达并没有准确地描述出改进是如何发生的。实际上，就像前面提到的滑落的弹珠一样，改进是分批、递进地发生的。我们有重复、递进的改进阶段——蓝色工作——在此过程中，我们改变流程或产品，就像调整靶子上方的漏斗一样。在此之后，我们会进行测试和试验——红色工作——在这段时间里我们会与环境互动并观察结果。与改进过程（学习过程）相对应的形象是阶梯，而不是坡道。

我本人对“持续改进”的热衷妨碍了我的团队。你可能也有类似的经历。这种人被叫作“好主意精灵”，因为他们会出人意料地提出改进的建议，却没有顾及这种改进如何才能融入到当前的进程中。我注意到我一直扮演着“好主意精灵”的角色，因为我会发动团队投入某个项目的红色工作，却没有明确指出红色工作的结束时间（其实我只需问一句：“你想要什么时候显示首批结果？”）。即没有明确截止日期。团队启动工作之后不久，在一次我发表讲话的会议上，我有了一个新主意。我突然感到这个新主意既令人信服，又刻不容缓，而且我认为我的团队需要立即听到这个主意。我匆忙地赶出一份写给团队的短信，告诉他们这个绝妙的好主意。

这种事情并非只发生一次。我会经常让团队按照共同商定的行动方案工作，而后又以我认为有用的想法和建议打断他们。

团队并没有感受到和我一样的兴奋。这些想法让他们感到很迷茫。他们认为这种做法是犹豫不决、缺乏专注力和混乱。我正确的做法应该是在下一个蓝色工作阶段开始之前将我所有的想法都留在待办事项中，在庆祝我们取得的进步后，与团队一起研究讨论这些想法，然后让他们决定下一步应该采用哪些想法。此时，团队有自己的想法，以及对上一轮红色工作的反思。

在我们投入红色工作时，计划下一个阶段的蓝色工作和改进工作，可以让我们形成一种自律，将这些想法保留在待办事项中，并在适当的时候说出来。这解释了为什么要在控制时钟战术中预先计划下一个蓝色工作阶段。

既做红色工作，又做蓝色工作

改进战术一直以来都存在，但是期间有一个很大的变化：在工业时代的结构中，我们按阶层——蓝色工作者和红色工作者——划分工作，其中蓝色工作者负责改进工作。他们负责观察和评判红色工作者。这是泰勒工作方式的精髓。红色工作者不需要进行自我评估，避免了自我审查造成的心理混乱。

而当戴明博士提出全面质量领导方法时，他建议："嘿，让我们问问红色工作者的看法和想法吧。"这是一种进步，但还不够，因为最终还是要由蓝色工作者对改进做出决定。

如今，我们需要员工既能做红色工作也能做蓝色工作。我们都既是红色工作者又是蓝色工作者。这就要求我们能够走出生产者的角色，并以改进者客观公正的眼光审视我们的生产。这种变化，即不再有红色工作者和蓝色工作者，而只是一段时间从事红色工作，另一段时间又进行蓝色工作的人。这是一种构造上的变化，并让旧的领导方式和组织设计模型不再适用。

这里存在一个问题，因为人们通常心系已完成的工作，而现在我们需要他们承认这些工作还可以做得更好。我们需要帮助他们从证明的心态转变为改进的心态。我们需要抛弃证明的心态，而且要把自己几乎看作与以前所做的工作没有任何感情的独立观察者。我们将那个不愿放手以往的工作并且希望被认可为"做得好"的自我称为"想要表现好"的自我。"想要表现好"的自我必须先得到抑制，才能触发"寻求进步"的自我。

"想要表现好"的自我与"寻求进步"的自我

简单地要求人们参与改进战术会制造一种矛盾冲突。在这一战术中，我们讨论的是下一次可以在哪些方面改变做法。这里面就有一层含义：如果某个人更有远见或者更有能力，那么他上一次就不应该这么做。改进的思维模式让“想要表现好”的自我与“寻求进步”的自我相互竞争。

“想要表现好”的自我希望自我感觉有能力、有效力、可信赖——是一名工作能手。这个自我想要维护自己的声誉，不仅是在群体中，而且是在自己的心目中，后者表现为自尊心。我们每个人都有一个“想要表现好”的自我——让我们对工作感觉良好的那部分自我。

威胁到“想要表现好”的自我的事物都会被严肃对待并受到抵御。从“想要表现好”的自我的角度出发的人说出的话是这样的：

- “我没做错任何事。”
- “我们尽了最大的努力。”
- “下一次我还会这样做。”
- “我以为那是你想要的。”
- “我们一直都是这样做的。”
- “我从事这项工作已经很久了。”
- “你认为你一下子就能比我更明白？”
- “嗯，你是新来的。你慢慢会了解为什么我们要这样做。”

当遇到质疑，甚至面对同样合理的观点时，“想要表现好”的自我会进入防御模式。假如《冰雪奇缘》制作团队调动的是“想要表现好”的自我，那么他们一定会捍卫自己已完成的工作。

但是我们还有一个“寻求进步”的自我。“寻求进步”的自我内心是我们寻求学习和成长的部分。它是探寻的自我。它热爱挑战，它对别人的看法和想法十分好奇，并且对学习和改进抱有无限的渴望。当我们开启探索与发现之旅时，当我们欣喜于发现一家新餐厅时，当我们对比今昔的成果时，都是在滋养“寻求进步”的自我。

“想要表现好”的自我和“寻求进步”的自我不是一对朋友。“寻求进步”

的自我需要远离先前的决定、信念和知识，从而得到学习和成长。由于《冰雪奇缘》团队调用的是想要变得更好的自我，因此即使现有的作品是他们自己一手打造的，他们仍然能够重新思考如何改进这部电影。

从“想要变得更好”的自我的角度出发的人说出的话是这样的：

- “请再多谈一些相关的情况。”
- “你怎么看这件事？”
- “你认为在此之前发生了什么？”
- “我们如何从不同角度看待这件事？”
- “从你的角度如何理解这件事？”
- “我们还能有哪些不同的方法？”
- “我能吸取哪些经验教训？”

“想要表现好”的自我的防御行为会积极地抑制和排斥“寻求进步”的自我的探寻行为。

如果我们想要发展，就必须启动“寻求进步”的自我，以及它的一套行为和语言。为此，我们需要平息对“想要表现好”的自我的威胁。此外，我们还应该帮助团队朝这个方向努力。

哈佛商学院的艾米·埃德蒙森进行的一项研究显示，在一个没有相应文化的组织中，启动“寻求进步”的自我以进行学习和改进的难度有多大。她在2002年的一份报告中指出：“在这种情况下，启动‘寻求进步’的自我将涉及学习的行为，包括提出问题、寻求帮助，检验未经证实的行动，或者寻求反馈信息。尽管这些行为与创新和绩效密切相关，但有这样行为的人可能会被认为是无知、无能，甚至可能具有破坏性。”

在防御性的“想要表现好”的行为（意在给人留下有成效的形象）与开放性的“寻求进步”的行为之间，团队成员可以做出自己的选择。其风险性在于有可能会给人留下无知或无能的印象。如果团队整体上不鼓励和奖励寻求改进的行为，那么我们就会失去一些学习和制定新的创新性解决方案的机会。如果你发现自己犯了一个错误但没有被任何人发现，那么保持沉默会是相当有诱惑力的选择。你可能会逃脱处罚。

埃德蒙森还强调了学习所需要的“反复试验和反思”。她所指的试验就是我们所说的红色工作（行动），而反思属于蓝色工作（思考）。红色工作和蓝色工作二者任何一方都不可能单独导致学习的发生。只有当两种模式协同工作时才能推动成长。如果将下一个红色工作阶段看作一个学习的阶段而不是获取成就的阶段，那么在面对困难时就更能坚持下去。

真正自由的思想交流要求人们对他人的思想和行为提出质疑。在一个组织中，如果人人拥护“寻求进步”的自我，这一点也不会造成任何压力，因为每个人都怀着感激之情对待反馈意见。不幸的是，这种情况很少发生，并且由于每个人都希望“想要表现好”，所以我们知道其他人也是这样想的。因此，质疑别人成为一种社交禁区。如果我们这样做，就会有被群体疏远的风险。“想要表现好”阻挡了我们“变得更好”。

百分之百地投入某项改进工作还存在失去自主权的风险。人们担心承认任何不足之处都会导致老板收回他们对工作的控制权，从而削减他们的自由度。因此，我们倾向于有选择地公开信息，让信息的透明程度勉强足够让别人相信一切都没问题，都在控制中，而不是完全透明地开展工作，允许团队其他成员了解我们的工作和部门内部的运作情况。

如果我们允许老板深入了解我们的工作，他们就会干涉我们的工作。这种心理致使我们选择隐藏信息，以避免将来被干涉和丧失自主权。当老板意识到自己看到的不是全貌时，他们会进一步干预，要求员工提供状态更新及各种汇报，进而促使员工变得更加不透明。

蓝色工作—红色工作—蓝色工作的节奏可以避免这一问题。当知道后面将有一段蓝色工作时间时，团队就可以推迟变革，直至红色工作阶段完成了。在接下来进行深入思考的蓝色工作期间，可以对下一批的“好主意”进行评估和决策。

我们如何激励员工选择“寻求进步”的思维模式，而不是“想要表现好”的思维模式？

人类的三种情感需求

在工业时代的等级制度中，执行者与决策者之间的划分意味着管理者必须利用外部动机强制工人从事并非由他们自己决定去做的工作。

外在动机是一种恩威并施策略之下的动机：惩罚不良行为，奖励良好行为。外在动机暗示着一种观念，即上级有权评判下级。

外在动机的“逻辑”是人类与生俱来的，深植于大脑的最基本层次：回报那些帮助我们的，伤害那些伤害我们的。问题是，这种逻辑在现代工作场所中无法发挥作用。外在动机的核心问题之一是，它并不能帮助人们转移到“寻求进步”的自我的视角上，而我们已经知道，这种视角对于学习和成长至关重要。

当人们超越了简单的、体力的工作时，内部动机的激励会让他们做得更好。这是因为创造性的思考项目需要我们去做的事情远不止这些。在创造性的思考项目中，“足够好”与“非常棒”之间存在很大差别，而在装配线上，二者之间的差距很小，任何一个工人可预期的结果范围非常有限。

内在动机源自内心。心理学家爱德华·德西和理查德·瑞安研究了内在动机对于促进人类健康行为的重要性。在他们的研究中，德西和瑞安确立了内在动机的三个基本组成部分：能力、关系和自主性。越来越多的研究表明，实际上这些因素是几乎所有人都能感觉到的基本人类需求：

- 能力是一种对相关领域精通的感觉。
- 关系意味着与其他人之间的联系。
- 自主性意味着能够掌控生活中意义重大的事物。

德西和瑞安称之为“自决理论”（Self-Determination Theory）。

与团队成员一起以开放的心态反思你的行为是如何影响这三项人类的基本需求。承认自己本可以做得更好，会威胁到你对自己能力的感觉。指出他人的错误会威胁到你与他人之间的关系。将你所做的事情以及原因透明化会威胁到你的自主权。

自决理论解释了内在动机的重要性，但同时也解释了“想要表现好”的自我的强大力量。这种自我在我们大脑中已经根深蒂固。

在改进战术期间，人们在试图满足上述某种基本需求时会如何表达？

- “我没有接受过培训。”这使缺乏能力的责任外在化了。
- “好，让我解释一下当时我为什么那样做。”这是在声称自己对相关领域精通，目的是让本人的行为与负面结果脱钩。
- “当然，如果我有足够的时间，我本可以那样做……”这就将对结果的责任转移到了有限的资源上，因此个人能力不是问题的所在。
- “我知道乔已经尽力了，但是……”这在捍卫乔的能力，以保护自己与他的关系。
- “我认为每个人都尽力了——我喜欢看积极的一面。”这是在试图避免批评他人以保护与他人的关系。
- “不用担心。事情在我们的掌控之下。”这是在利用含糊其词来保护自主性。
- “客户只需要知道我们会负责处理好这件事。”同样，这种表达也是在利用含糊其词的策略来保护工作中的自主性。

自主性

学习和创新的最终目的是改变行为。如果你无意在将来改变自己做事的方式方法，那么你大可不必浪费脑细胞学习新的知识。

自主性、自由、掌控感与创新、创造力和学习呈正相关。哈佛商学院的特蕾莎·艾玛拜尔对组织中的创新进行了研究，并且观察了抑制或促进创造力的个人因素和文化因素。

在其研究中艾玛拜尔发现，推动创新的首要的组织性因素是“决定做什么或者如何完成这项任务的自由，以及对自己工作思路的掌控感”。换句话说，能自主决定如何解决问题和实现目标的员工敢于创新，而那些在上级的指示下工作的员工则没有。

自由与创新息息相关，这句话是有道理的。首先，没有改变事情的权力，人就会失去寻求改进的动机。其次，如果环境中缺乏自由度，人们不断被指示该做什么以及怎么做，那么这种环境不会给任何人的创造性思维带来任何挑战，也不会对此有所促进。没有自主性，成长就会停滞。

《冰雪奇缘》制作团队的积极性很高，因为他们是在编写故事，并且相信新的故事会受到欢迎。如果他们认为，无论他们想出什么样的好主意，管理层还是会独自做出有关这部电影的决定，那么他们在这项艰难的改进战术中投入的自主决定的努力就会减少。

阿斯达是英国的第二大连锁超市。在21世纪初，管理者试图了解非管理人员的缺勤率。通过与员工的交谈发现，许多缺勤现象的原因是员工要照顾生病的孩子或亲人。

现有的轮班计划是由主管们控制的，并由他们决定每个人轮班工作的内容和时间。这一决定权赋予了主管人员管理轮班工人的权力。当有人建议轮班工人可以自己安排自己的时间表，包括在必要时寻找替代者时，这些主管强烈抵制这一计划。毕竟，这对他们来说意味着权力的丧失。

阿斯达坚持这一试验性举措，并且取得了成效。工作缺勤率降低了，灵活的工作方式成为阿斯达文化的一部分。轮班员工的业绩提高了，员工的幸福感增强了，主管们可以专注于其他事务。三赢局面。

克服习得性无助感

我最常听到领导者们抱怨的是：他们试图赋予员工控制权，但是他们“不想要”。

造成这种情况的原因或许有很多，包括文化安全感、变革的规模，以及之前的决策经验。但是在我看来，在发号施令的传统和控制型领导方式（将员工分为命令者和接受命令者）之间存在着关联性，这使得许多人认为抵抗是徒劳的。他们最开始想要提出好的想法和建议的努力遭到了冷遇。他们学到的经验是，自己在工作场所是无助的，不能自立的。

这是一种被称为“习得性无助感”的心理现象，最初由两名心理学家证实。在一项令人不安的研究中，马丁·塞利格曼和史蒂文·迈尔让狗在各种条件下遭受了一系列电击。在某些情况下，狗可以采取一些行动来躲避电击。而在某些情况下，无论采取什么行动，狗都无法躲避电击。

马丁·塞利格曼和史蒂文·迈尔观察到，那些无法躲避电击的狗最终屈服于命运，躺下来哀号。最令人震惊的是：即使后来人们让它们有办法躲避电击，它们也没有躲避。它们从经验中习得了自己的无助。

人类也是一样。如果我们对于改进没有掌控权，那么我们就会明白任何改进的努力都是徒劳的，在浪费时间。当感觉不到自己的控制力时，我们甚至会抵抗那些让我们改进的鼓励，因为我们知道那只不过是口上说说。

我们能否教会人们去“忘掉”习得性无助感？

塞利格曼对科学的贡献不仅在于发现了习得性无助感，还在于找到了如何治愈它的方法——他是积极心理学之父。塞利格曼和迈尔发现，如果一个人会产生因习得性无助感导致的抑郁，而另一个人却不会，是因为他们思考同一事件的方式是不同的。

容易产生抑郁情绪的人认为负面事件是永久的、个人的和普遍的。它们总是会发生，是“针对我”发生的，并且在任何情况下都可能会发生。那些认为负面事件是暂时的、非个人的和有限的人往往不会陷入抑郁。他们的态度可以被概括为“这件事同样会过去的”以及“此事与我无关”。

作为领导者，你如何能够帮助员工克服这一障碍？

如何改进

我们可以通过以下四种方法实行改进战术。

实行改进战术，应使用有助于产生以下心理聚焦的语言

1. 向前看，而不是向后看。
2. 向外看，而不是向内看。
3. 看过程，而不是看人。
4. 关注追求卓越，而不是避免错误。

1. 向前看，而不是向后看

相信我们能够成长，与掌控我们的行为之间存在着密切的联系。这是唤起“寻求进步”的自我的关键因素。这也是为什么我们在改进战术中应将关注的焦点放在未来的原因。

我们可以通过以下问题来实现这一目的：

- “我们下次应该采取哪些不同的做法？”
- “在下一阶段的红色工作中，我们应该如何改变工作流程？”
- “哪些有效的方面我们应该保持不变？”
- “如果能够再来一次，你有哪些话要对自己说？”

- “对此你想要记住哪些经验以供下次参考？”

2. 向外看，而不是向内看

我们本能地想要防御别人告诉我们某件事应该怎么做会更好。通过聚焦他人而不是自己，可以化解这种本能。下面是一些将关注点集中在他人身上的语言。

- “如果另外一个人必须要接管这个项目，你会对他说些什么有助于让项目更成功的话？”
- “董事会希望我们在这方面做出哪些改变？”
- “我们能做些什么来更好地为客户服务？”

最后，正确的语言能够鼓励不断的改进，将团队的视角从避免犯错误转向追求卓越：

- “让我们聚焦在正确的事情上，并在此基础上继续前进。”

彼得·德尔·维乔告诉《冰雪奇缘》的创作者们不要紧盯着无法奏效的东西，而是要思考“什么有可能是对的”，并在此基础上继续前进。这种思路帮助他们采取了真正的创新所需的思维方式。

3. 看过程，而不是看人

对过程的关注也削弱了竭力维护以往成就的动机。它将注意力从人的身上转移到了人的决定或行动上。下面是将注意力集中在过程上的语言。

- “单就工作本身看，有哪些可以改进的地方？”
- “这件事如何才能做得更好？”
- “我们可以对这一流程进行哪些改进？”

4. 追求卓越，而不是避免错误

在组织中避免错误会导致不作为的倾向，并且让“想要表现好”的自我成为我们思想的根基。避免错误的最好办法是避免采取行动和做出决定。没有行动，就没有错误。此外，避免错误不是一种鼓舞人心的驱动因素。很少有人会受到“在做某件事上不像以前那么糟糕”这种消极目标的激励，但是人们会因有可能实现伟大而卓越的目标受到鼓舞。

“做得不像以前那么糟糕”这样的动机，很难让我们克服“想要表现好”的倾向。我们需要一个强大的动机，这个动机来源于我们有可能做出某个真正特别的东西。想一想制作《冰雪奇缘》的迪士尼团队的动机。

利用时间线作为一种工具

改善战术的一个基本工具是从发生过的事情开始。如果存在重大的操作性错误，那么改进战术就会变成一个更正式的组织层面的学习事件。

创建一个时间线。最基本的时间线是红色工作的时间线。下面是一些有可能出现在埃尔法罗号的时间线上的项目。

- 日期/时间。离开杰克逊维尔。
- 日期/时间。热带风暴华金升级为一级飓风。
- 日期/时间。到达航线120。沿大西洋航线驶往波多黎各。
- 日期/时间。遇到20英尺高的海浪。
- 日期/时间。舵手无法让船保持航向。禁用了转向警报。
- 日期/时间。润滑油系统关闭。

下一个层级的时间线是蓝色工作时间线。在蓝色工作时间线中可以看出关键的决策和决策制定者。这是记录蓝色工作的成果、制定的决策、建立的假设的时间线。

- 日期/时间。收到大西洋热带风暴的最新天气状况信息。船长决定选择从杰克逊维尔到波多黎各的径直的大西洋航线。
- 日期/时间。总工程师建议着手处理推进装置的材料降级问题：润滑油油位较低但在允许范围内。

- 日期/时间。热带风暴华金升级为一级飓风。机长决定继续走大西洋航线。
- 日期/时间。驶过了朗姆礁横道。船长指挥船只继续走大西洋航线。
- 日期/时间。船长命令弃船。

决定是由个人而非团队做出的。企业必须有能力快速行动，做出大胆的决定（假设），并进行测试。并非每个人都会赞同每个决定。这没有问题。试图说服所有反对者相信某项决定是正确的会妨碍前进。让每个人都感觉到自己能够自由表达意见，并且他们的意见在决策过程中得到了真诚的关注和尊重，这一点才是至关重要的。

后一个层级的时间线是内部蓝图工作时间线。这条时间线描述的是决定做出的过程。下面是我理想中的出现在埃尔法罗号的时间线中的一项。

- 日期/时间。收到热带风暴华金升级为一级飓风的最新天气信息。召集船副们讨论并决定选择哪条航线：大西洋航线还是旧巴哈马海峡。团队出现意见分歧，总工程师和二副支持选择旧巴哈马海峡。机长决定走大西洋航线。第二个决策点被确定为朗姆礁横道。预期将在午夜时分到达那个位置。

作为一个团队来思考

以团队之力实行改进战术，同时提防“想要表现好”的思维方式，这样的努力值得吗？群体真的比个体聪明吗？在适当的情况下，答案是肯定的。若想与他人合作从事蓝色工作，团队中的所有成员都必须相互了解各自的所知所想。回忆一下第四章中提到的弗朗西斯·高尔顿的一项猜测公牛重量的游戏，这个游戏也出现在詹姆斯·索罗维基所写的《群体的智慧》一书中。索罗维基深入研究了群体得出错误结论时的情况，以及群体智慧能持续不断地胜过几乎所有个体时的情况。集体思维的理想条件包括思想的多样性和独立的判断力。如果你能利用正确的语言在团队中建立起这些条件，那么团队就能经常做出比任何一个团队成员都更明智的决策。这也解释了为什么“先投票，后讨论”是实现有效蓝色工作的一件如此重要的工具。

从这个角度，让我们来审视一下埃尔法罗号。还记得午夜之前三副打电话给船长时的情景吧？他的语言是结结巴巴、迟疑不决和自我否定的。此刻他已经被戴上了“紧箍咒”，因为驶往位于中途的朗姆礁横道的过程并没有被看作一个学习活动。他还面临着一些社交准则，这些准则阻止人们在发现错误时大胆指出。指出错误会威胁到三副与船长之间的关系。

同样的事情再次发生。午夜过后，当二副打电话给船长时，她也被同样的恐惧束缚了手脚。如果只有一名船副表现出毕恭毕敬的行为，我们会将其解释为这个人特有的行为。但由于这是多名船副的一致行为，因此我们需要仔细审视船长所营造的环境。

驶往波多黎各的旅程并没有被看作是学习的机会，因此团队没有准备好为有关朗姆礁横道的决定收集信息，也没有深入思考当前的行动方案。

针对飞行员的研究证实了这一切

苏黎世联邦理工学院的研究人员针对1 751名飞机驾驶人员和机组人员进行了研究。在该项研究中，他们被要求想出一个自己没有坦诚指出某个安全问题及其原因的情景。一位选择不去纠正下属错误的机长说：“有时很难知道你什么时候是同事，什么时候是上司。我通常会与我的同事保持信任和开放的关系，而且我不想成为那种‘看上去什么都懂’的机长。”

这句话完全是在为关系辩护。这是机长最常提及的自己不愿坦诚指出问题的原因。实际上，在导致机长明知该说却依然保持沉默的所有原因中，关系需求占77%。

与此同时，一名第一副机长在解释为什么看到机长犯错误后他选择保持沉默的原因时说："没错，我们在驾驶舱的层级制度是扁平式的，他们都说我们应该畅所欲言。但是与此同时，许多人还是隐晦地暗示他们并非真的想听到别人说出该说的话。"

在副机长中，有11%的人由于权力梯度问题没有在必要时大胆说出问题。人员的级别越低，权力梯度越大，其效果也越强：40%的空服人员将权力梯度视为一个因素。

没有一名机长因权力梯度或害怕受惩罚而保持沉默。相比之下，这种害怕却在81%的空服人员身上发挥了作用。造成这种差异的原因很简单：惩罚是沿着权力梯度自上而下发生的，而不是自下而上。

这些研究人员将导致不愿公开指出问题的原因归类为"徒劳的感觉"。同样地，没有一名机长谈到这种徒劳的感觉，然而在副机长的案例中，有33%是针对这一点的，而空服人员的占比是51%。徒劳的感觉与自主性和掌控能力有关。换句话说：如果我把问题指出来真的会有用吗？无论如何也改变不了什么。

一位空服人员反馈说："你知道，你经常会被看作是个没脑子的美女。当你感到自己没有什么权力时，你很难去发表意见。这种事情我现在连想都不想了。"另一个人说："我当然知道我应该经常说点儿什么——他们会在培训和每次情况通报会中跟你这么讲。但是当我真的这么做的时候，他们要么不想听，要么认为我们是'胆小鬼'，只是嘲笑我们。我已经放弃了。"显然，这不是培训或礼仪的问题。每个具体的规则都可以被修改，但是那种无形的权力梯度依旧会妨碍人们采取正确的行动。

从敏捷管理中学到的

在第二章中我们介绍过，敏捷管理方法的结构使红色工作—蓝色工作节奏成为可能。在红—蓝工作循环的结尾阶段会有一次回顾会议，讨论团队如何能够更好地通力合作。有一个敏捷管理方法有助于抑制“想要表现好”的自我，那就是在回顾会议的一开始阅读一份“最高指导原则”。其内容如下：

> 无论我们发现了什么，考虑到当时的已知情况、个人的技术水平和能力、可用的资源，以及手上的状况，我们理解并坚信：每个人对自己的工作都已全力以赴。
>
> ——诺姆·凯斯，《项目回顾：团队评审指导手册》

最高指导原则的目的是允许“寻求进步”的自我优先于“想要表现好”的自我。它将回顾会议变成了一次有效的团队会议，旨在学习并找出改善工作方式的解决方案。

团队有时候会背诵这一最高指导原则，有时会朗读，有时会把它贴在墙上。无论何种方式，其目的都是着眼于未来，承认每个人都已全力以赴，但同时也要认识到仍存在改进的余地，认识到我们的共同目标是改进。最高指导原则有助于提醒我们应该有对良好意图的假设。

从证明到改进，应该着重于……

1. 向前看，而不是向后看。
2. 向外看，而不是向内看。
3. 看过程，而不是看人。
4. 关注追求卓越，而不是避免错误。

改进

改进是红色工作—蓝色工作操作系统的一项特定任务，也是其目标。

改进是指对所做的事情进行反思，使其更进一步。

改进会使“寻求进步”的自我与“想要表现好”的自我相互竞争。“想要表现好”的自我的自我保护愿望会排斥为改进做出的努力。为了实现自我完善，我们必须驯服“想要表现好”的自我的恐惧。

改进是在协作过程中取得的。改进战术的结果是下一个需要测试的假设。改进让我们准备好做出承诺，重新回到红色工作中。

CHAPTER

8

第八章

赋能战术：建立强有力的关系

在深深的海底下面，蕴藏着石油。开采石油是一项艰巨、精密和危险的工作。

在位于墨西哥湾的“深水地平线”石油钻井平台上，工人们正在准备抽油的油井。这是件有难度的技术活。用来防止受压油液从管道中不受控制地喷出来的是一种类似盖子的东西：一种在业内被称为“泥浆”的黏性液体柱。泵油的时候，需要将泥浆冲洗掉，取而代之以海水。这部分操作过程的难点在于泥浆很重（泥浆必须很重，才能压制住受压油），而海水自身的重量不足以控制住油的压力。

如果冲洗过程无法正常进行，那么石油和强大压力下的气泡就会开始上升。它们会取代海水和所有残留的泥浆，从而进一步降低抑制住油的压力，使问题更加严重。随着压力下降，气泡会膨胀300倍，进一步加剧了上述问题。最终，石油和天然气从井顶喷涌而出，造成了灾难性的后果。

这就是所谓的“井喷”。

石油工人都知道井喷，并且会采取措施避免井喷的发生。一种预防措施是在海底安装防喷器。这是一个价值5000万美元、高达5层的阀门，可以在出现问题时将油井密封。如果油井的准备过程由于任何一个原因出了差错，充气管就会形成软密封，从而给工人们提供一个修复问题的机会。如果充气管无法发挥这一作用，防喷器还可以切断井管。这一紧急断开开关，是一种治本之策，是迫不得已时的最后一招。

井喷过程中，必须赶在油气混合物升至防喷器上方之前将油井密封住。一旦接合，安全阀将会停止进一步喷火，但是所有已经通过的气体和油都将到达地面。同样又会产生灾难性的结果。

2010年4月20日，在“深水地平线”钻井平台上，工人们正在准备将油井上的钻机拆掉，然后在上面重新安装一个便宜一些的抽运装备。完成这一程序需要进行一系列测试，以确保海底之下油井的完好无损。测试结果让操作员相信，可以安全地用海水替换泥浆了。

在此过程中，随着泥浆沿油井上行，泥浆的体积应大致与被泵入的用来替代泥浆的海水量相匹配。如果任何时候泥浆量超过海水量，就可能会遇到麻烦了。而这正是“深水地平线”钻台上接下来将要发生的事情。测量数据显示，有过量的泥浆正在沿油井涌上来。石油和天然气已经突破了上面泥浆和海水的重压，开始以不受控制之势向上攀升。警报响起。操作员启动了临时密封装置，然而其强度不足以阻止油气的压力。

此刻应该启动紧急断开开关了，对吧？但是没有人启动它。

当油气混合物到达钻井平台时，即刻从井口喷出。9分钟之内，可燃碳氢咆哮着冲到钻机上。没有发出一般性警报。最后，当气体浓度达到足以爆炸的程度时，很容易遇上点火源。石油平台顷刻间被大火吞没。

根据美国政府关于这场灾难的报告，接下来发生的事情是这样的：

> 此时，（越洋钻探公司的一位高管）开始纳闷为什么井架仍在燃烧。难道他们没有开启防喷器，密封油井，进而切断大火的燃料？他朝舰桥上走去。（船长）说：“我们没有电，没有水，没有紧急发电机。”

（总工程师）仍在舰桥上自己的岗位上，他注意到……（一位操作员），站在仪表盘旁边，仪表盘上防喷器的紧急断开开关处于关闭状态。

（总工程师）大声对（这位操作员）说："你启动防喷器了吗？"

（操作员）回答说他需要得到批准。（总工程师）问（越洋钻探公司高管）是否允许启动，高管说可以。

舰桥上有人大喊："未经海上装置经理的允许，他不可以启动防喷器。"

仍在头晕目眩状态、有些听不清也看不清的（越洋钻探公司的高级钻机操作员），和英国石油公司的（高管）一起登上了舰桥。

钻机仍被"锁在"马孔多油井上，而（越洋钻探公司高级钻机操作员）是负责人。

（总工程师）大声喊："我们能不能启动防喷器？"（越洋钻探公司高级钻机操作员）大声回答："可以，启动防喷器，启动防喷器。"

（操作员）打开盖在仪表盘上的透明门，按下按钮。

（总工程师）："我需要确认我们已经启动了防喷器。"

（操作员）："是的，我们已经启动了防喷器。"

（总工程师）："（操作员），我需要再次确认。我们是否已经启动了防喷器？"

（操作员）："是的。"

目前尚不清楚为什么着火后过了9分钟才有这场对话。总之，当防喷器启动时，它没能正常运行，油井没有密封成功。随后的调查发现，设备的组装和维护存在问题，包括电池没有电和线圈接线错误。密封油井工作的延迟可能是造成灾难的一个因素。

如果油井不能密封，油气混合物就可以迅速流淌到平台上，助推已有的火势。11人丧生。在接下来的400天内，有500万桶石油泄漏入墨西哥湾。“深水地平线”石油泄漏就此成为历史上最严重的环境灾难之一。

本章所要阐述的核心问题在于：是什么让一个人对“在未经许可的情况下按下按钮”这件事比在剧烈的爆炸中丧生还要恐惧？

层级制度第一

许多组织都强调“安全第一”，但是人们却以行动表明（比如“深水地平线”平台上的人员），实际上是“层级制度第一”。

在管控与服从文化气氛浓厚的环境中，切勿低估恐惧感扭曲常识的力量。如果组织不断严格地强化这样一种观念，即员工应该无条件地服从命令，否则就应该承担严重的后果，他们就会在行动之前，确保每一项行动都是正确的。而怀疑就仿佛一层令人窒息的迷雾，开始阻止他们任何积极主动的行为。

在大火肆虐的石油钻井平台上，工程师没有及时采取行动。

在奥斯卡颁奖典礼上，比蒂先生没有呼叫暂停。

在埃尔法罗号上，船副们继续朝风暴中心挺进。

关键是他们明知道存在问题，然而层级制度却压制了必要的行动。

在埃尔法罗号上，船副们很清楚他们正朝着飓风的方向前进。

命悬一线的他们完全有能力命令舵手转个弯，改变船的航向。然而他们没有这样做，而是将转向这件事作为建议向船长提出，而且是用一种紧张、自谦和含糊其词的方式与之沟通。如果形势严峻，并且改变计划这件事已经刻不容缓，为什么与船长的沟通是如此含混不清，没有说服力？而且，这是在船长告诉他们“不要迟疑”给他打电话或采取行动之后。

在这些文化当中，究竟是什么阻碍了人们在必要时采取行动，由最了解情况的人做出决定，以及针对重大风险进行开诚布公的沟通？

答案依旧是恐惧，陡峭的权力梯度，以及缺乏心理安全感。

建立强有力的关系战术是恐惧的解药。建立强有力的关系能够让我们在表达自己的看法和想法时有安全感，哪怕没有人和我们的想法和看法相同，哪怕我们并不是99%地确信自己是正确的。这一战术有助于创造出鼓励思想多元化和观点多样性的文化。它建立能够促使我们从消极无为转向行动。这一战术是实现有效蓝色工作，即有效决策制定的关键——但是由于这一战术同时也是促使我们由思考向行动转变的关键，因此，它也强化了我们完成红色工作的能力。

但是工业时代的战术手册中不包含这一战术。我们在工业时代的相应战术是按角色要求行事。我们遵照自己的角色要求行事。我是管理者，你是员工。你是船长，我是船员。我是父母，你是孩子。你是老师，我是学生。在一个存在蓝色工作者和红色工作者、老板和员工之分的环境中，融洽关系不仅被看作是没必要的，而且是没人想要的。首要的是符合你在层级制度中的位置。如果你处于下级的位置，就做一名好的团队合作者，不要捣乱，不要挑明人人都看破却不说破的事情，不要挑战老板的决定。如果你处于上级的位置，就要与下级保持情感上的距离，维持一种不带感情的关系，利用自己的位置和权力来强制手下人做事。

工业时代的老板们想要的是没有情感因素的毫无生气的工作场所。管理者唯一的工作就是让工人们去做管理层已经决定的他们应该做的事情。这就意味着要强制和控制员工，让他们服从。当然，我们今天不再使用这些词。我们说的是“激励”或者“启发”，但是我们的本意还是操纵和强制。

如果你的责任是决定其他人应该做什么，那么你就必须与他们保持一定距离。建立强有力的关系会起反作用。海军部队是众多高度结构化和等级分明的工作环境中的一个，有严格的禁止个人之间深交的规则。该规则的目的是防止友谊影响有关工作分配和晋升的决定。

这是弗雷德的另一个问题。他的团队深陷红色工作，感到工作没有意义，没有满足感。他工作在一个有红色工作者和蓝色工作者之分的环境中。作为领导者，也就是蓝色工作者，弗雷德的工作是让红色工作者执行由他而不是由红色工作者自己决定的任务。由此他便进入了工业时代的强制战术。由于强制员工服从是他要做的事，因此他当然最好高高在上，与工人保持距离。最好不要与他们混得太熟。弗雷德整天做的事情就是拒绝展露他人性的一面，以便符合他的角色要求。难怪他回到家时感到筋疲力尽。

建立强有力的关系战术在工业时代没有生存空间。毕竟，如果你需要人们去思考，去做出决策和采取行动（比如在生死攸关的紧急时刻密封油井），没有情感因素是不可能做到的。

建立强有力的关系战术的核心在于关心他人，关心人们的想法，关心他们的感受，关心他们的个人目标。我们不是坐在权力的位置上做判断，而是站在鼓励的立场与对方肩并肩。这并不是说要无条件地接受对方的想法或行为，也并不意味着要保护他们免予承担自身行为的后果，而是要去除工作场所中不必要的以及人为的抑制安全感的因素。没有安全感，员工不会感觉到领导者的关怀。他们无法去奋力实现挑战性的目标，也无法放心地说出自己的想法。

当组织谈及“安全第一”的时候，通常指的是工人的人身安全和设备的物理安全，然而打造一个更为安全的工作场所的途径是要让每一个人都能观察、思考和自由发表不同的观点以及反对意见。建立这种心理安全感的手段不是压制容易挑起争论的话语、异议和令人不快的观点，而是通过深思熟虑的谋划，来鼓励这种话语以及随后的讨论。安全感来自一种珍惜和重视不同观点的文化，而不是评判、回避或躲避它们。

我们可以通过以下四种方法实行建立强有力的关系战术。

融洽关系的核心是关怀。为此应该：

1. 平滑权力梯度。
2. 承认自己不知道。
3. 表现出脆弱性。
4. 先给予信任。

建立强有力的关系是一项特殊的战术，因为它并不在蓝色工作—红色工作—蓝色工作循环之内。相反，它是激活所有其他战术的重要基石。一些有助于先前提到的战术的行为，例如观察和庆祝，以及鼓励同事讲述自己的故事，有助于融洽关系战术。建立强有力的关系，很大程度上能够建立一种安全感，从而让每个人都能够畅所欲言，并且放弃那个“想要表现好”的自我。

工业时代要求每个人的行为都必须符合自己既定的角色和职责，而这一点构成了此前讨论过的所有其他战术的主要障碍。建立强有力的关系让我们能够更有效地控制时钟、协作、承诺、完成和改进。反过来，所有其他战术也都有助于建立起拥有强有力的关系的文化。

1. 平滑权力梯度

权力梯度是理解建立强有力的关系战术的一个简单方法。权力梯度体现的是人与人之间社会距离的远近。还记得那项针对机组人员安全问题的研究吧。该项研究结果显示，由于受到权力梯度的影响，40%的空服人员和11%的副机长不愿指出存在的问题。权力梯度的坡度越大，你就越难对上司说出他们不想听的话。

这种社会距离很难度量，但是人们总能感觉到它的存在。

下面是几个可以用来衡量权力梯度陡峭程度的指标：工资或工资标准，办公室大小，地毯厚度，专属的空间（例如，专用车位和私人饭厅），接触特定人员以及参与特定会议的权力，袖子上的臂章，座位的位置（与大老板的距离），助手（男性或女性）的人数和吸引力，被分到的交谈时间，对拖拉的容忍度。

但是，衡量陡峭的权力梯度的某些指标则相对不易察觉，而且常常会出现在会议中：从会议是否要等到最重要的人物到场才开始召开，到由谁来主持会议，由谁来总结会议，以及由谁来分配任务，甚至包括我们应该看着谁。在团队战术讨论会这样一个普通的场合，发言的人是看着团队成员们说话，还是看着“老板”。工业时代的战术手册规定，任务分配之类的事情以及提出引起争议问题的权利都属于高级领导者。有一个很有趣的习惯性做法可以帮助我们了解权力梯度：观察员工在某位高管就职下一任首席执行官的前一天和后一天分别是如何与其交流的。

有些领域内的权力梯度尤其陡峭：医生对护士，合伙人对非合伙人，政务官对政府雇员，飞行员对乘务员，雇主对雇员。如果你的老板赚的钱比你多得多，那么与你们二人收入一样多的情况相比，你会更有可能感到权力梯度的陡峭程度。

这里有一个与权力梯度相关的规律：信息审查与权力梯度成正比。如果权力梯度坡度大，员工就会仔细审查他们与老板的沟通内容。他们会删减掉坏消息，为电子邮件拟草稿、反复修改措辞，在老板提出某个想法时一言不发，无论他们认为他的想法是好是坏。他们会唤起“证明”的自我。

在陡峭的权力梯度中，我们还会受到“一次一级”沟通方式的局限——“在指挥链上越级”是一个社会和等级制上的禁忌。例如，在2003年哥伦比亚号航天飞机失事灾难中[①]，工作人员确实指出了问题的存在，然而领导者们（坚信他们在1986年挑战者号航天飞机失事之后已经创造了开放型的文化[②]）没有采取任

① 2003年，哥伦比亚号在重新进入大气层时解体坠落，其原因是在发射过程中一块掉落的绝缘层损坏了机翼。

② 1986年，挑战者号在发射时解体，其原因是一枚火箭助推器烧穿了密封圈。

何行动。事实上，当领导一个评估小组的罗德尼·罗莎被问及为什么他在写好了一封质疑领导者做出的对哥伦比亚号在发射时存在的损伤（事后被证明是致命的）不予调查的决定的电子邮件后却未将其发送出去的原因时，他说他不想在指挥链上越级。在提出了需要对轨道飞行器成像的建议之后，他将听从管理层关于获取图像的看法。一步一个梯级。

组织中经常发生这种错误的根源在于以同一种方式对待所有的沟通、命令和信息。理想状态下，命令应该遵循指挥链，但是信息应能够在整个组织中自由流动。

权力梯度越平坦，对信息的审查程度就越小，因为安全感更高。在较平坦的层级制度中，员工会对上级说真话，说话时会一是一二是二，会承认错误，愿意报告坏消息；他们会有能力抑制“想要表现好”的自我，以拥抱“寻求进步”的自我。作为领导者，我们需要对权力梯度保持敏感，并采取有意识的步骤使其扁平化。

我不是在提倡完全扁平的权力梯度。即使实现完全扁平的权力梯度是有可能的（尽管听说存在，但我从未见过），但它会造成不必要的含混不清。人们会弄不清楚谁拥有什么样的决定权，而且由于缺乏明确的界限，安全行事，而不是超越界限，就会变成一种常态行为。

我会把它比喻成一条我想要在其上乘舟往返的河流。如果河流太陡峭，就会水流湍急，掀翻你的独木舟，阻碍你逆流而上。如果河流太平坦，河水就会滞流，没有清晰的方向感，而且气味难闻。最理想的是缓缓流动的河水。水流的方向清晰可见，而水流的速度又不至于阻止你逆流而上。

虽然扁平的权力梯度存在其自身的问题，但在企业中我们经常遇到的还是陡峭的权力梯度。如果你的职位赋予你更多的权威或权力，那么调用建立强有力的关系战术就意味着要使你与你下属之间的权力梯度平滑。

在泰勒的管理理论中，将执行者和决策者区分开是一个有意而为之的目标，因此人们会通过各种方式强化权力梯度。专属空间、高管餐厅、专属停车位、有别于他人的着装和安全帽颜色。取消这些虚饰之物是平滑权力梯度有效的第一步。

2005年，苏格兰皇家银行在苏格兰爱丁堡郊外设立了新总部。总部设有一间面积很大的高管套房。进入苏格兰皇家银行的行政楼曾经是极其不容易的一件事，甚至对于那些在银行工作了很长时间的人来说也是如此。设在门口的保安人员接收到严格的指示，要求他们仅允许高层管理人员进入（专属空间）。首席执行官弗雷德·古德温在顶层的阁楼式办公室有20米长（办公室大小），实在令人难以置信。

在3年之内，苏格兰皇家银行面临倒闭，而最终幸存下来完全是因为英国政府提供了450亿英镑的救助。询问当时该银行的任何一名中层管理者，他们都会告诉你，每个人都知道早在这家银行需要紧急财政援助之前，它就已经是在超负荷运转了。但是，有着如此陡峭的权力梯度，无论有多少人对这项战略持怀疑态度，也绝不会有人听到他们的声音。

令人欣慰的是，这里的高管套房现已被改造为一个初创企业中心。

话语份额也是一个衡量权力梯度的指标。从埃尔法罗号的笔录中我们可以看出，在船长的每次对话中，他的话都比对方多。此外，在大副和海员的话语份额之间也存在着较大差距。有一次，在船长和大副长达两个小时的对话期间，舰桥上的第三个人，一位技术熟练的一等海员，总共只说了三个字。

没跟你说话，你就不要说话；小孩子要乖乖地听，不要乱讲话——某些家庭用来管教孩子的规矩，此时也已被应用到了由一群驾驶着价值数百万美元的轮船的成年人组成的专业团队中。

你有可能参加过这样一次头脑风暴工作坊：主持者或者领导者宣布，工作坊“将没有等级之分”，对每个人都可以直呼其名，所有的想法都将根据其价值而不是其来源进行评估。这些做法是基于这样一种认识，即陡峭的权力梯度对工作中思考的部分有害，而它们的目的就是要对抗有可能已经形成的权力梯度。

但是，这是些治标不治本的方法，而且还有可能给人一种人为的和暂时的感觉。更好的方法是让权力梯度的平滑成为常规工作过程中的一贯做法。

领导者对权力梯度的强调有时是直言不讳的，不断提醒员工（似乎他们需要提醒）老板比他们更有权力。他们会这样说：

- “这里我是老板。”
- “这是我的决定。”
- “这是我的公司。”

强调个人的资历或经验也是用来强化权力梯度的一种方式。

- “这件工作我做得比你时间长。”
- “我毕业于一所名校。”
- “我是一名认证技师。”

这些表达方式会减少思想的多样性，降低可变性。可变性是蓝色工作的盟友，因此降低可变性会损害团队的蓝色工作能力。

另一个强化陡峭权力梯度的策略是援引另一个权威。在组织内部，这些话是这样说的：

- “这是老板的命令。我只负责传递消息。”
- “我只是在这儿执行规定。”
- “我们的政策就是如此。”

同样，其效果是减少意见、想法、决策的可变性，降低责任感和主人翁意识。它会让我们失去人性的一面。

我们应该使权力梯度扁平化，而不是强化权力梯度。以下是一些实现这一目的的方法：

- 要建立强有力的关系，而不要建立物理或者情感上的隔离。

- 要与员工一起做事，而不是指使或者代替他们做事。
- 要降低权威，而不要强化权威。
- 要观察和描述，而不要评判。

例如，与其说：

- “我需要你做出决定。”（指派对方做出决定。）
- “我需要你做这件事。”（代替对方做出决定。）

不如说：

- “我们需要对此做出决定。”（与对方一起做出决定。）

再举一个教育子女方面的例子。与其说：

- “如果你不系鞋带……”（胁迫孩子做。）
- “来，我来帮你系鞋带。”（代替孩子做。）

不如说：

- “让我们把你的鞋带系上，然后我们好出发。”（和孩子一起做。）

我看到，人们（通常是家长）在庆祝方面会陷入“为××庆祝”的模式，强化权力梯度。例如，与其说：

- “我为你感到骄傲。”（这是一个“为”模式。）

不如说：

- “我看到你没有去参加聚会，而是一心投入到项目上。”
- “考试结束了，一定感觉不错！”

在降低权威而不是加强权威方面，下面也有几个例子。与其说：

- “嘿，我是注册黑带大师。你是什么级别的？”
- “这项工作我已经干了25年了。你做了多久了？”

不如说：

- “你的意见很重要。”
- “你作为新人的眼光将有助于给我们带来新的视角。”

- “你不同的经验将有助于我们做出决定。”

我认为，让一个下属人员主动找他的上司去平滑原本陡峭的权力梯度是件很难的事。那些构建起陡峭权力梯度的人之所以这么做是有原因的，而且那个单方面采取措施试图平滑权力梯度的下属人员会让人感觉“自视甚高”或者在社交方面欠妥。未经邀请就走进老板的办公室？拍拍老板的后背？（大多数情况下要避免这样做。）未经允许走进行政餐厅？参加“高级”主管会议？很有可能的是，这种行为只会让你的上级意识到，他们需要加大权力梯度。

如果你是这种情况中的下属人员，你会做出什么选择？在直接挑战权力梯度方面一定要小心谨慎。应该先赢得发表意见的权利，而不是试图直接影响决策的制定，并且要确保高层领导能够耐心听你解释。为此你有两种方法：提供选择，让变动尽可能小。

我们举例说明。比如一位老板通常会自己决定产品发布的时间。在这种情况下，与其说“我真的认为我们应该推迟产品发布”（这是在直接影响决策），不如说：“老板，我知道您需要对产品发布的时间做出决定。如果我告诉您有关团队在此问题上的看法，会对您有多大帮助？”这只是一小步，你给了上司选择，并且通过重申决定权在上司手里，你并没有挑战他的权威。

如果是我，我还会补充一句：“团队会支持您做出的任何决定。”这样既消除了挑战权威的感觉，又重申了团队的忠诚度。

尽管如此，降低权力梯度的主要责任仍在上级领导，即上下级关系中更有权力的那个人。这事很难做到，因为下属人员会对权力梯度更敏感，而上级领导甚至可能根本没有考虑到它，或受到它的困扰。不过他们可能会为自己与自己上司之间的权力梯度而感到烦忧。如果你是一位处于层级关系中的上级领导，那么了解权力梯度的最佳方法是询问你的下属在他们看来你和他们之间存在多大程度的权力梯度。

观察VS评判

奥斯卡颁奖典礼，深水地平线钻井平台，埃尔法罗号。工作场所中的“恐惧”实际上是感觉到自己被他人评判、评估和评价，尤其是在社交环境中。评判会将一个人置于比另一个人更高的位置上，这就是为什么如此之多的意见不但没有帮助，而且实际上还产生了负面效果的原因。评判是强化权力梯度的一个特殊子集，因为拥有评判的能力是自己更有权力的证明。

此外，评判通常会与我们的目标相抵触。表达评判的话是这样说的：

- “你本应该……”
- “我希望你能……”
- “你应该……”
- “你表现不佳……”

使用名词而不是动词或许会让评论的话听起来不那么刺耳。将“你表现不佳”与“你的表现不佳”进行比较。[①]这两种表达方式听上去各自有多少批评的语气？如果你认为前者更侧重于个人的强调和评判，那么你的看法是正确的。如果希望做到倾向于观察而不是评判，一种方法是在讨论任何不确定的话题时选择名词而不是动词——用“你的表现”而不是“你表现得”。当情绪激动时，这种语言上的细微变化可能会很有效。

以耶路撒冷为例。这座城市已经在冲突之中走过了半个世纪或者也可以说数千年（要看你从何谈起）。这里有着深刻而坚固的政治界限。由于耶路撒冷是伊斯兰教和犹太教（以及基督教）的圣地，因此有人认为通往阿以和平的唯一途径是将这座城市本身在这两个世界之间一分为二。在这个令人紧张的话题中，语言可以发挥决定性作用。

在一个实验中，要求129名以色列犹太学生对“我支持耶路撒冷的分裂”

① 我用这个示例是为了直接比较这两个词组。我建议甚至彻底避免用“你的表现不佳”，而使用观察结果。如果是在与客户开会的场合，可以说：“我注意到你对我们的产品提出了各种看法。”

和“我支持分裂耶路撒冷”这两句话表示他们支持的程度。当话语中使用名词（耶路撒冷的分裂）时，参与者表达出的愤怒情绪较少，而对让步的支持增加了。此外，当被问及如果我们采取这项政策，他们的愤怒情绪会怎样时，针对使用名词的问题的愤怒情绪有所缓和。当对政策采用名词加以措辞时，报复行动也更少了。

因此，在必须要做出评估时，最好使用名词而不是动词。但是更好的方法是尽量摆脱自己作为裁判的角色，转而去观察。举例说明：

针对人做出评判：你写的那个报告不好。

针对工作做出评判：这份报告写得不好。

观察：我注意到报告中的三个拼写错误。

针对人做出评判：你需要加倍努力实现它。

针对工作做出评判：结果不应该是这样。

观察：我看到本季度已完成交易的占比与去年同期相同。

假设有人开会迟到。这种行为会干扰别人，而且你一直在强调及时性，无论是交付产品还是参加会议。然后，其中一名团队成员再次迟到！你本能地想告诉他们：“我注意到你开会迟到，而这种做法很不敬业。”一个人开会迟到这件事是事实，而他是否敬业，这是一种评价，因为你尚且不知道是什么原因导致他迟到。

让迟到的人自己做出评价要好得多。也许会有一个既令人信服又不常听到的原因：“我在与客户通电话，问题很棘手，通话时间超过了预期。”“我不得不找人照料我生病的孩子。”或者，“另一个管理者出乎意料地叫我去参加一个会议。”

也许你并没有听到合理的理由，或者更有可能的是，这个人所讲述的理由在你看来似乎并不比守时这件事更重要。但是如果你希望建立起员工的主人翁意识，培养他们的思考能力，你还是应该让对方去认真思考所发生的事情。

此时你可能会问的一个问题是："是什么阻碍了你准时来开会呢？"这样说，意味着迟到有可能有正当的理由。实际上也许有，也许没有。

如果你替他人（或针对他人）做出评价，这意味着你是在替他人思考，而且你在迫使你的组织从"乐于思考"型退回到工业时代"勇于行动"型的组织。你可以这么做，但之后你会意识到，如果组织中出现思考的匮乏，那是你行为的结果。

2. 承认自己不知道

我们很难与一个"万事通"建立强有力的关系，而且他们不会在乎你的想法。"万事通"让人感觉他们只在乎自己的想法。在相当长的一段时间里，我的谋生方式就是做一名"万事通"。我需要做到无所不知，我需要让我所有的决策准确无误。尽管我未曾从说"我不知道"中获益，但是我发现敢说这句话的领导者能带出更优秀的团队。

领导者承认自己不知道的时候，也是在允许团队成员承认他们自己不知道。这一点在讨论决策时尤为重要，因为不到事后（有时是事后很久），人们根本无从知晓哪一项决策更好。让人意想不到的是，通过承认自己不知道，领导者也会促使团队或者某个团队成员承认自己确实知道。如果老板说"我不知道"，那么某位初级员工就有可能说"我知道……"或者"可不可以这么做"。

还有一点我们需要铭记在心：所有的学习都始于"我不知道……"但是，这句话还没有说完。完整的句子是：

"我不知道，我们查阅一下吧。"

"我不知道，我们如何能检测一下？"

“我不知道，我们做个实验吧。”

没有一个人在开始一段学习和发现之旅时会说：“我对此已经了如指掌。”

领导者或许可以通过以下方式表达出对知识或某项决策的不确定，同时避免表现出不容置疑的自负：

- “对于这件事我还没有经验。”
- “我们目前处在一个未知领域。”
- “我不得不说，对此我只有60%的把握。也就是说，我有40%的概率会是错的。”
- “我能看出双方都有道理。”
- “这是针对这一立场的反对意见，我希望每个人都能留意此类迹象。”

作为领导者，承认自己不知道或者不是百分之百地确定，这种行为要求你敢于暴露自己的软弱。在工业时代，由于领导工作的强制性本质，“脆弱性”被看作一种弱点。我们将所有的工作者分为两类：决策者和执行者，而且作为决策者的我们必须要让执行者去执行我们替他们决定好应该去做的事情，因此承认自己有可能是在要求别人做一件也许并不正确的事，就会削弱我们对工作的强制力。于是，我们被设定成坚不可摧的人，而且绝对不能表达出任何不确定性。由此，我们进入建立强有力关系战术的下一个方法。

3. 表现出脆弱性

表现出脆弱性是降低权力梯度的另一个方法。从理论上讲，身居高位的人应该没有必要采取防御性行为。然而具有讽刺意味的是，那些手握权力的人往往会更坚定地表现出坚不可摧。埃尔法罗号船长就是一例。在船上的笔录中，我们可以看到他的一些表现出坚不可摧的话：

- “我们只能硬挺过去。”

- “不会有事的。我们不会有事——不是应该不会——而是不会。”
- “我们打算挺进风暴区。我不会选其他航线的。”
- “(一切都)会好转的。”
- “哦。不不不。我们不会掉头——我们不会掉头。”

只有在船长离开舰桥之后，面对船长的态度与实际状况之间存在的明显差距，二副才流露出她的焦虑。她一定是不敢向船长表达自己的担忧。船长本可以通过真诚地表达自己的感情，来营造一种让他人能够放心地表达他们脆弱性的环境：

- “我们可以挺过这一关，但是，伙计们，我对这些情况不太了解。你们有什么看法？”
- “应该没事的，但要对情况保持警惕。我们有可能需要更改计划而选择较长的路线。”
- “我们将要驶入强大的飓风。我有点害怕。”
- “你们大家对此感觉如何？我觉得我是在从兴奋转向担心。”
- “我们对继续沿大西洋航线行驶有多大把握？”

假如船长真的能表现出自己的脆弱性，其他船员就会没有顾虑地附和他，也表达出自己对近在咫尺的危险的担忧。

在2019年的板球世界杯赛上，夺冠呼声最高的英格兰队连续两次失利，面临淘汰出局的危险。球队成员们聚在一起谈论问题究竟出在哪里。球队中的老将们能够袒露出自己脆弱的一面，而这一点极为关键。他们毫不避讳地坦言自己的恐惧、紧张和情感。大家也因此愿意分享自己的想法，而这反过来又减少了对失败的恐惧，建立起强有力的关系。快速球投手马克·伍德说这是一个转折点。接下来球队赢得了下一场对印度的重要比赛，随后又赢得了世界杯。

表现出脆弱性绝不是软弱。事实上，它是建立强有力关系的有效手段。

我有一个客户经常使用“暴露”一词。他们希望确保所有人都不会有被“暴露”的感觉。这种不愿意暴露自己想法的态度反映出的是低水平的信任度和脆弱性，以及高水平的主观评判。这些人注定会走向平庸，因为他们把员工当作孩童对待，所以没有人愿意冒险提出新想法。关键是要营造一种让人们感到可以毫无风险地向他人展示脆弱性和公开自己想法的文化。

4. 先给予信任

工业时代有关信任的战术在两个方面需要彻底改变。首先，在工业时代，我们有一种程式化的思维，认为在信任某个人之前，首先要让对方证明自己值得信任。这种想法自然会促使你去评价他人，而不是去观察。与此同时，它也提高了权力梯度。而今，领导者应该先给予对方信任。

其次，信任一个人并不意味着这个人永远是对的，而只能说其行为符合组织的最大利益。它也并不意味着你的行为总是能百分之百地符合组织的最大利益。认识到这一点很重要，因为如果没有这一基本态度，那么人们就会在持不同意见与不信任之间画等号，而犯一次错误就会导致“我们无法信任你”的结论。

要假定对方的意图是好的。

如果一个人做错了一件事，那么你应该先思考一下：这个人是在努力做正确的事情的同时出现了失误，还是受到了某种与组织最大利益相违背的动机的驱使?

有些时候我们会发现，他们的动机与组织目标之间存在偏差。如果我们没有解释清楚想要实现的目标，也就是我们的意图，而员工只是基于他们对意图最大限度的猜测来做出决策，那么其错误的责任应该在我们。一个简单的例子是看某项决定达到最佳效果的时间范围。如果该决定的目的是赢得某个短期胜利，但从长期看却会导致高昂的成本，而这一点与组织的价值观不一致，那么这就存在一个组织清晰度的问题。

有些时候，员工错误的决定完全是技术性的。这些属于能力问题。

但是，如果员工是在努力做出符合组织目标的决策，那么我们就应该信任他们。要先给予员工信任，因为你对他们的信任会影响到他们的行为。当他们有一种被信任感时，就会加倍努力工作，在岗位上停留更久，释放更多积极性。

我们常说“对人可以冒险，对大自然不可”，是因为冒险（信任）行为能够引起人的行为的改变。

因为信任意味着“我相信你是在努力做出正确的决定”，所以如果接下来说“现在跟我谈谈你做这项决定的思路吧”，这是完全可以的（而且很恰当）。人们将更加地畅所欲言。

患者埃利奥特

神经学家安东尼奥·达马西奥在《笛卡尔的错误：情绪、推理和大脑》（*Descartes' Error*）一书中，通过他的一位患者埃利奥特的故事展示了情感与决策之间的关系。

埃利奥特曾经是一个聪明、勤奋、善于交际、能干的人，有着一份薪资丰厚的工作。可是后来，埃利奥特大脑中的一个肿瘤损坏了与他前额叶皮质区邻近的区域。这些区域与情绪状态有关。手术后，与埃利奥特关系密切的人注意到，他养成了一种新的习惯：长时间纠结于某一项任务，而且在本应该继续进行其他工作之后还陷在里面很久。或者，他的注意力会跳到一些不重要的事情上，而不是去处理紧急的工作。

当谈到自己的健康问题时，埃利奥特的描述平淡无奇，没有丝毫的悲伤或沮丧，而就他的状况而言，拥有这两种情绪才是恰当的。脑部的损伤影响了他的情感核心，使他无法正常从事工作，也不能与他人正常沟通。埃利奥特未来的幸福和健康似乎不容乐观，尽管他可以准确地讲述自己的故事，但是他似乎对此无动于衷。

达马西奥继续治疗埃利奥特。与此同时他提出了一种假设，即情绪是有效决策的关键因素。有人可能会认为，好的决策取决于某种纯粹的逻辑，但达马西奥却提出了相反的看法：我们需要知道自己的感受，才能权衡变量，以及决定如何处理这些变量。

自达马西奥研究“患者埃利奥特”以来，他的假设不断被后来的研究证实。达马西奥与神经科学家安托万·贝查拉和其他同事的合作表明，人的情感与人的决策功能密不可分。实际上，如果我们试图以某种方式消除决策过程中的任何情绪，我们就会发现自己像埃利奥特一样处于精神瘫痪状态。情感和心理安全在决策中是重要的。认为情感不属于工作场所的想法是某一个时代的遗迹，在那个时代我们不需要人们去做出明智的判断或做出重要的决定。

每当你使用视觉、听觉、味觉、触觉和嗅觉时，电信号就会穿行整个身体并进入大脑，并聚集在大脑额叶（就在额头后面），形成对你面前世界的感知。这些感觉信号在到达大脑额叶的推理区域之前会穿过产生情感的边缘中枢，为你提供对周围世界的情感的、直观的影像。伴随着这些直觉的是身体上的反应：喉咙肿胀表示悲伤，满脸通红表示愤怒，瘫软表示恐惧，心跳加快同时冒汗表示焦虑和期待。这些情绪是已有数百万年演变历史的、经过精微调整的成熟工具——无视它们，你会承担后果。

我们已经知道，越来越有必要让每个人都参与到蓝色工作的不确定性中。同样地，工作场所中也越来越需要情感因素的加入。

爱荷华赌博

在爱荷华大学设计的“爱荷华赌博任务”中，每个参与者都分得一罐钱，并且他们的任务是通过一个纸牌游戏尽可能赚得更多的钱。玩家们从四组牌中的一组里一次抽出一张牌。每张牌上都可能标示着奖金，即赢钱，或者罚款，即输钱。

这四组牌是堆叠在一起的，其中A组牌和B组牌是好牌：奖金牌和罚款牌的数额均为50美元。C组牌和D组牌是坏牌：奖金牌为100美元，而罚款牌为250美元。如果从任何一组坏牌中抽取的次数过多，你将会不可避免地被清理出局。

为了测量由正面和负面情绪触发的自然生理反应，参与者身上都安装了连线装备用来测量皮肤上细微的汗量。当人们紧张的时候，手心就会自然地出汗——而通过汗液我们可以测量人的不适感。

大多数脑功能健康的参与者会在不同的牌组之间交替抽牌，直到他们有能力发现，A组牌和B组牌比C组牌和D组牌的结果更好。有趣的是，在他们有意识地察觉到这一差异之前，他们的压力水平在伸手取C组牌和D组牌的时候就开始激增。换句话说，在得出有意识的结论之前，他们就产生了一种直觉，认为C组牌和D组牌不好。

这项有趣的发现不应被解读为我们可以不必依靠理性和批判性思维，而以感觉和直觉取而代之。例如，如果你在一副牌里放入许多小额奖赏和少量大额损失，那么即使从财务角度来讲，这不是一副好牌，但玩家的直觉是它是一副好牌。人的直觉对少量大额损失的严重性无法做出正确的判断。我们会被那些小额奖赏出现的频率所迷惑，不管这些小额奖赏从整体上看多么微不足道。若想有意识地辨别出真实情况，还需依靠玩家的认知能力。赌场运营商谙熟人性中的这一弱点，因此他们故意让老虎机分配许多小额收益——即使我们有意识的大脑能够看到逐渐消失的总额，我们的情感还是会为赌钱而奖励我们。

所以说，逻辑是做出决策的关键。情感是可以被操控的。就是说，在没有情感参与的条件下做出复杂的决策，其结果将是灾难性的。情感是做决定的重要工具。当我们在即时成果和延迟成果之间进行选择，或者需要做出主观判断时，如果无法得出具有逻辑确定性和完整性的解决方案，那么情感的作用就显得尤为突出。因此，在解决社会和个人问题，以及在决策所需的信息不完整的情况下，情感就成为一个至关重要的信息来源。

随着对思考和决策制定（蓝色工作）的需求不断增加，对积极的、安全的、表现出脆弱性的情感文化的需求也随之增加。

团队成员需要得到安全感，允许他们畅所欲言。当你以一种寻求改进的心态工作时，你有可能会面临暴露出能力不足或者失去社会关系的风险。理解权力梯度也因此而显得至关重要。组织中陡峭的权力梯度对于建立强有力关系战术乃至本书中的主要战略都构成了非同小可的障碍。

鉴于权力梯度的重要性，我想结合“先给予信任”再次探讨这一话题。

我曾经与一家总部位于瑞士的全球顶级跨国公司合作。该公司的高级管理人员占据了特殊楼层的特殊位置。他们有特殊的停车位和特殊的餐厅。甚至连地毯都是特殊的，比楼里面其他地方的地毯明显更厚、更豪华。这些高管花费重金来证明自己的特殊地位，而且产生了效果。

其他需要从大楼一侧到达另一侧的员工会绕道甚至乘坐电梯以避开这个高管区域。公司并没有明文禁止员工经过该区域，但是设计上的选择让权力梯度几乎变成了一个有形的障碍。他们会下到一楼，从一侧走到另一侧，然后再从另一侧上楼后往回走。

重要财务资料中该公司被评述为发展缓慢，跟不上竞争对手的步伐。公司的股票停滞了5年，而在此期间大盘上涨了50%。几个关键人物离开了公司。这些问题与地毯息息相关。

在上行的权力梯度与下行的权力梯度之间，我们每个人都更容易意识到前者。你的下属人员对这些信号的意识远比你更强烈，而且如果你不去刻意平滑这一梯度，那么你就是在无意识地阻碍团队的创新和学习能力。无论你是否能看到位于自己职位下方的权力梯度，它都在那里。

在传统组织所有的内部和外部关系中，权力梯度无处不在。假装它们不存在甚至会伤及生命。有关权力梯度的一个广为研究的例子是发生在机长和副机长之间的案例。美国国家运输安全委员会的一份1994年的报告对1978年至1990年的37起事故进行了研究。研究结果发现，这些事故发生时机长掌握驾驶杆的时间超过了80%。为什么会是这样？毕竟，机长在操作方面应该更有经验。

研究表明，问题的症结在于权力梯度。尽管奉行已久的“机组资源管理”方法已经对沟通和安全产生了积极影响，但由于与机长相比，副机长更不愿意纠正对方的错误，因此机长坠机的次数更频繁。此外，与副机长相比，机长更不愿意听从对方的更正建议。这个例子证明了人天性就受到层级制度的吸引。

人类与层级制度

有几种权力梯度是人类在无意识间经历的。在群体中，资格较新的成员与资格较老的成员之间会产生一种“默认”的梯度。当老员工谈论自己的“经验”时，就存在“我是先来的”的社会权力梯度。权力梯度是与生俱来的，而且很难对付。当然，它也存在于其他灵长类动物中，例如黑猩猩。

在黑猩猩群体中，权力梯度遵循的是黑猩猩被引入该群体的顺序。灵长类动物学家通过研究发现：黑猩猩会仅仅因为社会地位低而产生较大的心理压力，而其心理压力可以通过血液中的某些标记来衡量。当黑猩猩被按照一定顺序引入群体时，后加入的黑猩猩会表现出压力较高的迹象。在解散旧的群体并建立一个新的群体时，研究人员按照不同的顺序将同一群黑猩猩引入新的群体。如其所料，如果心理压力大的黑猩猩被较早引入新的群体——处于较高地位——它们就会平静下来。他们甚至会有可能活得更长。

对于那些从“较早被引入”变成“较晚被引入”（地位也就相应变低了）的黑猩猩来说，结果是最糟糕的。从压力标记方面看，这些“降级的”黑猩猩受到了严重的负面影响，同时也表现出糟糕的健康症状。

这再次说明，权力梯度对决策、创新甚至健康的影响是非常真实、强大的。

下面是一些提高权力梯度同时妨碍参与度的语言：

- “我更有经验。”
- “我以前做过这件事。”
- “我当时正在开会。”
- “老板告诉我他想要……”
- “嗯，你之前从未做过那件事。”

而另一方面，有助于平滑权力梯度同时增强参与度的语言是这样的：

- “你作为新人的眼光对此会很有价值。”
- “不要认为这件事已经做了很长时间我们就不能进一步完善它。”
- “不同的观点会有助于事物的改进。”
- “你是唯一一个客观看问题的人。”
- “这件事我已经做过多次了，所以我很难客观地看待它。”
- “整个项目都是我的主意，我对它的感情比你们更深厚，所以我更有可能对此采取防御的态度。”

同时，有一些决策能影响权力梯度的建立或改变。提高权力梯度以及妨碍参与度的决策包括：

- 设立专属办公室、餐厅、浴室和停车场。
- 制造物理隔离，例如使用大办公桌，或者在开放式的楼面布局中设置玻璃隔板。
- 利用守门人，例如行政助理或安保人员，以减少人员访问。
- 打印仅以首席执行官为主角的海报和照片。
- 尽管是由工作人员代笔，但还是以首席执行官的名义发表公司文献。

有助于平滑权力梯度同时提高参与度的决策包括：

- 彼此相邻而坐，或者亲自去下属办公室而不是让下属到老板办公室汇报，这类做法可以提高亲近感。

- 让员工更容易接近你，例如在电子邮件中使用直呼方式，与团队成员共处一个空间，可以经常走访他们，也可以在中央放置开放式的办公桌，以便长期与团队保持近距离接触。
- 打印以团队为主角的海报和照片。发表公司文献时使用实际作者的名字。

有关权力梯度的规则是：梯度越陡，信息（思想、真相）越难以向上流动。哈佛商学院的艾米·埃德蒙森针对一个采用新技术的外科手术团队进行了一项研究。研究结果表明，外科医生、护士和其他服务人员之间梯度较平滑的团队会表现出更频繁的相互交流，更有效的错误纠正和更强的学习能力。这使得他们比保留传统层级制度的团队能够更成功地实施新技术。

尽管不是不可能使权力梯度完全平滑，但实现起来会很难。即使我们能做到，可能也不应该这么做。完全平滑的权力梯度会使员工感到摸不着头脑，令决策得不到及时落实。但是，作为领导者，我们应该尽一切努力让权力梯度趋于平滑，尤其是在建立强有力关系的战术中。在任何集思广益的会议开始时，使用正确的语言有助于让权力梯度的平滑程度恰好足以鼓励思想的自由交流。

建立融洽关系的核心是关怀。可以通过以下四种方法实现：

1. 平滑权力梯度。
2. 承认自己不知道。
3. 表现出脆弱性。
4. 先给予信任。

建立强有力的关系

建立强有力的关系是促进所有其他战术更加有效的赋能战术。工业时代的相应战术是按角色要求行事。建立强有力的关系的核心是关怀：关心员工的想法、感受、个人目标。

建立强有力的关系不是表面上的“友谊”，而是关怀他人，为他们着想。建立强有力的关系是爱。

与建立强有力的关系相关的重要概念是权力梯度。权力梯度是我们在人际关系中对层级的感觉。陡峭的权力梯度意味着我的老板看上去比我重要得多。薪水、办公室大小和容易接近的程度是判断权力梯度的指标。

坡度平缓的权力梯度是理想的权力梯度。如果权力梯度过陡，团队成员就很难对权力阶层讲真话。如果权力梯度完全是平的，团队成员就要浪费时间和精力去弄清楚谁拥有决策权。

有助于权力梯度平滑的部分因素包括领导者敢于表现出脆弱性并且能够承认自己不知道。

信任是长时间奉行透明化做法的结果。信任意味着我相信你的意图是好的。而你是否做得好取决于许多因素，而不仅仅是想要做好的意愿。

CHAPTER

9

第九章

在工作中应用这6个全新战术

距离费城公民银行公园内比赛的开始时间还剩下6个小时，而 Assist开发团队的情况不容乐观。在离体育场几英里的地方，我与Assist首席执行官尚恩·麦克刚刚坐下来共进午餐，他便接到了项目负责人发来的一条短信，说他们遇到了问题。

尚恩和我曾在多个项目上进行过合作。他授予员工自主权的开明的企业管理方式给我留下了特别深刻的印象。尚恩曾向我解释过这个项目尤其复杂。他们正计划对一项新产品进行现场测试。这项产品可以让人们使用苹果手机扫描座位背面的条形码，选择想要的啤酒或食物，然后输入座位号，片刻之后一位服务人员就会带着他们的订单出现在面前。付款可以使用苹果手机的支付功能Apple Pay。这项计划需要多家公司软件系统、负责实际发送订单的体育场内的服务机构、体育场和一家中介机构之间的对接。此次测试对Assist来说意义重大。成功的测试结果将提高其价值，同时可以证明该技术不仅可靠，而且还可以成功满足一项实实在在的客户需求。其他几家主要的技术公司正在评估是否要让Assist参与到他们类似的项目中——同时也在观望测试的效果。

事情似乎步入了正轨，然而此时他突然收到了这条短信，告诉他事实并非如此。

尚恩打电话给他的项目负责人，一位在科技行业享有极高声望的女性。她正在体育场处理这些问题。此刻，一些其他参与方正处于防御模式。他们已经找好了借口，准备一旦测试失败，就去责备别人。

经过一段简短的谈话后，尚恩说："如果需要我过去，就告诉我。"他说这句话时语气相当肯定，就好像在说"如果你需要我，你会告诉我的"。他停顿了一下听对方讲话，然后说"好的"，就挂了电话，朝桌子上放菜单的地方看去。

我只听到了尚恩这边的对话，不过我对他回应项目负责人的措辞方式有了一定的概念。我建议他给项目负责人回个电话，将他说的最后一句话改为："如果我去体育场，那么按从0到5的评分，会有多大程度的帮助？"他拨打了电话。一小会儿停顿后，对方的回答是"5"。我感到震惊。尚恩目瞪口呆。他挂了电话，站起身，在桌上扔了一张5美元的钞票，然后叫了台优步车将我们带到体育场。

这个故事的结局很圆满：团队在费城人队上场之前很好地解决了这个问题，而且测试演示也很成功。我想我可能是第一个在他们的系统上订购啤酒的人。

以某种方式表达，你就会得到某种回应，而这种回应又会导致某种结果。略微换一种方式表达，你就会获得不同的回应和不同的结果。

当尚恩说"如果需要我就告诉我"时，这句话需要项目负责人承认她需要帮助，同时要向首席执行官发出指令。这两件事都是很难做到的，即使是对于像领导这个开发团队的女士这样一位强悍的项目经理来说也很难。如果她是个性格软弱的人，那么我们可以将她不愿向尚恩寻求帮助这件事归咎于她的性格。但她不是。

当他问道"如果我过去，会有多大帮助"的时候，这就变成了要求提供信息。请注意他对这个问题是如何措辞的。他没有问，"这会有所帮助吗？"那样就会是一个二元性的问题，再次让她难以说"是"。

我想说的是，你所做出的每一步让人更容易放心说出问题的努力，都让他们更可能说出问题。随着时间的推移，经过反复的会议和互动之后，这些微小的可能性终将累积成巨大的变化。

新战术手册简要回顾

有两种不同的工作模式。红色工作是积极的生产工作，它得益于可变性的减少和证明的心态。蓝色工作则涉及反思性的、协作的思维过程，它得益于对可变性的接纳和改进的心态。在这两种模式中，有六个领导力战术：

从红色工作开始……

实现从红色工作转向蓝色工作的战术：

控制时钟，而不是遵守时钟。

完成，而不是持续。

在蓝色工作过程中……

协作，而不是强制，目标是：

改进，而不是证明。

实现从蓝色工作转向红色工作的战术：

承诺，而不是服从。

利用赋能战术：

建立强有力的关系，而非按角色要求行事。

这些战术存在于蓝色工作与红色工作之间、思考与行动之间、拥抱可变性与减少可变性之间，以及改进与证明之间的变化节奏之中。当你的工作陷入僵局时，你应该仔细研究模式，确定自己在节奏中的位置，并且调用适当的战术。

首先要问的问题是：“我们目前从事的是红色工作还是蓝色工作？”应该记住，红色工作是行动、执行和证明。通常，这是操作机器，制造产品，服务客户。蓝色工作是思考、决策和改进。如果不确定自己所从事的是红色工作还是蓝色工作，可以反思一下自己所从事的活动是更多受益于拥抱可变性还是更多受益于减少可变性。如果你想要获得更多的可变性（更多的想法，不同的选择，在不确定的时期内做出的决定），那么你就是在从事蓝色工作。如果你想要减少可变性（流程中的统一性，生产相同的零件），那么你就是在从事红色工作。

现在，想清楚你要在这种活动模式中停留多长时间，以及你想要何时转换到另一种状态。

假设你正处在苏的境况，工作中有太多的思考、讨论和反思。此时你是在蓝色工作中，但是有必要开始采取行动。你应该结束协作战术，转入承诺战术，并且要有控制时钟的计划，包括完成战术和改进战术。在蓝色工作中滞留太久，你可能会因觉察到自己无法行动起来而感到沮丧；最为糟糕的是，你可能会因此而陷入焦虑和抑郁。我们经常听到的“至少做点什么”“不要过度思考”“我们得了分析瘫痪症”之类的话，所反映的就是人们陷入蓝色工作中时的感受。

当你半夜醒来，辗转反侧思索某件事情而无法重新入睡时，你便是陷在了蓝色工作里面。如何才能走出来？做一件小的，非常小的，能带你进入红色工作的事。行动，前进，做点什么。把你的想法记在记事本上或者日记中。如果这么做后你还是无法入睡，那就站起身来着手于项目的工作。（在这种状态下，我不会发任何电子邮件，但是可以写一份电子邮件草稿，第二天早上再看一遍。）这个办法通常对我很有效；10分钟到15分钟后，我便会完成想法的主要部分，然后我就可以入睡了。

另一方面，你可能会觉得自己像弗雷德一样，在红色工作上花费了太多时间。如果你在红色工作中进入停滞期，需要重新思考或改进工作方法，那么你应该首先控制时钟，然后采取措施进行协作和改进。过多的红色工作感觉像是一种盲目机械的活动，无非是许许多多的动作和噪声，却并没有让你更接近目标。我们经常听到的“我们在原地打转”“我们是在白费功夫”“我已进入自动导航状态”之类的话，所反映的就是这种状态。

（这些话你也许以前从未听说过。那也没关系。这是我从各种工作场所的工作经历中偶然听到的一些说法。你的工作经历会有所不同，你的员工会有所不同，你的文化规范会有所不同，你的语言也会有所不同。但是，如果这些话体现了你目前的某些感受，这说明你有可能已被困在了红色工作中。）

学会如何转动红色工作与蓝色工作之间的枢纽需要反复的练习。从极其微小的小处着手——并且从你自己做起。你也许可以从避免提出二元性的问题开始；不要诱导别人回答“是或否”的问题，而应该问他们关于“什么”或“如何”的问题。试一试这个方法，看看周围会发生什么变化。

之所以需要反复练习的原因，是因为自动选择工业时代战术的思维程序已经根深蒂固——我本人也不例外。无论是与老板、同等级别的同事或下属对话，每次对话都是重塑我们的互动方式的机会。你可以让自己暂时转入蓝色工作状态，停下来认真思考一下，以便做出慎重的回答，而不是不假思索地回应。思考这样一个问题：我所看到的是一个什么模式？我现在适合采用哪一种战术？

下面让我们看几个常见的工作情景。这些例子都是基于我们过去几年与客户打交道的经验。其中，前面几个情景是从级别较高的人员的角度出发进行观察的，而后面两个情景则是从级别较低的人员的角度出发。

干预或控制时钟：何时退出红色工作

情景：一家全球研究机构的科学家们不确定是否需要及早停止试验。

米娅是一家跨国制药公司的科研主管。该公司进行了多次新药试验。大多数早期的药物根本就没有机会进入后期试验阶段或者被成功推向市场。试验是由科学家团队设计的，而且试验必须符合严格的科学标准，以证明某种药物是有效和安全的。试验设计完成后，公司便开始进行测试。通常，科学家们在产品开发过程的初期就有一种“直觉”，认为产品不会通过试验，然而整个试验过程中他们仿佛是被锁在了里面，只是为了“以防万一”。

米娅对某个进程的低效率感到十分恼火。在此过程中她经常听到的话是“我们早就知道这行不通”，资源被浪费在了注定要失败的产品上，然而她还是不敢缩短试验时间。问题究竟出在哪里？米娅应该怎么办？

进行试验属于红色工作。设计、评估和决定要继续进行哪些试验属于蓝色工作。

米娅和她的团队陷入了承诺升级的困境——因为他们并没有放弃连他们自己都感觉无论如何都会失败的试验。造成这一现象的一个根本原因在于他们将试验视为一个漫长的根本不存在任何完成战术的过程——怀着证明积极结果的希望，一直坚持到试验结束。而由于证明积极试验结果的负担很重，因此试验所需的时间就很长。

然而公司是一个商业机构，而且不同种类的证明的负担是不对称的。产品的无效其实不需要花费太多力气去“证明”。经验丰富的科学家对无效结果的合理判断应该就足够了。然而，要想证明一种药物有效，但同时有害副作用又极少，证明负担就变得很重。

该团队应该做的是在试验设计中添加一个决定“提前结束”的节点。比方说，试验工作启动（红色工作），我们假设它计划在6个月内完成。科学家通常在一个月内能够预测试验是否会失败。因此，应该在一个月后召开一次关于“提前结束”的蓝色工作会议。会议需要做出以下决定：是继续进行试验，还是减少损失，将资源分配给其他潜力产品。

在此次“提前结束”会议上，米娅使用了概率纸牌（参见第四章）。由于团队成员之前一直在合作，而且彼此之间信任度很高，因此她选择了同时打开概率纸牌的方法。她问的问题是：“你们在多大程度上认为现在应该停止试验？”每个人都用概率纸牌（1至99）表达了自己的看法。现在，每个人都可以看到团队的意见，而米娅可以做出是否继续进行试验的决定。

人们很有可能想知道其他人投票支持或反对停止试验的理由。那将会是一次很有价值的讨论。

人们有可能会对这样的问题给出建议感到不自在。在这种情况下，米娅可以这样问："这项试验失败的可能性有多大？"她可能需要通过提出一些问题来校正自己对投票结果的理解。比如，她可以问："乔恩，我看到你的投票是95。请给我们讲讲这其中的含义吧。"然后，她可以阐述一下在她看来如果继续或者停止试验，团队可能会承受多大的风险。最后他们可能发现，即使人们认为试验成功的可能性很小，但还是应该继续进行下去，因为它有可能带来巨大的利益。

这是一项低风险的决定，因为试验可以随时重新启动。

通过练习，团队成员会感到可以越来越轻松地向公司示意试验失败的可能性极大，并且提出停止当前试验并启动新的试验的商业论证。

已经说得够多了：管理一项改革计划

情景：首席执行官/创始人想要宣布一项新的改革计划。她是如何做的？

珍是奥斯汀市一家拥有25名员工的软件开发公司的创始人兼首席执行官。该公司之所以能取得成功，是因为珍在一些方面给予了她的软件工程师很高的自由度，包括与客户的互动、制订工作计划及其所开发的软件解决方案的类型。但是珍发现，随着公司的发展，效率低下和内部摩擦日益增多，这是因为工程师们在工作过程中享有自由度的同时也导致了沟通的缺失以及时间安排上的困难。她知道在接下来的一年中，她需要引入更多的标准化流程，并且她的团队会感到不快，因为他们认为自己的创造力受到了限制。

珍的软件工程师正处在红色工作模式下，每个人都做着自己的事，但是彼此之间开始失去协调。她需要做的是控制时钟，然后转入承诺战术。如果她直接向团队提出“改革计划”，很可能会激起他们的恐惧和压力，因为这似乎是一项他们无法控制的、永久性的改革。他们会感到业绩的压力，而不是按照自己的节奏工作。

如果珍想要说服她的团队改变工作方式，那么她应该与他们一起讨论她希望做出改变的原因，允许他们提出在整个公司范围内减少低效率现象的合作步骤。她还可以将这项改革举措称为“实验”或“beta 测试”，而不是“改革计划”，并制订一项计划，将在一个月左右的时间里（某个截止日期）与员工一起评估结果。换句话说，此时珍是在协作而不是在强制。

如果团队成员知道这是一个实验，并且自己也被纳入了改善新工作流程的过程中，那么他们对珍提议的改革计划的抵制程度就会减弱。他们将进入学习模式，同时收集有助于他们在未来的结果评估会议上做报告的信息，无论这项改革会对他们的工作能力带来帮助还是阻碍。

（但这需要是一次真正的协作，评估过程也需要是有意义的，同时软件工程师的意见也应得到认真考虑。否则，珍只是在工业时代的强制和服从基础上做了些改动——而且如果她假装听取他们的意见，而后又忽视他们的所有建议，那么，和她最开始直接向团队抛出“改革计划”相比，情况可能一样糟，甚至更糟。）

在召开结果评估会议时，珍应该邀请一个小组来处理这个问题。参加该小组的方式应该是开放的和自愿的。如果珍最终自己主持讨论，她就应该注意，不要在小组开始寻求可能的解决方案之前将自己的想法强加给他们。如果珍把这叫作协作战术，她就应该询问员工在实验期间看到了什么，在他们看来发生了什么，以及应该怎么做。最后，到了该承诺的时候，珍将能够基于软件工程师根据经验所做的报告，对公司的未来工作流程做出决定。

我们公司也发生过类似情况。在公司开始使用Slack软件①时，有些人用它进行内部沟通，但是同时仍然在使用电子邮件。结果我们有了多种通信途径。为了提高效率，看起来比较合理的方法是用Slack进行正常的内部沟通，但同时保留电子邮件，用于与外部客户沟通。我们相信，这种转变将会让员工之间的交流更具协作性，同时减少沟通信息遗漏的现象。

不过，我们没有下达命令，而是宣布进行一项实验："嘿，先让我们实行一个月，然后针对我们学到的东西以及我们对它的喜爱程度进行讨论。如果结果证明它没有用，我们可以在一个月内撤销该项规定。"②

尽管并非所有的改变都能如此容易地被撤销，但是它越接近进行实验的模型越好——对红色工作进行调整，设立一个有明确终点的用于评估的简短的蓝色工作期，如果评估后认为这一调整是很有数的，那就确定下来。

我们停不下来，我们走得太快：暂停以求改进

情景：一家全球发动机维修公司负责人希望进一步改善公司的工作流程。

亨瑞克是欧洲一家发动机维修厂的生产主管。该维修厂附属于一家大型的欧洲航空公司，但是大约有一半的工作量是对其他航空公司（通常是没有自己的维修工厂的小型航空公司）发动机的维修。当亨瑞克接任生产主管时，该发动机维修厂在获得新客户方面落在了同行的后面——尽管当时全球航空业中需要维修发动机的飞机的数量在不断增长。亨瑞克鼓励他的团队在简化工作和提高质量方面大胆提出新的想法，但是他们提出的为数不多的想法要么微不足道，

① 一款聊天软件。——编者注

② 我们了解到员工确实会定期查看他们的Slack消息，并且我们似乎对公司内部的现实情况和协同工作都形成了很好的共识。几乎没有被遗漏的信息，而且远程工作人员感觉与团队之间的联系比以前更顺畅了。但是即便如此，问题还是变得更糟：事实证明，客户有时会使用领英短信作为另一个渠道，我甚至还收到过一个用推特发来的口头询问（而且还预约了）！

要么不切实际。

亨瑞克的公司似乎陷入了全面的证明和绩效心态，这种心态贯穿于红色工作和蓝色工作。问题是，证明和绩效心态会让我们和我们的员工感受到一种压力，要求我们必须始终做到万无一失，而由于担心会出错，这种压力又会抑制想法的共享。该公司是在试图一次性完成所有重大举措的实施，而不是建立多个小的假设去测试，将重点放在从结果中获取经验上。

亨瑞克的公司所需要的战术包括控制时钟、协作、承诺，以及最重要的改进。亨瑞克需要在生产过程中安排一段暂停时间，以便为蓝色工作创造机会。蓝色工作会产生很多想法，然后亨瑞克需要决定如何选择一两个新的举措，以便团队继续进行红色工作时可以实施和测试。

例如，在修理发动机时，工人们会将发动机用高架起重机吊起来，然后登上梯子更换涡轮叶片。但这意味着工人们在任何时候登上梯子都需要安全设备，而且这一过程减慢了他们的速度。如果可以将发动机放低些，那么工人们就可以站在发动机旁边的地面上，以最佳的高度更换涡轮叶片。但是，在工厂的地面上挖洞以创建这些维修区，将是一笔不小的开支。他们应该如何检测这一想法是否真的会改善工作流程呢?

一种方法是购买一个可以在发动机周围升降的圆形平台，而不是使用单个的梯子。这样在无需在地面上打洞的情况下，团队就可以节省时间。他们可以进行60天的试验，让不同的团队试用这种升降式的圆形平台，通过这两个月的学习，他们就可以做出是否需要挖洞的决定。

事实证明，这是个好主意。现在，工人们可以站在地上，而让发动机上下移动——这样，工作地点就可以保持在同一个高度。这项工作更安全，更快捷，并且团队实践了如何实现新的想法。

所有人都不愿说出想法：建立强有力的关系来确保安全感

情景：副厂长与同事想法不同，但不愿说出自己的想法。

汤玛斯是巴西一家大型造纸厂的8名副厂长之一。三班倒制使得工厂可以每天24小时不停地运转。管理一台大型造纸机（长500英尺，高三层）是他们的主要职责之一。

这台机器的设计运行速度为每秒100英尺，但是汤玛斯的工厂一直让它以每秒60英尺的速度运行，这是因为全速运行时会导致质量不一致和纸张撕裂。滚轴的微小错位和干燥部分温度的变化造成了纸张质量的微弱变化，纸张质量主要是以厚度来衡量。在此工序的最后一步，纸张被收集在20英尺宽的线轴上。如果纸张撕裂，那么纸张就会以每秒1 200平方英尺的速度被倾倒在地板上，直到机器停止运转。

公司向工厂施压，要求提高生产率，小组成员正在讨论如何实现。汤玛斯认为这种讨论无济于事，因为他们关注的是细枝末节的事，诸如与法兰西斯科值班时相比，米格尔值班时出现了多少纸张撕裂，等等。汤玛斯相信，尽管某些值班主管能够对机器进行一些有效的调整，但撕裂还是会或多或少地随机发生。在他看来，他们需要延长停机时间，才能解决机器身上存在的一些根本性问题——修理磨损的轴承，校准风扇，清洁传送带。

汤玛斯发现，在处理这一问题方面，大多数同事都听从厂长的意见，而且他觉得他们不会愿意认真听取自己的看法——或者如果他选择挑明问题的话，他就会失去社会地位，而且有可能伤及他与小组成员的关系。

在这个蓝色工作阶段，管理者确实在采取协作战术，但是他们实施的方法不正确。厂长没有征求小组的意见和想法，而是把自己的偏差展示给他们。这类会议应该用“暂停、回放和快进”的程序召开。工厂主管人员应该认清当前的情况，分析事情到达这一步的原因，然后决定应该如何解决问题。

汤玛斯需要采取控制时钟和协作的战术。如果他希望提出一个不同的解决方案，那么他应该采用一种轻柔的方式。他可以先进行观察，尽量避免做评判。“我注意到还有另一种有待讨论的可选方案。我看到值班主管在机器运行时花费大量时间对滚筒和风扇进行细微的调整。我知道这很难做到。当机器出现故障时，我们急于让它恢复工作，而没有时间分析和解决这些问题的根本原因。也许我们可以将机器的速度提高到每秒70英尺甚至更高。然后我们可以安排停机并控制机器，而不要让机器控制我们。”

在向承诺阶段过渡的过程中，汤玛斯和他的团队应该基于他的想法确定一个可以在机器上进行测试的具体目标。也许值班主管可以找出需要调整次数最多的10个滚筒，以便工厂可以安排停机时间来检修那10个滚筒，而不是全部的150个滚筒。

问题在你，不在我：更有效的协作

情景：一家银行的产品负责人感到沮丧，因为她的一名员工满脑子都是些不靠谱的想法。

杰西卡在一家银行担任产品负责人。她有一个很小的跨职能团队，成员包括编码人员、设计师，以及隐私与合规方面的专家，共同为客户开发技术和界面。该团队使用敏捷流程协同工作，并且总体上取得了成功。

但是，令杰西卡感到恼火的是，其中一位编码员詹斯经常提出一些在杰西卡看来“不着调”的方法。例如，最近的一个目标是允许用户使用应用程序付款，而詹斯提议开发一种可以用读卡器读取的可穿戴指环。

杰西卡是在试图采取协作战术，但是她不应该将自己的问题归罪于詹斯，而是应该重新思考自己的态度。首先，她应该认可并称赞詹斯的发散性思维。这种发散性思维有可能是创新和改进的源泉。当詹斯提出建议时，杰西卡不应该做评判，而应该好奇地探究这一想法。说不定事实证明詹斯是正确的呢。

杰西卡应该假设詹斯比她更了解问题，因为是他在编写代码，并且他能提出想法。询问“什么”和“如何”类的问题能够帮助她发现詹斯看得到而她看不到的东西。她或许可以问：

- “下一步该怎么做？”
- “这在多大程度上与用户的需求相符？”
- “它能如何简化客户的流程？”
- “它是基于哪些假设？”

但是，如果詹斯的建议确实“不可行”又该怎么办？也许他的开发标准不对。如果是这样，那就是开发标准不明确的问题。例如，假设银行方面想要一款操作简单且在数据收集方面表现出色的产品，而詹斯却不断地提出一些能使产品有效收集数据但使用户界面复杂化的想法。在这种情况下，杰西卡应该进一步明确开发标准，以便詹斯能够与团队其他成员进一步协同工作。

在整个过程的最后，杰西卡可能需要批准这种或者那种方法。有可能事实证明詹斯的提议是最佳的解决方案，也有可能证明他的想法行不通。如果杰西卡不同意詹斯的提议，她可以解释为什么她选择了其他方案，但这并不意味着她应该试图让他相信他的提议是“错误的”。她要做的只是得到詹斯的承诺，表示自己愿意支持她就团队行动方针做出的决定。

要获得承诺而非服从

情景：高级副总裁准备好了要在改革管理会议上回答问题。

马修是欧洲一家全球汽车制造商的高级副总裁。他的部门负责消费者技术，对组装车辆的机器人以及汽车本身的电子设备进行编程。一年前，他的前任实施了敏捷转型，开启了整个部门的敏捷工作方式，但未能带来任何持久的变化。

首席执行官和高级管理层很清楚，公司如果想要生存下去就必须改变其工作方式。他们看到正在瓦解其行业的自动驾驶汽车、电动汽车和无人驾驶送货系统所带来的挑战；他们知道公司需要提高创新能力——而这意味着他们需要让所有员工参与到对创新的思考。

马修和他的核心团队重新启动了一个转型计划，以期提高适应性和敏捷性，同时能够更快地将新产品推向市场。马修的部门需要进行重组，并采用新的做法。公司组织了一个由各级员工参加的为期6个月的研讨会，探讨进行重组的方法以及新流程的具体内容。

马修认为，广泛的参与和积极性是成功转型的关键，但是改革计划的公开使得一些反对者甚至在计划开始之前就通过语言加以阻挠。马修知道，就改革计划快速达成共识，是不可能的。但现在他反复听到同样的抱怨，因此他感觉应该向前推进，不必理会反对意见。

具有讽刺意味的是，其中的一群抵制者竟然是敏捷教练。他们认为，新的方法，或者说新的“操作系统”，还不足以让敏捷流程和管理结构与公司兼容。他们坚称，只有进行彻底的转型，才能在公司内部产生真正的变化。

很大一部分中层管理人员也提出了抗议。他们问了马修许多问题，而在马修看来，在他们真正开始转型之前，这些问题是无法回答的。

最后，当前的改革管理团队成员认为他们的地位受到了威胁，因为在新的操作系统中，所有人都将需要成为变革的推动者。他们想知道自己会有什么样的新角色。

马修的团队深陷蓝色工作之中。他觉得自己花在讨论上的时间已经足够多了。已经产生不了任何新的想法，只有旧想法的一遍遍重复。因此，他召开了一次会议，告知所有的管理者，他们将开始转型的第一阶段。他用下面这段话做开场白：

“根据与在座各位以及部门各级人员长达6个月的讨论和研究，我认为现在应该启动我们的新操作系统了。我们清楚这个计划并不完美，但是我们会在此过程中不断学习和调整。我要求你们以现在为起点，投入3个月的时间，然后我们将进行一系列回顾和路线更正。”他为改革设定了最后期限。

马修开始征询大家的意见：“如果知道我们要推进改革，有哪些因素会让你们感到不安，我在哪方面能为你们提供帮助？”在规模较小的群体中，口头讨论应该让每个人可以放心地自由发言。如果马修感到许多管理者不敢公开表达自己的想法，那么他可以让他们将自己的想法写在卡片上，然后把卡片传递到会议室的前面。

他还可以问：“如果你回去告诉你的员工，我们将开始实施这一改革，那么你认为他们最关注哪些问题？”这是视角的转变，有助于他的管理者表达想法。

一位敏捷教练回应说：“我觉得这个新的操作系统并不敏捷。它还远远不够，我不支持。”

如果马修想了解更多，他可以问：“你认为它在哪些方面还远远不够？”但他的要点是：“我真希望我能挥舞一下魔杖，然后我们立即就变得敏捷而富有创新精神，带着目标，在红色工作和蓝色工作之间取得完美的平衡，但是我现在不知道那只魔杖是什么样子。我认为这是我们前进进程中的第一步。如果你继续对此项变革持保留意见，我不反对，但是我希望你能尽心尽力地在接下来的3个月中尝试一下，并且利用你的想法和经验，来帮助我们成为一个更加敏捷和快速响应的组织，在生产优质汽车的同时专注于学习。”

一位中层管理者问：“这是重组的最佳方法吗？”

马修回应说：“不，这绝对不是重组的最佳方法，但它比我们的现状更接近我们所需要的，我们会在实施的过程中进行观察，并从现在开始用这3个月的时间寻求改进，努力朝着更好的方向发展。我们的方针不是无休止地研究下去，直到找到某种无懈可击的解决方案，而是要创建一个可以安全地试验和改进的系统。我们要进入一个行动的时期，即红色工作时期，在3个月后，我们将在蓝色工作的会议上进入暂停、反思和协作。我现在请每个人都记录下进展情况——为此我们给每个人提供了一个日记本——同时请诸位积极参与到这项工作中来。”

另一位经理问：“这难道不是我们去年尝试过的那个大重组的翻版吗？有什么不同之处吗？”

“听起来好像你对这种毫无结果的反反复复的改变感到厌烦。我也是，”马修说，“但我可以告诉你，它们不一样。在我们之前所犯错误的基础之上，我们引入了一个新的流程。这些错误实际上会有助于让这些新的变化变得更好，因为我们已经学习到了更多经验。我感谢大家在过去6个月中的参与，同时让我们知道我们在哪方面做错了以及如何改进。”

改革管理团队中的一个人发表自己的意见。她说：“我们团队被排除在此类改革活动之外。据说，你说过在这个新操作系统中每个人都是改革的推动者，但这似乎也说明我们根本就是无足轻重。而且，顺便说一句，你不懂如何管理一项改革。”

“听起来你似乎是担心自己变得无关紧要，而且你希望确保自己在未来的组织中占有一席之地。”马修回应道，“在与首席执行官和高级领导者的对话中，我们意识到改变——学习、适应和敏捷工作的能力——将变得越来越重要。因为理解人类应对变化的方式是你们团队的核心能力，所以我看不出你们怎么可能无关紧要。在整个过程中，以及在3个月后的蓝色工作的回顾中，我们都需要听取你们的意见。和部门中的其他所有人一样，你和你的团队已被邀请参加研讨会。但是，如果我们看起来并没有按照过去的方式‘管理’这一改革，那么你是对的。”

会议结束后，马修的管理者们可能仍感到不放心，并且担心自己还是无法回答团队成员有可能会向他们提出的所有问题。他们可以练习说“我不知道”。

他们可能仍然对新的组织形式以及他们在其中的角色感到忧心忡忡。但是，在马修的领导下，他们承诺会去尝试一下，同时拥有了与自己团队进行交流时使用的语言。

帮助他人之前先戴上自己的氧气面罩

最近我在和一个人的交谈中出现了意见分歧，最后我的声音变得越来越大。我开始指责对方。我失去了冷静。我当时需要做的是在我自己身上使用控制时钟战术，给我自己叫停。

如何才能防止自己落入同一个陷阱？

导致这种失态的迹象是什么？经过反思，我发现了以下几点：

- 我们两个人说话的速度变得越来越快。
- 我不再听对方说了什么。我不等对方说完就开始构思我的回应。我甚至开始对他的话断章取义，抢在对方没有说完话之前开口。
- 我的观点完全变成了主观的：我感觉自己是在透过自己的眼睛看另一个人，而不是跳出来客观地观察现场。我失去了中立和监控的能力。
- 我的注意力集中在对方身上，无视任何其他刺激因素：我再也注意不到屋子里其余部分发生了什么，再也听不到窗外的鸟鸣。对话声音越来越大，而世界却越来越安静。

这些是证明和绩效心态的典型症状，而我们在做红色工作时经常会有这种症状。在进行400米比赛（这是红色工作）时，证明和绩效心态是恰当的，然而它却不是商业谈话（这是蓝色工作）中最有效的一种。

如果有另一个人做我的观察员或教练，他们可以帮助我控制时钟。但是我没有，而且将来在更多的情况下我会是独自一人。我需要——而且将会需要——在我自己身上施行自我约束机制。我知道应该观察什么，而且我可以保留一部分认知资源来监督事态，以防出现这些症状。对我来说，最容易发现的症状之一就是我的语速加快，因此我在讲话之前至少要数到数字1。

避免旧战术手册埋下的隐患

情景：公司的公开声明暴露出强有力关系的缺乏。

2017年，美国联合航空公司乘客陶大卫被强行拖拽下飞机，原因是该航空公司决定从满员的飞机上请下几名乘客，以便该公司的4名雇员能够从芝加哥抵达路易斯维尔。该事件被录像并迅速传播开来。

联合航空首席执行官奥斯卡·穆诺兹发表以下声明："美联航全体员工对此事件深感不安。对于不得不重新安置这些乘客，我深表歉意。我们的团队正在尽快与当局合作，并对发生的事情进行详细的审查。我们也正在与这位乘客取得联系，希望与他直接交谈，以求进一步处理并解决这一问题。"

这段声明表现出对公众舆论的充耳不闻。他所道歉的是"重新安置"乘客这件事——而不是暴力行为。他称陶大卫为"乘客"，而没有称呼他的名字。几星期后，穆诺兹在接受采访时表示，看完该事件的视频后他感到"羞愧"，但是这种情感的、人性化的反应却没有体现在该声明中。

为什么？穆诺兹使用的是工业时代的战术手册，并且按照某类人（一家大型企业的首席执行官）的标准行事，而且我还怀疑他是受到过积极寻求降低风险的律师的指导。

首先，他所用的战术是按角色要求行事，而不是建立强有力的关系。建立强有力的关系意味着把自己放在一个可以接受批评的位置上。然而他没有这样做，而是依赖传统的、相互疏远的层级制度：他是首席执行官，而他们只是"顾客"和"乘客"，甚至连他们的名字都不需要提及。

其次，他采用的是证明战术，而不是改进战术。他为自己的公司辩护，没有留下任何进一步讨论的余地。当天晚些时候，他给美联航的员工们发了一封信，信中写道："我们员工的行为符合处理此类事情的既有操作准则。"他意在表达对美联航员工的支持，但他的语气透露的是那个被疯传的视频里显示的是不必要的过度反应。

我经常乘坐美联航。我可以用亲身经历告诉你，那里有数百名敬业、善意、专业和体贴的员工，但不幸的是，首席执行官的评论却令事态雪上加霜。

后来，在公众强烈的抗议声中，他发表了一份经过完善的声明。此次声明中提到了那个"确实恐怖"的事件，并表示美联航会做得更好。这些正是他从一开始就应该采取的建立强有力的关系战术和改进战术。

利用红色—蓝色思维更好地控制情况

情景：一位同事陷入了过度承诺的困境。

安迪是伦敦一家小型电影公司的布景设计师。这家电影公司通过组建多学科项目团队制作视频内容，以满足客户需求。这些项目团队的规模从4人到7人不等，并且不是固定的。这是一个跨职能的矩阵组织。

安迪是一个有求必应的人，而他的过度承诺让他感到压力很大。当多个日程安排之间发生冲突时，工作结果就会不及自己发挥真实水平时的好，而这会让他感到伤心。有时甚至达到病倒的程度，他只好待在家里。

可是，他不想拒绝别人的请求，因为他担心自己会因此背上不乐于助人的罪名，而且担心当他需要为自己的项目寻求别人的帮助时，他们会拒绝帮助他。

导致安迪过度承担责任的一种情况是"伏击"。举个例子：一位同事请安迪喝咖啡，想要"跟他聊聊她的项目"，然后，问题来了——她问他是否愿意担任项目的布景设计师。尽管安迪已经忙得焦头烂额，但他听到自己说同意帮助她，随即感到后悔莫及。走出咖啡店时，他感到压力更大了。

安迪面临的问题是，他被迫陷入红色工作的行动模式，而没有时间进行蓝色工作中的思考。实际上，他是自己同事的强制战术的受害者。他服从，然后按照一个乐于助人的帮手的角色要求行事。用来对抗这位女同事的操纵行为的战术就是控制时钟、协作和承诺。

安迪如何能够控制时钟？即使安迪觉得自己需要立即做出回应，他也不需要当时就向他的同事做出承诺。他完全可以理直气壮地说："我想听听你希望我能为这个项目做些什么。你认为我需要为此投入多少时间，另外这项工作要在什么时候完成？"

此外，他还可以说："我现在还不能答应你。请允许我考虑一下，然后再做出承诺。"（在决定之前，我认为他不需要寻找借口，甚至不必说："让我查看一下我的日程表。"他只需要告诉他的同事，他会考虑一下这个项目。）

如果对方逼迫他立即做出回答，安迪可以简单地说："看起来你现在就需要我做出承诺，可这对我来说是不可能的。我认为你需要去找其他人看看。"

如果安迪的同事希望安迪立即做出明确的承诺，我建议安迪在与如此行事的人共事时要多加小心，因为行为方式通常是一贯性的。换句话说，我估计整个项目过程中都会缺乏透明度或提前进行的计划。将来迎接你的可能是更多的强制，而且希望你服从指挥，按角色要求行事。这很可能不是一个有趣的项目。

根据你与对方的关系，指出对方"伏击"的行为应该是合适的。如果安迪觉得自己有能力，他可以与他的同事面对面并向她解释自己对受她操纵的感受。他可以这样说：

"请我喝咖啡时，你对我说是想叙叙旧，跟我聊聊你的项目。你根本没说要请我加入你的项目。我感觉自己中了圈套，似乎你是在强制我做出承诺，我因此想暂停下来。在做出决定之前，我需要考虑一下。"

如果安迪确实同意与他的同事就此项目进行合作，他仍然可以给自己的承诺加上时间限制。例如，他或许可以说："根据你所讲的内容，在接下来的两星期内你可能需要4个小时到6个小时的时间。我可以在下星期投入3个小时，然后在下下星期再投入3个小时。我剩下的时间已经被其他项目占用了，而在这段时间之后，我需要将全部时间投入到其他项目上，因此，如果届时你的项目仍需继续下去，你将不得不寻找另一位布景设计师。这样的时间安排对你合适吗？”

这样，如果安迪确实做出承诺，那也是基于他提出的条件，而不是他同事的。

让老板感到安全

情景：老板告诉维修人员该怎么做，但他是错的。

萨拉在美国中西部的一家核电站担任维修主管。她的老板比她大15岁，在那家工厂工作了近30年。核电站会定期停堆，以便对机器进行检查和维修；每次停堆持续大约两周时间。大多数机器买来时，制造商都会同时提供有关维修周期的建议，就像你的汽车制造商建议你定期更换机油一样。萨拉的老板对这些维修建议的态度一丝不苟。如果制造商建议每5 000英里更换一次机油，那么他就每5 000英里更换一次机油。毕竟，这是一座核电站。

不过现在有一些测量设备性能的新方法，可以更精确地估算“更换机油”的需求。在许多情况下，这意味着设备可以运行更长的时间且不需要维修。这样可以节省费用，并且可以使核电站离线的时间缩短，因为可以更快地完成计划的停堆。

当然，如果设备在下一次计划的停堆之前发生故障或需要维修，则会导致发电能力的降低，或者更糟糕的是，需要进行计划外的停堆。就收入损失而言，这两种方法都将是代价极其高昂的。

对于即将到来的停堆，萨拉和她的团队认为，某个特定的泵即使不按照建议进行大修也能够正常运行，尽管此次对其进行维修是低风险的选择。萨拉担心她的老板对团队的建议反应不积极。她需要的战术是控制时钟、协作、建立融洽关系，当然最好还有承诺。

萨拉和她的团队被过多的红色工作所困，做着他们一成不变的工作，因为他们一直在这么做，没有时间从事蓝色工作，而蓝色工作能够让他们找到更高效的工作方法。萨拉的战术从控制时钟开始。她需要选择合适的时间来讨论团队的建议。如果她直接向老板提出与他已经批准的内容相抵触的建议，则他可能会做出负面反应。她需要避免因挑战他的权威而有可能产生的意志和自我的对抗。她需要找个好的时机与老板讨论这个问题，在试图改变他之前先让他倾听自己的意见。

一旦找到讨论维修计划的好时机，萨拉就应该转入协作战术。她应该从自己和团队的结论谈起，而且要以不威胁到老板权力的方式表达。她可以说："我看到停堆计划中包括检修二级泵。我的团队对此有一些想法。我想和您谈谈这些想法，但是如果您不想改变原计划，我会告知团队，而且我们会以最有帮助和最有效的方式执行计划。"这样就避免了任何潜在的意志和权力之争，消除萨拉老板的疑虑，让他相信她是他忠实的支持者。

然后萨拉可以按照暂停、回放和快进的方法陈述团队的观察结果。她应该确保首先让老板有所选择。最基本的选择是她的老板是否真的愿意倾听她的意见。"您想听听团队在这方面的看法吗？"

（有时候，对问题的措辞方式最好能够允许对方说"不"。给别人留有说"不"的余地会让他们对局面有安全感和控制感。）

然后萨拉可以描述一下她和她的团队目前对泵的运行状态的掌握情况，以及他们如何对收集到的数据进行分析，并最终得出结论：尽管有按照厂家建议对泵进行维修的计划，但目前设备实际上运行良好，并且应当继续有效地工作至下一次的计划停堆时间。

接着，萨拉可以说："您希望我们怎么做？"或者，她可以提出一个建议：

"所以我们建议将维修工作推迟到下次停堆时进行。"她甚至可以将其表述为一个既成的事实："我们打算将维修工作推迟到下次停堆时进行。"

如果她想与老板建立强有力的关系，最稳妥的做法就是问他希望团队怎么做。萨拉所做的是争取得到发言的权利。只有这样，她才有能力在对老板不构成威胁的情况下影响决策。

当然，无论她的措辞多么温和，都不能保证老板会认真考虑她的建议。如果是这样，那么最后萨拉就需要考虑，自己是否还要继续留在这家核电站。切记：当你在一个得不到充分赏识的地方工作时，内心所产生的长期持续的压力会损害你的健康。

职位描述、招聘和评估

罗萨里奥在加利福尼亚州一家城市医院担任首席护士长。该医院隶属于一家大型医疗保健连锁机构，其招聘工作和职位发布是集中管理的。她注意到，甚至连她的一些值班主管都要等待上级告诉他们该做什么，或者为一些简单的行动等待他们的批准，同时深陷在红色工作中。他们并不认为决策是岗位职责的一部分。

该医疗保健连锁机构使用的标准化招聘信息看起来就像是一个任务列表。

让我们重点看这份招聘信息中的动词，来了解一下这份工作的主要活动。下面是其中部分招聘信息。

1. 编制资料……
2. 与医务主任合作……
3. 完成日常工作人员工作分配……
4. 监控日常报告并发现问题……

5. 解决升级问题……

……

14. 执行上级分配的其他职责。

职责列表中的动词包括编制、合作、完成、监控、解决、执行、管理、指挥、监管、实施、创建、施用、协助、提供和监督。这些大多是工业时代的动词，其思考方式是主管人员对下属人员做这些工作。这里面缺乏关于思维、成长和决策的动词。

其中的“创建”有可能是一个蓝色工作的动词，因为它意味着需要决定和发起某些事情。在本例中，这个词被用来描述领导者创建弘扬团队合作和主人翁意识的文化的责任。这一点是积极的，但是却没有任何关于工作本身的蓝色工作的动词。

从制定决策的角度来看，蓝色工作在红色工作之前。从反思和学习的角度来看，在红色工作之后，紧跟着蓝色工作，因此职位描述中应包含描述蓝色工作和红色工作的动词。前端的有关决策的蓝色工作动词包括决策、确定、提议、发起、承诺、推荐和选择。描述反思和学习的蓝色工作动词包括反思、学习、提出假设、测试、试验。

罗萨里奥还应该用结果而不是任务来描述责任。任务可能是编写报告，而结果是提供数据透明性、绩效评估以及最终用于渐进式改进的趋势数据。

“管理绩效和薪酬评估”的任务没有强调决策和团队发展。使用“管理”一词，似乎是为了确保不涉及任何思考。可以用来取而代之的蓝色动词包括决定、建议或商讨绩效和薪酬评估。

职位描述对具有被动和强制性特征的动词的普遍使用，从另一个角度体现了我们以命令和控制的方式管理红色工作。这类动词包括管理、指挥、监管和监督。罗萨里奥可以将标准的、充满被动意味的最后一行“执行上级分配的其他职责”改为“实施其自身认为必要的其他职责”，以提高主动性、主人翁意识和参与度。

一些有用的动词包括发起、提议、打算、引发、启动和开始。

战术的应用

在考虑战术的应用时，应该尽量仔细研究目前的情况，谨慎地采取必要的战术。如果你正处在红色工作中，那么你需要控制时钟才能为协作创造可能性。

如果团队处于蓝色工作模式下，你可能会注意到有些人依然在实行旧的战术：强制、服从、持续、证明和按角色要求行事。在这些情况下，你应该有意地使用新战术手册中的战术：协作、承诺、完成、改进和建立强有力的关系。

有些时候从角色的角度进行思考是有用的：管理红色工作的角色、管理蓝色工作的角色，以及构建红色工作和蓝色工作之间节律性转化的角色。

CHAPTER

10

第十章

实施红色工作—蓝色工作操作系统

1972年，桑德拉·吉莱斯皮驾驶她的新福特平托驶上明尼阿波利斯的一条高速公路。在副驾驶座位上坐着13岁的罗比·卡尔顿。当这辆汽车进入高速公路时，突然熄火，并且被追尾。撞击速度为每小时28英里。

平托的油箱破裂，汽车起火。桑德拉在大火中丧生，罗比幸免于难，身体大面积烧伤。令人遗憾的是，让桑德拉和罗比成为受害者的并不是未知的工程变量，而是福特公司进行的一项成本效益分析。

20世纪60年代，美国汽车制造商受到大众甲壳虫和一些日本汽车制造商的挑战。福特公司时任首席执行官李·艾柯卡认为该公司必须以自产的小型节能汽车来应对这一挑战。他设定了一个目标：设计并销售价格低于2000美元、重量低于2000磅的汽车。他给了设计团队25个月的时间。他们将这辆车取名为平托。

和你们当中的一些人一样，福特平托是我的第一辆汽车。我的那辆是蓝色的四速手动挡。车的一档坏了，而且右侧门把手脱落。最终，马萨诸塞州冬季时在道路上撒的盐腐蚀了副驾驶一侧的底盘。尽管存在这些机械问题，但我仍然记得这辆汽车带给我从未体验过的自由。幸运的是，我从未在开那辆车时出过车祸。

正如该公司首席执行官所言，福特在小型车市场上的竞争战略靠的是重量不到2000磅而价格低于2000美元的汽车这一特定目标，然而这是一个很难实现的目标。为了实现该目标，在设计过程的初期，工程师和设计师们做出了一系列折中的决定。其中的一项折中方案涉及的是燃油箱。为了满足空间和重量要求，设计人员将通常位于后桥上方的燃油箱移至了后桥后面的一个位置上。现在，后桥不再为燃油箱提供保护，而是变成了一块尖锐的金属物体。一旦汽车被追尾，这块金属就会将燃油箱撞碎。

在平托投放市场的过程中，福特公司的工程师们开始强调燃油箱的安全性问题。公司进行了一项成本效益分析，分析结果预测发生故障的燃油箱每年将导致180人死亡和180人严重烧伤。同时预计，福特公司每年将花费4950万美元用于解决潜在的赔偿责任和死亡索赔。

另一方面，提高燃油箱安全性的预估费用为每辆车11美元。如果基于这种设计方案生产的汽车和一些轻型卡车能够售出超过1000万辆，那么公司每年将因此而亏损1.37亿美元。用于确保燃油箱安全的成本超过了公司因燃油箱问题造成的预计伤亡人数而应支付的财务成本。最终的决定是：对燃油箱问题不予处理。

这一问题并非仅在福特公司存在。公司用具体的目标来表达一个战略，以此来实现某个长期愿景。战略层面的具体目标推动了组织内自上而下的证明和绩效心态——将员工锁定在红色工作中，同时提高蓝色工作的障碍。他们充分发挥了传统工业时代的所有战术——强制员工服从和持续工作，直到实现目标为止。暂停、控制时钟、花时间与人协作、获得一项工作完成的感受以及庆祝——这些都被看作碍手碍脚的浪费时间的事。学习、敏捷性和适应性受到了抑制。长期生存的可能性被降低。

想要创建一个学习型、适应性强的组织，就需要在高层——在战略层面，然后在运营层面，最后在战术层面——实施红色工作—蓝色工作的运行节奏。

目标设定的危险性

在哈佛商学院于2009年发表的题为《疯狂的目标》（*Goals Gone Wild*）的论文中，丽莎·奥尔多尼斯、莫里斯·史威哲、亚当·加林斯基和马克斯·巴泽曼深入研究了福特的“不到2000磅，低于2000美元”及其他类似目标对组织行为的影响，尤其是对不道德行为倾向的影响。

许多研究已经证实，设定具体的、具有挑战性的目标可以在短期内提高绩效。具体的目标能够让人集中注意力，减少分心。这些都是红色工作的天然盟友——注意力集中以及证明与绩效的心态。但是，由于蓝色工作得益于更宽广的视角并且积极接纳可变性，因此目标设定可能会造成无法预料的负面影响。

记住，进行红色工作的关键之一是一小部分一小部分地进行，并为控制时钟提供机会。对时钟的控制可以来自领导层，也可以由员工发出信号。如果缺乏对这种预防措施的重视，那么即使已经出现偏离正轨的迹象，组织也仍然会在红色工作的进行中撞车。

具体且具有挑战性的目标的实现要求是让人们将注意力集中到某个任务上，但是这种狭隘的关注会导致对与任务无关的信息的排斥。它会造成大范围的盲点，在这些盲点区有可能会出现质疑战略或目标最初方向的信息，然而现在这些信息却看不到了。

许多领导力研修班都会借助一个有趣的有关大猩猩的视频来说明这一问题。参与者们需要观看一段人们围着一个篮球传球的短视频。参与者同时还需要计算白衣队或黑衣队传球的次数。这项任务需要强大的认知能力和专注度。在视频播放到中间时，一个穿着大猩猩服的人正对着摄像机穿过球场。许多第一次观看这段视频的参与者根本没有注意到大猩猩的出现。

目标所引起的注意力集中可能会导致错误的行动。除此之外，《疯狂的目标》的作者还得出这样的结论：具体目标的存在实际上会诱发不道德的行为。

当公司制定具体的战略目标时，绩效思维将占上风，这常常导致毫无益处的自我保护。如果没有允许员工控制时钟的具体机制，那么员工感到无法控制结果，因此更有可能诉诸不道德的手段来实现目标。这就是为什么人们最终会看到不良的甚至是恶意行为的原因。

目标的设定与自上而下的层级制度共同免除了人们对其决策应当承担的责任，而这正是为什么大众汽车的工程师串通起来在柴油车排放检测上作弊，退伍军人管理局管理人员设立影子门诊预约名单，以及 Theranos公司[①]伪造血液测试结果。

一个邪恶的、不道德的或者完全错误的人只会让存在自上而下层级制度的公司整体陷入灾难，因为层级制度自上而下的性质使组织中的其他所有人都无需承担决策的责任。

哈佛商学院那篇文章的作者指出了目标与组织内部不道德行为的恶习之间的关联性。员工要么捏造数字，要么捏造达到某个数字的过程。作者认为“在组织内部设定具有挑战性的目标会培育出适合不道德行为生长的组织氛围”。

企业欺诈行为的案例屡见不鲜。这些现象为什么会不断发生？

2014年，退伍军人健康管理局爆出一系列丑闻：医院管理人员为了获得奖金，人为地缩短了记录上的候诊时间。2011年，退伍军人健康管理局将规定的候诊时间缩短至14天，并且为达到这一目标的行为提供奖励。采取这一举措的部分原因是等待时间过长。为退伍军人提供更好的医疗服务的目标被简化为14天等待时间，以及2012年的另一个目标：在患者希望的手术时间的7天内进行手术。由于退伍军人健康管理局的流程和资源基本保持不变，因此等待时间没有改变，但是看上去有所改变。凤凰城的退伍军人健康管理局医院发现，利用

① 一家血液检测公司。——编者注

影子等候者名单就可以实现上述的14天目标。退伍军人会被列入一个非正式的等候者名单，等候时间有时甚至长达一年。然后，当他们在预约时间前的两周内到来时，他们将被转移到一份正式的等候名单。正式的记录显示出与14天候诊时间目标的高度一致性，于是管理者们获得了现金奖金。CNN 的调查显示，有40名退伍军人在等待门诊预约的过程中死亡。

2015年，美国环境保护署发出通知，大众汽车的行为违反了《清洁空气法》。在实际驾驶时，一氧化二氮的排放水平达到排放限值的40倍，但是因为非法软件，车辆却通过了排放测试。

金融危机爆发后的10年中，富国银行鼓励其员工完成向每位客户（银行的现有客户）出售至少8种产品的目标。作为应对手段，员工开始在未经客户许可的情况下创建虚假账户。至少200万个虚假账户被创建。

美国在入侵伊拉克期间制订了一项战略计划，计划中包含所有战斗小队需要实现的目标，而且这些目标是基于一些假设制定的。其中的一个关键假设是民众将“张开双臂欢迎我们”。前期证据表明这种假设是不合理的。然而，尽管前线指挥官对此很清楚，但是存在于整个组织中的是证明和绩效的心态。任何表示反驳或者超乎预期的信息都被阻断，无法抵达高层。结果产生的是一个无效然而持续了太长时间的行动方案。

在所有上述情况中，普遍存在的违规行为使得责怪少数几个不诚实的个体显得有些不合情理。其背后一定存在着更深的原因。

严格的目标+陡峭的等级=不道德的行为

上述以及其他类似案例呈现出另外一个模式，陡峭的权力梯度与目标设定相结合后便构成了不道德行为的促成因素。来自退伍军人管理局、大众汽车和富国银行在丑闻期间的报告显示出高度的服从、恐惧和达标压力的文化。

认为具体目标能够提高绩效的看法缘何而来？有关这方面的研究必然是短期的，而且基本上很少会以迭代的方式进行。我们不会要求研究对象把与某个人的对话重复100次，以观察第100次的对话是否比第1次对话更好。如果目标选定了，那么绩效就会在朝该目标努力的过程中得到提高，但这是以排除其他目标为代价的。

在一项研究中，两组人需要对含有语法和内容错误的论文进行校对，但是第一组被要求只查找语法错误，而第二组则只是被要求“尽力而为”。结果“尽力而为”的小组在发现两种类型的错误方面都表现得更好。

我们知道，红色工作，或者说证明和绩效的心态，在取得短期结果方面更胜一筹，但是从长期来看，蓝色工作，或者说学习和成长的心态，则更具有适应能力。战略是一项长远的工作，更频繁的协作阶段以及学习和成长的心态有利于战略。制定和执行公司战略应该是一个学习的过程。换句话说，它不是首席执行官发表的“我们的战略是这样”的声明，而是“我们的假设是，一个abc的战略将导致xyz”，并且规定了截止日期。

目标（有挑战性的目标）的问题在于人们用来实现目标的策略往往与学习背道而驰。也就是说，具体的目标妨碍了学习和适应性。

此外，一旦实现了目标，就许可人们可以停止工作了。目标成为绩效的上限。一项关于优步司机的研究考察了激增定价对司机出车的影响。优步司机符合逻辑的行为是在需求量大、收入高的日子里工作更长的时间，但事实恰恰相反。司机们似乎有一个隐性的日常目标。在需求量大、价格飙升的日子里，他们实现目标的速度会更快。一旦目标达到，他们很有可能会收工。换句话说，目标可能是我们所奋力追求的东西，但它也会成为业绩的上限。

红色工作—蓝色工作运行节奏在战略中的应用意味着将战略看作学习。战略的方向会得到确定，组织会为此做出承诺，但是这一承诺应该只是整个计划中的一小部分——而且不会持续太久。在遵行这个战略的同时，公司的运营目标应该既有学习目标，也有绩效目标。公司应该聚焦于学习，对反映其战略正确与否的迹象保持敏锐。

公司应该为员工提供可以通过叫停来控制时钟的机制。他们应采取类似于丰田生产系统中安灯绳的战略措施。在丰田生产系统中，工人可以通过拉下安灯绳来叫停，以便问题可以得到解决，而不是得到控制。

前面提到过，管理者对拉下安灯绳的工人的回应是首先说“谢谢”。同样，管理者和领导者也应该以感激之情回应针对战略提出的意外的和反驳的信息，而不是固执己见，同时还应该倾听意见，而不应该试图粉饰太平。

除此之外，建立强有力的关系战术可以让具有扁平权力梯度优势的组织文化得到巩固。面对反驳的、令人不安的或者令人讨厌的信息，利用建立强有力的关系战术以实现层级制度扁平化的公司会更有可能对这些信息做出评估和反应——因此他们陷入思想僵化的可能性会更小。我们都听说过一些高层管理者没能够（或者自称没有）意识到公司里正在发生的事情。

首先，员工可以注意到更多的反驳信息，因为他们在工作中的视野更宽，不会被困在证明和绩效的心态中。其次，当他们注意到反驳信息时，更为扁平的权力梯度和建立强有力的关系的心态让他们更容易提出这个问题。最后，控制时钟的机制（例如战略性的安灯绳）会让组织更容易暂停红色工作并转入协作模式，从而全面评估新的信息对其战略性决策的意义。

在一个纷繁复杂、瞬息万变的世界里，长期生存更多地在于适应能力，而不是所取得的成就。

目标的问题是它会减少可变性。减少可变性是红色工作的本质特征，这就是为什么目标能够提高红色工作的业绩。

但与此同时，可变性的降低会导致多样性的消失，而我们需要多样性，从而来测试是否存在更好的选择，以及目前的方案是否真的是未来的最佳选择。

柯达聚焦的是胶卷相机。它的目标是进一步提高胶卷相机的销售。

百视达聚焦的是DVD。它的目标是在出租DVD方面做得更好。

类似于福特公司“重量不到2 000磅和价格低于2 000美元”的汽车这样的目标应该由执行者设定。如此一来就可以将决策者与决策评价者分开。

有效制订年度计划的方法

许多企业都会制订下一年的年度运营计划。这些计划的理念根植于工业时代的观点：未来可能是复杂的，但依然是可知的；只要有足够详尽的计划，正确的道路自会显现。于是，人们就会为明年想要做的事情制订一个计划。通常，有关学习的目标在这些计划里是完全缺失的，或者很少有针对这方面的详细说明。

年度计划更糟糕的方面在于，在确定这些计划时，通常人们正聚焦于红色工作，而领导层没有有意地暂停红色工作，转向蓝色工作。此外，这些计划直接安排给团队，让他们来实施。这与工业时代将决策者与执行者以及蓝色工作者与红色工作者区分开的做法并无二致。

苏格兰一家公共组织的首席执行官向我介绍了该组织的业务规划周期发生在日历年最后一个季度。最后一个季度也是一年当中最繁忙的阶段。因此，在这段时间里不仅很难让员工停止行动，也很难让公司利用这一季度进行的红色工作来学习（最后一个季度有可能相当于全年生产工作的一半），因为需要在这一阶段结束之前就制订下一年的计划。

有几种方法可以用来解决这个问题。一种方法是将计划的制订推迟到一月份，这样第四季度的经验所得就可以被纳入一月份。另一种方法是将计划的周期移动一两个季度，以使其与日历季度错开。最后一种方法是，最好以每个季度为单位制订商业计划，然后进行回顾和学习。这样，红色工作—蓝色工作的循环就会加快，而学习活动亦是如此。

只卖一台发动机

下面是一个很有说服力的例子。一家公司聘用了一位蓝色工作方面的专家，以协助管理红色工作—蓝色工作运行节奏。

埃里克·莱斯是《精益创业》（*The Lean Startup*）和《精益创业2.0》（*The Startup Way*）的作者。通用电气航空聘请他来协助该公司将其新一代的发动机推向市场。通用电气航空正在开发一种新型的发动机，这台发动机最终被命名为GEnx。相关团队正专注于技术性问题——想知道如何制造这台发动机。这是红色工作的思考角度。团队正处在发动机的研发阶段，并且希望能够很快将其投入全面生产。此时，团队成员需要了解的不仅是他们能否设计和制造这台发动机，而且还包括他们是否应该这么做。这就要求他们采取蓝色工作的思考方式。

市场分析、客户访谈以及来自行业展会的反馈信息对他们解决上述问题的帮助是有限的。他们需要做的是造出发动机，然后看看是否有人愿意购买。最初的计划是针对五个不同市场推出发动机，目标是售出发动机。莱斯解释了他们的做法：调整最初的方案，转而聚焦于一个市场，目标是了解该发动机在这一市场上的前景，以及为适应其他市场应该进行哪些改变。

新计划取得了成功。GEnx发动机成为通用电气航空销售速度最快的新发动机，为747和787飞机提供动力。其燃油效率比其所替代的发动机高15%。

尽管莱斯并未将他们的工作称为红色工作和蓝色工作，但是你能够从中注意到“蓝色工作—红色工作—蓝色工作”循环的各个阶段。首先是控制时钟战术。公司按下了暂停键，从而能制订一个计划。高管人员也积极参与集体讨论会议与大家一起协作，而不在自己的办公桌旁工作。在协作战术开始之后，他们建立了一个需要测试的假设：具有某种设计特征的新发动机将会满足某种市场需求，并且他们投入到生产这款发动机的成本将能够为通用电气航空带来利润。

最关键的问题是要确定产品的最小部分，他们可以为之全力以赴，产品的最小部分能为他们的假设提供初步反馈。这个答案是一台发动机。

我见过有些科技公司在产品还没有生产出来的时候就开始测试市场需求。他们会展示产品照片和产品说明，开展营销活动，然后统计感兴趣的潜在买家的点击数。如果有人确实想买产品，他们会被告知该产品“已售罄”，或者更诚实一点，该产品“缺货”。这样，由于他们在实际投资于产品生产之前对市场进行了评估，因此公司就可以减少产品开发中的不确定性。

让我们在此基础上假想一下，在两种不同的情况中销售人员与客户之间进行互动的差异。

在第一种情况中，通用电气航空的高管们为销售新发动机设定了明确的绩效目标。工厂更新了设备，工人们正在制造发动机。未售出的发动机堆积在仓库中。在与客户交谈时，销售人员确实想出售发动机，并且可能会试图夸大其好处或者竭力隐藏其缺点。他可能会感受到压力，他的视角可能很狭隘，可能还会倾向于诉诸短期心态，急于达成交易，以实现某个短期的销售目标，但是以造成长期不利因素为代价。或者，存在某个对双方仍然有利可图的可接受的还价，由于未达到公司的目标，这位销售人员必须予以拒绝。在这样的交易过程中，客户会感觉到别人在强迫自己买东西。

在第二种情况中，也就是真实的情况，通用电气航空只计划制造一种发动机。负责销售该产品的销售人员接到的任务是尽可能多地了解客户对发动机的看法。在销售会谈中，销售人员会表现出好奇心，在介绍发动机时不谈产品优势，不带任何诱惑的企图，而不是尽可能准确地描述。他会从长计议，愿意在一个更广阔的范围内商讨出一个双方都可接受的交易。他知道公司的其他成员都期望他能从与客户的会谈中带回尽可能多的信息，以及对客户反应尽可能准确的描述。

这名客户也会感觉到销售员的心理状态。他会注意到他真实的好奇心，以及在描述产品时没有任何美化产品的企图。客户会感觉到销售人员的学习心态，而不是绩效的心态，并且不会感到别人是在强迫自己买东西，而是感觉两个人似乎是在一起解决问题。

再次探讨敏捷

一种基于学习的、适应变化的、敏捷的产品开发方法成为名为“敏捷”软件开发运动的一条定则。敏捷软件开发起源于一些从事技术产品开发的小型跨职能团队。这些团队之前是按照比较传统的项目管理方式运作的：产品负责人提出详细的规范要求，团队根据要求开始工作。问题是，这些计划过于死板，而且会在开发过程的早期——不确定性最大的时期——否定其他可选项。

敏捷开发要求团队通过一个个工作周期的方式来改进上述工作方法。在工作周期的最开始，团队会审查产品待办事项列表，并与产品负责人一起选择做哪些工作，以完成下一个新增的功能。他们会围绕工作进行自我组织并全力投入工作——这是计划。

在每个工作周期结束时，团队会获得一个有效的、可测试的产品。团队成员庆祝任务的完成，征询反馈，反思产品，这一过程叫作回顾。然后，他们会投入接下来的工作。通过这种方式，在研发过程中，他们就可以在产品开发周期的早期（变更成本较低的时期）进行重大的方向性调整。

随着产品在开发过程中日趋成熟，财务和情感上的变更成本都会随之升高。即使我们有能力承受财务成本和中断成本，承诺升级的心理现象也会对决策者造成不利影响。固守已有的决策会导致产品性能不佳、生产中断或者成本上的超支以及时间上的超时。

敏捷工作团队需要做出的决定之一是工作周期的时长以及这个时长是固定

的还是可变的。标准的工作周期一般最低是两周到三周，但也有可能短至几个小时。

注意“计划—工作周期—回顾”的敏捷开发节奏与“协作—承诺—完成—庆祝”的红色工作—蓝色工作循环的一致性。这也就是将红色工作—蓝色工作的运行节奏应用于产品开发的实际情况。

工作周期包含红色工作，并以蓝色工作作为开端和结尾。在生产过程中，团队设计产品和编码，并且不会改变方向。领导者会克制向团队灌输新想法的冲动，并利用“产品待办事项列表”的方式将想法记录下来，同时系统性地针对新想法和方向做出决策。

战术层面的蓝色工作：谨慎行动

在圣塔菲号潜艇上，我们练习实行红色工作—蓝色工作操作系统的方法之一是利用谨慎行动的习惯。谨慎行动意味着我们会暂停下来，说出我们即将做的事情，并且在即将行动之前宣布我们认为行动计划是正确的。我们会将这一方法应用在启动水泵或关闭断路器之类的具体行动上，从而在微观层面上实施红色工作—蓝色工作操作系统。

先是暂停，这意味着我们在控制时钟。

接下来，表达意图会激励协作。旁边的团队成员能够有机会发表看法。我们使用的暗语是“不许动”，这是我们口头表达形式的安灯绳。如果有任何队友不相信某人刚才表述的意图是应该做的事，他就可以说“不许动”。注意，他们不需要确信这件事是错误的才说出来，只要他们不能确信它是正确的，就可以说。

接着，我们会采取行动，启动水泵或关闭断路器。

然后，我们会反思系统的反应是否符合我们的预期。我们会将实际的系统反应与期望的反应进行比较。

当涉及操作机器或执行操作程序时，谨慎行动的习惯会极大地减少错误，减少错误的蔓延。

我们在办公环境中尝试了这一方法，然而效果却并不理想。在办公环境中，谨慎的行动意味着在签署文件、批准贷款、提交投标或发送电子邮件之前需要停顿以及最后的反思。在大多数情况下，谨慎的行动会让人感觉是小题大做，似乎没有必要。这是因为在商业领域中，大多数的行动都是可逆的行动——我们可以修改合同，为电子邮件道歉。不过，对于可能会造成不可逆转的后果或品牌影响的重要事情，我相信谨慎行动的习惯还是会有所帮助的。

自我调控

良好的自我调控能力是一项有助于团队适应红色工作—蓝色工作运行节奏的个人特质。如果我们做不到自我调控，就是在让别人来控制我们。因为许多新的战术要求我们改变提问、交谈和互动的方式，所以我们需要对自己做出承诺，去做出这些改变。找一位教练来提醒我们会有所帮助，但前提条件是我们必须自身愿意接受帮助。最后，我们会努力认同和接受这些更具适应性、学习性，和以增长为目标的语言方面的变化，并以此来强化和重建我们的思维过程。这一切取决于我们自己。

终身学习

我相信，除了在战略层面之外，红色—蓝色思维这一理念还会让我们的生活变得更加丰富、有趣和成功。

15世纪的制鞋匠一辈子都不必过于担心发生在制造方法上的、会导致他们必须重新学习这门手艺的变化。他们在十几岁当学徒时所学的手艺，与他们在30岁当鞋匠时所用的制鞋方法，40岁时传授给学徒们的经验，以及50岁时作为鞋匠大师时所用的方法并无二致。

1908年福特公司雇来生产T型车的工人大体上可以在同一条装配线上工作19年，生产同一个型号，使用同一种工具。他们不必担心需要从头学习新的工艺或是被程控机器人淘汰。

我们的生活节奏适应了这样一种结构：（1）接受教育；（2）应用教育；（3）退休然后希望再多活几年。学校教育从5岁一直持续到21岁，然后我们开始就业。可见，我们的生活模式是始于蓝色工作（认知、反思、学习、提高），然后转向红色工作（体力、活动、做事、证明）。我们的节奏并不是蓝色工作和红色工作之间的循环往复，而是在一次性学习之后不断地做，做，做，然后死去。这种方式之所以在过去行之有效，是因为我们工作生涯40年的情况很可能与我们此前受教育时的情况完全相同。

我们在教育体系中也看到了这样一种愿望：力求培养出遵守工业时代六种战术的人。教育的核心内容是守时、服从和证明。这一传统在当今的课堂上依然影响深远。

不过，情况当然还是有所变化。如今，高中或大学毕业的人不太可能将其所学到的技能持续使用二三十年而无需重大改变和重新学习。

因此，在现代世界中，为了保持自身的价值，我们需要将蓝色工作—红色工作—蓝色工作的节奏纳入生活，而不再是“一次学完，然后做到退休”。我们目前需要做的是对这种方法进行结构性调整——使其与蓝色工作—红色工作节奏协调一致。我们应该将自己的职业分成几部分，比如可以在10年或20年的工作后，进入一段学习期。

在做事期间，大体的重点是红色工作。尽管在此期间还会有少量的蓝色工作——比尔·盖茨每年休假一次到两次，每次一周时间；在此期间他将自己关在一个小木屋里，与世隔绝，没有干扰，只有很多很多的书。但重点还是做事。我们赚钱，练习技能，证明自己的价值。尽管我们“想要表现好”的自我并非一直都处于主导地位，但它在这里还是发挥着重要作用。

然后我们暂停下来，转向蓝色工作。我们反思自己的生活。我们让大脑能够有时间休息。我们冷静地审视自己的职业，努力培养改进的心态。此时，占主导地位的是我们“寻求进步”的自我。我们参加培训班，重返校园，培养新的技能，甚至进入一个新的行业。为了达到最佳效果，我们还会让他人也参与到这些思考过程中来。

至少有两个因素增加了这一过程的难度。首先，教育制度的设计与上述思路不相称。专为成年人重返校园设计的在线课程和大学课程确实存在，但教育制度的基本结构仍然是学习、毕业和开始做事！

其次，我们的大脑似乎是为“（1）学习—（2）做事”这一模型而设计的。大脑在年轻时会更有可塑性，并且更容易建立与新的观念和学习活动相关的新的联结。詹姆斯·瓦特在30多岁时发明了蒸汽机，爱迪生在30多岁的时候发明了电灯泡，莱特兄弟在驾着自己发明的飞机飞上天时也只有30多岁。也有一些异类。马可尼在20多岁时发明了无线电，爱因斯坦在26岁时就提出了独特的相对论。而另一方面，古腾堡在50多岁时发明了印刷机。

看起来人们是在年轻时代做出这些发明的，但也不是过于年轻。通过在现实世界中的交互、测试和修修改改将学到的知识用于实践，这需要花费时间。发明创造不会出现在我们从学校毕业的时候，因为此时我们大多数人所拥有的只是蓝色工作。发明和创新既需要蓝色工作，也需要红色工作。

但是，在生命的晚期做出的发明却很少见。这是为什么呢？我们停止学习了吗？我们的大脑疲倦了吗？毕竟，随着我们积累起越来越多的关于世界的知识，经历了与之更多的互动，似乎我们应该成为越来越多产的创新者。然而目前的情况（尚且）并不是这样。

20岁时，人的大脑发育明显减慢。40岁时，前额叶皮层的体积开始缩小。结果，人类的预期寿命基本上始终都是40岁——迄今为止。但是关键问题是大脑发育实际上是放缓了，但并没有停止。因此，不要灰心，我们的大脑有能力在数十年的时间内学习新事物。

我的生活遵循的主要是学习—做事的模式。我就读于海军学院，并且接受过两年的核能教育，然后被送入海军舰队服役。之后，我获得了两个硕士学位—— 一个是线上的，另一个是线下的，但现在回想起来，这两个时期似乎都不太是一个暂停与反思的时期。也许是因为我完全将它们看作帮助我成为一名更好的海军军官的阶梯。也许是因为我不够成熟，没有充分利用这些机会。

28年后，我离开了海军，写了一本书，并且到世界各地做主题演讲。这是一些截然不同的工作，需要截然不同的的技能。即便是最近的两项活动也相互有别—— 一个是站在舞台上，面对人群讲述引人注目的、有用又有趣的内容，另一个是写作。所以我觉得我的一生中经历了一个蓝色—红色—蓝色的循环。

现在，我怀疑自己是否又到了人生中的另一个蓝色工作时期了。它不是刻意强加的或者偶然的，而是经过深思熟虑的，有计划的，改写命运的。这需要我控制自己生活中的时钟。不再找借口，不再说“太忙”。

我说过这本书是关于学习的，而且蓝色—红色—蓝色的正确节奏将有助于将学习的结果应用于工作以及生活中。单凭在红色工作中忙碌，这一切是不会发生的。你需要从控制时钟做起，使用这些战术，从小处着手，从自己做起。在工作中和生活中进行实验。

我对你的故事感兴趣——你如何将蓝色工作融入自己的生活和工作——你是否学习了一门新语言，是否移居另一个国家，是否回到学校考取学位？讲述你的故事，并且通过david@turntheshiparound.com或者我们的领英网页“基于意图的领导力”（Intent – Based Leadership）与我分享。

祝你旅途愉快。

实施红色工作—蓝色工作操作系统

人类的活动有两种形式：思考和行动。我们称思考为蓝色工作。它是认知的、复杂的、有创造力的和不确定的。可变性是蓝色工作的盟友。在进行蓝色工作时，我们相互协作，唤起“寻求进步”的自我，寻求改进，做出决定并提出假设。

我们将行动称为红色工作。它通常是体力的，基于技能的，专注的和谨慎的。可变性是红色工作的敌人。在红色工作期间，我们工作，唤起“想要表现好”的自我，寻求证明自我，并执行我们的工作。

实施红色工作—蓝色工作操作系统意味着要认真实行先做红色工作然后再进行蓝色工作的节奏。

领导者可以在三个方面影响这一系统。第一个方面是确定红色工作和蓝色工作之间的总体平衡——在项目开始时，由于存在更多不确定性，蓝色工作应该更频繁些，并且重点应放在学习上。然后，在项目后期随着重点转移到生产上，并且大多数重要决策已经做出，应该延长红色工作期，然后是蓝色工作。

第二个方面是在蓝色工作期内——让每个人而不仅仅是领导者参与到蓝色工作中来，并以拥抱可变性为目标管理蓝色工作阶段。

第三个方面是在红色工作期内——为团队设定目标和重点。这是领导者最熟悉的领域，而且是这些战术中最不受关注的一个。我经常能看到提高红色工作质量的方法。在此方面，有很多对领导者有帮助的工具，比如精益管理就是一例。

红色工作和蓝色工作之间的有节律的摆动可以应用到战略、运营和战术层面。它既适用于团队也适用于个体。它可以应用于我们的生活。

红色工作—蓝色工作节奏的结果是学习——在工作、家庭和生活中学习。

CHAPTER

11

第十一章

拯救埃尔法罗号

埃尔法罗号和她的船员遭遇了一场厄运，最终葬身海底。他们以自己的失败留给了我们一个非常有价值的学习工具：他们在船上的谈话文稿。我之所以研究这些对话，同时设想一种他们或许可以采取的不同的做法，并不是为了找出罪魁祸首，或者指出某人的不良企图。船上的每个人肯定都相信自己所做的是最有利于此次任务和团队的事。但是，正是他们根深蒂固的语言模式（借鉴的是一套过时的战术手册）将他们的美好意图变成了一场灾难。

我们每个人都会犯与之相同的错误。我们每天在室内工作时，风险性可能没有那么大，但是我们的语言对同事行为的影响却与之并无差别。

希望通过本书我们能够从埃尔法罗号的悲剧中吸取教训并且采取措施，以便让此类悲剧不再发生。我的心中有一个理想的世界，在那里组织机构更能意识到语言对行为的影响，领导者有能力实施一套能让我们感到更安全、工作更有效的新的战术。

在本章中，我将以同样的团队、设备、期限、专业培训以及天气条件来重构埃尔法罗号的故事。唯一不同的是，在新故事里，人们借助建立强有力的关系的力量，将工作视作一种从蓝色工作到红色工作再到蓝色工作的有节奏的循环。我会用最简单的方式来体现这一不同之处：人与人之间的交谈方式。

星期一

佛罗里达州，杰克逊维尔市，港口内

距风暴中心1000多英里

在埃尔法罗号启程前往圣胡安之前，所采用的是建立强有力的关系战术，而不是服从。船副们与船员、船长与船副们之间关系融洽。

船长发挥着过滤器的作用。他竭力不让自己感受到的压力传递给船员。他的心境是“关心，不在意”。他对托付给自己照看的人员和货物由衷地关怀，却并不在意船上做出的任何选择所带来的官僚主义后果。建立强有力的关系战术让他感觉到自己是团队的一分子，同时缓解了他的恐惧感。

在实行建立强有力的关系战术的过程中，船长在出发之前先做了两件事。第一件事是，他采取措施降低权力梯度。能感觉到权力梯度的是下属人员，但是降低权力梯度必须要由上级领导者来完成。在这个案例中，船长53岁，大副54岁，三副46岁。年龄会形成天然的权力梯度，因此这些人之间的权力梯度原本就比较小。二副——导航员，也是船上两名女子之一——34岁。她在年龄上比他们小了将近20岁，而且就性别而言属于少数人，因此受权力梯度的影响最大，而且她也是最有可能带来智识多样性的成员，而这种多样性将会有助于团队进行蓝色工作。因此创造一个能够让她敢于发表意见的环境显得更加重要。

船长与她进行了一对一的会谈。他说：“我非常高兴有你在我们的团队里——你在年龄和性别上的差异很可能让你给我们带来不同的看法。你可能会看到我们其他人没能看到的东西，而且你知道一些我们其他人不知道的事情。你的想法或疑虑可能不会被其他人所认同，但这并不意味着你错了。你可能是唯一对的人。我鼓励你大胆发言。就我本人而言，我会认真倾听你的意见。但这并不意味着我们总是会依照你的意愿去做，但是我会带着兴趣和好奇心用心倾听你的意见。这里有一张黄牌——如果你觉得我没有在倾听，那么请你向我出示黄牌，就像裁判一样。或者，如果你愿意的话，也可以随时单独找我谈话——记住，你可能是唯一一个想法正确的人。”

面对团队，他可能会说：“你们中有些人以前曾与不同的船长共事过，他们的工作风格也各不相同。现在我告诉你们我本人是如何工作的。我负责让这艘船安全地抵达波多黎各，而且我相信，如果我们每个人都知道我们所知道的一切，看到我们所看到的一切，我们所有人都会安然无恙。我作为领导者的意愿是，我们所有人一起讨论此次行程中涉及的重要决定。如果团队出现意见分歧，而我需要做出决定，那么这项决定一定是在我们听取了各方意见之后做出的。几个月前，我做出过走旧巴哈马海峡的决定。这项决定让我们的航程多花了6个小时。这么做是否有必要我们永远不会知道，并且我需要向总部解释。那是我的职责。我会处理好总部那边的事。”

船长要做的第二件事是控制时钟的战术。这包括给暂停命名。

当船长向团队简要介绍情况时，他说：“我想提醒大家的是，我们正处于飓风季节。你们收到的最新天气信息也许甚至很有可能会导致我们暂停计划，以确定应该选择哪条路线。我将这些你们无论出于何种原因认为有必要采取的暂停命名为‘海员时刻’。你们只需说，‘我请求一个海员时刻’。接着就会发生下面的事：所有船副们都将在舰桥上集合，讨论下一步的行动计划。我希望你们每个人在进行首次航行值班时都要这样做一次，以便我们可以记下这些语言和回应，同时能发现它很容易做到。我们都要养成到舰桥上集合寻求协作的习惯。”

星期三

2015年9月30日上午6:00

接近巴哈马群岛北端

距离风暴中心600英里

通常情况下，这艘船会沿着没有保护屏障的大西洋航线航行，根本无需对此做太多考虑。这里几乎算不上一个决策点，但是这次，最新天气情况显示，热带风暴华金已经演变成飓风华金。这一触发事件引发了退出红色工作（沿大西洋航线前往波多黎各）转入蓝色工作（就路线问题做出决定）的必要性。

接下来需要的战术是控制时钟、协作和承诺。

2015年9月30日上午6:05

值班人员采用了控制时钟战术。在最有效的组织里，第一个发觉应该控制时钟的值班人员都会这么做。他知道电子邮件形式的提醒可能会被忽略，于是便递给每位船副一张纸条，告知他们将在上午6:30举行会议，讨论轮船前往波多黎各的路线。

退而求其次的做法是，船长注意到进行蓝色工作的必要性，于是召集会议，但船长应仅作为值班船员的替补。尽管如此，这种做法还是比没有人发起这一战术而让团队在红色工作中埋头前进更可取。

2015年9月30日上午6:10

船长与其他人员一起收到消息。

2015年9月30日上午6:15

二副，也就是船上的导航员，来到了舰桥上，与值班人员讨论谁将主持这次会议。最后他们决定由二副主持会议，因为会议的主题是如何在风暴即将来临的条件下前往波多黎各。这两个人都没有打算让船长主持这次会议。

他们知道，在团队的协作和承诺阶段，如果他们充当决策者而让船长担当独立的决策评价者，那么团队的决策将会更具弹性。他们知道，船长参与得越多，船员就会越容易受到承诺升级的影响，而他们就越有可能会坚持最初确定的行动方案。

2015年9月30日上午6:29

所有人都上了舰桥。船副们聚拢在海图桌周围，而船长站在后面，靠旁边的位置。

2015年9月30日上午6:30，会议开始

二副开始了会议，并没有等待船长点头或者讲话。她甚至没有等待船长的批准。她同其他船员说话，眼睛看着他们。“你们知道，我们需要做出一项决定。我们正在接近一个决策点，我们将其称为决策点1。我们需要决定是向右转选择旧巴哈马海峡，还是继续按原计划沿常规的大西洋航线前往波多黎各。我们需要就此决定进行协作，因为热带风暴华金已升级为飓风。”

二副用拳头五指的方法要求大家投票：“你们在多大程度上支持这两种选择？强烈认为应该走旧巴哈马海峡的投票为零票，而强烈认为应该走常规路线的投票为五票。”二副所使用的是“先投票，再讨论”以及“拳头五指”的方法。由于该小组人数少且心理安全性高，因此拳头五指是一种快速而有效的方法。

最大的可变性发生在小组讨论之前。如果二副担心人们不够诚实，她可以采取匿名投票的方式，可能使用概率纸牌。

二副问的是有关“多么”的问题，避免了二元性的问题“我们应该走旧巴哈马海峡还是大西洋航线”。她此刻的任务是锚定终点，并提出或然性的问题，从而让人们表现出积极性方面的微妙变化和最大限度的可变性。

“一，二，三，投票！”

大副、二副、三副和总工程师都举手。投票分别为5、3、1、0。大副对效率高的大西洋航线投了赞成票，而总工程师对有天然屏障的旧巴哈马海峡投了赞成票。船长没有投票，因为他不想影响随后的讨论，而宁愿观察团队动态。他有权对最后的投票结果行使一票否决权，所以他现在不需要讲话。

二副对多样性持欢迎态度，并且表现出好奇心，而不是迫使对方相信自己。

她以中立的语调问总工程师，“总工程师，你拳头示意的是零。说说你的想法吧”。甚至连她对词语的选择——“你拳头示意的是零”，而不是“你投了零票”——都是经过深思熟虑的。这样有助于将立场与人分开，同时欢迎不同意见。二副也没有问对方，“你为什么要这样投票？”因为这句话暗示出你的不赞成，而使投票者采取防守姿态。

总工程师解释说：“我们这艘船是有40年船龄的用蒸汽机作动力的轮船。当船舶进入公海时，必须不断推进才能使船舶保持正确的方向，而电力推进对于运行任何舱底泵来说都是至关重要的。轮船的摇摆和侧倾很可能会导致润滑油系统故障，而这可能导致我们的设备自动停止运转。如果设备真的停止运转，将很难重新启动。”

极力赞成选择常规路线的大副第一个出来试图理解他的话：“你认为需要多大程度的摇摆侧倾才能够中断润滑油系统？”他没有试图让总工程师相信这艘船“可以承受”，而是好奇地回应。

总工程师说：“这艘船最初的设计侧倾能力为30°，但由于齿轮的磨损以及我们是在润滑油储备的低端运行，我想侧倾大概在20°至25°时就会开始触发停机。我只有60%的信心相信我们可以保持25°的侧倾来保持推进力。”

尽管总工程师不能确定，但他用概率的方法回应了一个尽可能贴近事实的估计。他还提出了一个潜在的令人尴尬的事实，即他们的润滑油储量低——但没有低到需要加油的程度，而是处于正常运行范围的低端。这一点可以被视为运营计划中的一个错误，但是船长仍然保持沉默。

然后，二副请投了“5”票的大副解释他的想法。大副谈及了较短的大西洋航线的效率以及轮船的客户和公司的利益。

船长注意到，小组中职位最低的三副一直没有说话。“三副，你一直没说话，而且你举了一个指头。你有什么想法？”领导者在蓝色协作工作中的职责不是要推动达成共识，而是要鼓励讨论，尤其是要鼓励那些较沉默的与众不同的人。

三副讲了一个简短的故事：“我在巴哈马生活了10年，可是这场风暴还是让我感到恐惧。我们确实在1992年遭受安德鲁的重击。我担心一旦做出此决定，我们将没有逃脱的路线。我们要做出多大承诺？”

三副认为根据过去的经验表达对驶向飓风的焦虑是安全的，而且他问了一个重要的问题：做出这个决定后，有多大机会可以对其进行重新审视？他们是否可以做一个较小的承诺，并且预先计划下一次暂停？

二副积极发言：“我认为我们还有另一个决策点，就是在朗姆礁附近。我们将其称为决策点2。那里有一条贯穿巴哈马的航道。如果我们走的是大西洋航线，那么从这里我们将能够向南转，进入刚好位于古巴北面的旧巴哈马海峡。以我们计划的20节的速度，我们将在今晚午夜左右到达那个决策点。也就是大约18个小时后。但是从这里到朗姆礁之间，巴哈马群岛会在我们的右边，几乎没有机会躲在它的保护之下。”

船长插话说道：“在这一点上我有几句话要说。几个月前，当一场暴风雨即将来临时，我选择了走旧巴哈马海峡。我最后向公司总部讨论这项决定，而且我现在还活着——所以我不希望为了保护我的名声而影响大家的投票。我们的一切行动都应该对我们自己和公司有利。”船长希望大家根据天气和船舶状况进行投票而不是官僚作风进行投票。他想要的是基于正确理由的正确的决定。

大副也有一些信息要补充：“你知道，这个季节过后，我们要去阿拉斯加，届时我们很可能会遇到很多恶劣的天气。我真的很想知道这艘船在经历大风大浪时的表现，这样我们就可以在去阿拉斯加之前知道是否需要对它进行材料或程序上的调整。”我喜欢这段话里对学习的强调。蓝色工作期间的思维模式应该倾向于成长、掌握和学习。影响路线选择的不应仅仅是赢得短期生产价值的最佳途径，还应该包括我们能够从中吸取的经验教训。此外，大副在这句话里首先摆事实，紧接着又表达了自己的感受。这句话并没有试图强制或者说服他人赞成某一条路线。这是一段很不错的陈述。

二副感觉是时候进入承诺阶段了：“好，让我们再次投票。”

总工程师问：“我们是要为前往圣胡安的整个路径投票，还是只是从这里到朗姆礁横道？”

二副说：“这次投票只针对到达朗姆礁横道之前的这段航程。我们可以把它看作两段航程和两个决策点。我想把它们拆分开。”她知道，全力应对一小段航程要比讨论整个路线更容易。

投票结果分别是5、5、3、2。团队转向了选择大西洋航线。当得知在沿巴哈马群岛向南的中途还有一个在朗姆礁逃生的计划之后，即使有来自总工程师的警告，船员们还是可以较放心地做出短期决策。较短期的承诺可以带来更多的学习机会和更多的风险承担行为。

二副：“好的，我的提议是：我们现在走大西洋航线。我的假设是，在天气变得极其糟糕之前，我们将有能力对其进行监视。我们会监控天气报告以及我们在船上的风浪测量数据。午夜时分，我们会再度召开一次会议，以决定是穿过横道前往旧巴哈马海峡还是沿大西洋航线继续行驶。”

二副是在让他们做出承诺，不过是针对尽可能小的一部分计划任务的承诺。她呈现的是一段红色工作（驶向朗姆礁横道）和下一个属于蓝色工作的决策点（午夜）。由于她已经告诉所有人，他们之后要做出一项决策，并且由于大家知道自己的投票很重要，因此她便激发了一种学习和成长的心理模式。他们会变得更善于观察，看问题的角度更开阔，以便为下一次的投票做准备。

二副本可以说她打算按照这一计划行动，但是这种说法会显得过于自信。所以她选择了“提议”一词，这样团队成员就能有机会表达不同的看法。

二副是向团队提出该计划的最佳人选，因为这符合她作为导航员的角色。此外，她是团队中最年轻的，因此需要附和她的社会压力也会是最小的。

船长批准了该计划。“好的，这就是我们的计划。让我们拭目以待。我尤其希望了解的是船的侧倾角度以及工程装置的运转状况。我们正进入恶劣的天气环境，所以每个人都必须为此检查自己的工作程序。8点钟的时候我们再召开一次会议，了解一下应对恶劣天气的准备情况。”

决策已定。除此之外，由于轮船将在恶劣的天气下运行，所以还需要采取一些其他措施（例如，锁好顶侧板，绑扎货物，监控舱底水位）。这是支持走大西洋航线这一决策的红色工作的一部分。因为轮船数小时内还不会遭遇恶劣天气，所以每位船员都有时间检查自己的工作程序，而不是让船长告诉他们该怎么做。这使他们具有了主人翁意识和主动性。

大副有个想法：“另外我认为我们应该让运营总部知道我们在做什么。我会准备一条短消息。”他预测到运营总部会指挥他们的路线或对其进行质疑。他没有被动地等待总部的任何行动，而是提议埃尔法罗号先发制人地将该计划通知总部。他主动准备（而没有发送）了短消息，从而采取主动。

在接下来的几次执勤期间，船员们整个白天直至午夜都在关注着风浪和天气的变化。他们之所以愿意这样做，是因为他们知道自己之后要参加决策会议，而且他们的意见很重要。他们知道自己将要控制自己的命运。

2015年9月30日午夜，会议开始

在午夜会议上，船副们再次用拳头五指投票。这次，由于风暴的风速已经超过了每小时100英里，这艘船已经在严重左右摇晃，而且没有任何其他可以

保证安全的方案，所以他们建议穿过横道到达更安全的航道。船长知道这会让船耽误6个小时，以及这样做的代价有多大。他也知道他们还可以走大西洋航线，而且总会有办法的。尽管如此，他还是批准了这项决定，并通知了运营总部。

星期五

2015年10月2日上午9:00

埃尔法罗号到达圣胡安。甲板上的一些仪器遭到了损毁。一些货物已经散落并损坏。船迟到了6个小时，但他们还是到达了目的地，而且33名船员都得以幸存。

选择旧巴哈马海峡拯救了这条船。

用新的战术手册拯救埃尔法罗号

借助建立强有力的关系战术，拯救埃尔法罗号的行动在轮船出发之前就开始了。船长在此刻就建立了心理安全感，因为他知道，当未来需要进行蓝色工作时，能带给人心理安全感的氛围会激发更大程度的思想多样性、创造力和有弹性的解决问题的能力。

他还建立了应有的规范，规定如果有人发现有必要控制时钟，那么这个人有权采取这项行动。团队会做到未雨绸缪，以便在下一个决策点到来时做好准备。

即使在要求严苛的运营环境中，船员保持了一种学习和成长的心态，使用改进战术。成员们尽力抑制自己的“想要表现好”的自我，提升自己“寻求进步”的自我。

他们相信自己的意见能够得到倾听，相信自己能够把握自己的生命。如果没有这些因素，他们不会参与进来。

由级别较低的人员主持决策会议，这使得船长能够留在决策评价者的位置上，团队也因此而避免陷入承诺升级。

在会议期间，他们采用了先投票后讨论的方法，而且在此过程中保持好奇心，而不是试图说服对方。由于相信自己的意见会得到倾听，因此他们无需大喊大叫以求关注。

致　谢

ACKNOWLEDGMENTS

我经常说，我的好想法没有一个是属于我自己的，本书也不例外。

这些想法融汇了数条智识思想的溪流。第一个观念是：语言很重要——从最早有文字记载的修昔底德的“伟大的演讲”，到温斯顿·丘吉尔和马丁·路德·金的强有力的话语。阿黛尔·法伯和伊莱恩·马兹利什合著的《如何说孩子才会听，怎么听孩子才肯说》（*How to Talk So Kids Will Listen & Listen So Kids Will Talk*）为我们提供了一本有关这一话题精彩纷呈、令人惊喜的书。接下来是构成红色工作/蓝色工作的框架，包括工作与休息、行动与思考、专注与反思，以及将我们的生活看作一段学习之旅的整体构想——我的这一灵感源自维克多·弗兰克尔的著作。

我要感谢所有践行了《授权：如何激发全员领导力》一书中的想法的领导者。他们在努力推动着工作领域的进步，为我提供了宝贵的实践经验以及关于自我蜕变的励志故事。

组合/企鹅（Portfolio/Penguin）出版社的团队在我需要时给予了我一流的鞭策和支持。我尤其要感谢我的编辑考希克·维斯瓦纳特。

我还要感谢我在《授权：如何激发全员领导力》的团队，他们担当了与我辩论的对手、咨询顾问和忠实的谏言者。他们是查克·邓菲、凯西·科斯特兰斯基、杰姆·韦尔奇、杰夫·莱普、彼得·俄罗斯、安迪·沃什克和迈克·吉莱斯皮博士。他们以各种方式推动了手稿的出版，听我的牢骚和抱怨，并在我埋头于这个项目的过程中保持公司的正常运转。

特别的感谢送给杰米。是她详细地分析了埃尔法罗号的文稿。她的分析对于深入了解团队之间真实的沟通方式起到了至关重要的作用。如果没有国家运输安全委员会在调查记录中公开船上船员的录音，这一切都不可能实现。

我要在此感谢我的写作合作伙伴戴夫·摩尔多瓦。在我感觉进入死胡同的关键时刻，戴夫会帮助我组织结构，为我提供文字工程和建议。

我要感谢我的妻子简。她忍受着我写书度过的假期，忍受我沮丧的抱怨，以及我在写作期间每天凌晨5:00起床，写几个小时之后再去上班。

延伸阅读

特蕾莎·艾玛拜尔和史蒂文·克雷默的《进步原理》（*The Progress Principle*）

斯蒂芬·邦吉的《行动的艺术》（*The Art of Action*）

安东尼奥·达马西奥的《笛卡尔的错误：情绪、推理和大脑》（*Descartes' Error*）

奥布里·丹尼尔斯的《激发员工的最大潜能》（*Bringing Out the Best in People*）

卡罗尔·德韦克的《终身成长》（*Mindset*）

艾米·埃德蒙森的《无畏的组织》（*The Fearless Organization*）

阿黛尔·法伯和伊莱恩·马兹利什合著的《如何说孩子才会听，怎么听孩子才肯说》（*How to Talk So Kids Will Listen & Listen So Kids Will Talk*）

利兹·弗斯利安和莫利·西·达菲的《不要烦恼》（*No Hard Feelings*）

安迪·格罗夫的《只有偏执狂才能生存》（*Only the Paranoid Survive*）

扬·哈根编辑的《怎么会这样》（*How Could This Happen?*）

丹尼尔·卡尼曼的《思考，快与慢》（*Think, Fast and Slow*）

罗伯特·卡尼格尔的《最佳方法》（*The One Best Way*）

阿尔菲·科恩的《奖励的惩罚》（*Punished by Rewards*）

约翰·康拉德和汤姆·史罗德的《地平线上的火》（*Fire on the Horizon*）

托马斯·马隆的《超级思维》（*Superminds*）

马歇尔·B. 卢森堡的《非暴力沟通》（*Nonviolent Communication*）

凯特琳·罗森塔尔的《记录奴隶制》（*Accounting for Slavery*）

埃德加·谢因和彼得·舍因的《谦卑领袖》（*Humble Leadership*）

温迪·苏利文和朱迪·里斯的《纯净的语言》（*Clean Language*）

詹姆斯·索罗维基的《群体的智慧》（*The Wisdom of Crowds*）

马修·萨伊德的《黑匣子思维》（*Black Box Thinking*）

理查德·塞勒的《“错误”的行为：行为经济学的形成》（*Misbehaving*）

莉兹·怀斯曼的《成为乘法领导者》（*Multipliers*）